내 아이를 위한

사랑의 기술

감정코치

RAISING AN EMOTIONALLY INTELLIGENT CHILD: The Heart of Parenting
Copyright © 1997 by John Gottman.
All rights reserved.

Korean Translation Copyrightt © 2007 by Korea Economic Daily & Business Publications, INC.
This Korean edition published by John Gottman, Joan DeClaire arranged by John Gottman through Brockman Inc.

이 책의 한국어판 저작권은 Brockman Inc.를 통한 저자와의 독점계약으로
'한국경제신문 한경BP'가 소유합니다.
저작권법에 의하여 한국 내에서 보호를 받는 저작물이므로
무단 전재와 무단 복제를 금합니다.

내 아이를 위한
사랑의 기술
감정코치

존 가트맨 지음
남은영 공저 및 감수

한국경제신문

contents

- 한국어판 서문 · 6
- 공저자 서문 · 7
- 추천의 글 1 – 대니얼 골맨(《정서지능》저자) · 9
- 추천의 글 2 – 조능희(MBC 스페셜 〈내 아이를 위한 사랑의 기술〉 담당 PD) · 11
- 들어가는 글 · 17

01 · 자녀를 위한 최고의 학습, '감정코치' · 19

감정코치는 자녀에게 삶에 대처하는 방법을 가르쳐 준다
감정코치의 효과
감정코치가 아이들에게 닥친 위험을 어떻게 감소시킬 수 있을까?
또 하나의 진화, 감정코치
권위주의적 부모 VS. 민주주의적 부모
부모가 지녀야 할 가장 중요한 책임
감정코칭을 발견하기까지
감정코치와 자기 조절 능력

02 · 나의 양육 방식 진단하기 · 49

네 가지 양육 방식
축소전환형 부모
억압형 부모
방임형 부모
감정코치형 부모

03 · 감정코치의 핵심 5단계 · 91

공감, 감정코치의 토대
1단계 : 아이의 감정을 인식하기
2단계 : 감정적 순간을 친밀감 조성과 교육의 기회로 삼기
3단계 : 아이의 감정이 타당함을 인정하고 공감하며 경청하기
4단계 : 아이가 자기감정을 표현하도록 돕기
5단계 : 아이가 스스로 문제를 해결하도록 이끌면서 행동에 한계를 정해 주기

04 · 감정코치 전략 · **149**
　　　감정코치가 적절하지 못한 상황들

05 · 결혼, 이혼 그리고 아이의 정서적 건강 · **181**
　　　불화와 이혼은 자녀에게 어떤 영향을 미치는가?
　　　가정불화의 부정적인 영향으로부터 아이를 보호하려면?

06 · 아버지, 그 특별한 이름 · **203**
　　　과도기를 맞은 아버지의 역할
　　　아버지만 할 수 있는 일이 있다
　　　정서적으로 아이와 함께하라

07 · 자녀의 성장에 따른 감정코치법 · **227**
　　　1. 요람기
　　　2. 유아기 : 2-4살
　　　3. 아동기 초기: 5-8세
　　　4. 아동기 중기 : 9-13세
　　　5. 사춘기

08 · 21세기 리더와 감정코치 · **261**
　　　젠가 학습 게임 / 부모의 행동 특성 / 부모의 감정 특성

09 · 한국형 감정코치와 젠가 학습 게임 · **271**
　　　지훈이 집 이야기 / 나영이 집 이야기

■ 한국어판 서문

지난 7년간 남은영 박사와 함께 연구해 오면서, 한국이라는 생소했던 나라를 이제는 친숙하게 느끼고 있습니다. 사실 한국에 대해 조금씩 알게 될수록 그 문화의 우수성과 잠재력에 매력을 느끼게 되었습니다. 이런 우수성을 계속 이어갈 다음 세대를 양육하는 한국의 부모님들에게 이 책으로 인사하게 되어 매우 기쁩니다.

부모라면 누구나 자신의 자녀가 최선의 성공을 이루길 원할 것입니다. 하지만 꼭 기억해 주십시오. 성공의 열쇠는 바로 자녀들이 부모에게서 존중받는다는 느낌을 갖는 것입니다. 부모에게 존중받은 아이만이 다른 사람을 진정으로 존중해 줄 수 있습니다.

존중받는다는 느낌은 사랑과 공감어린 이해로 경청하는 데서 비롯됩니다. 이것이 바로 자녀를 위한 사랑의 기술입니다.

이 책이 많은 한국 부모들에게 도움이 되기를 진심으로 바라며….

2007년 시애틀 연구실에서
존 가트맨

■ 공저자 서문

제가 가트맨이라는 세계적인 인물과 사제의 인연을 맺은 건 정말 특별한 하나님의 은혜였습니다. 워싱턴 주립대는 세계 최고 수준의 연구중심 대학입니다. 특히 이 대학의 심리학과는 미국 대학의 랭킹전문 저널에서 올해 4위를 차지했습니다. 하지만 처음 이곳에 발을 디뎠을 때, 심리학이라는 분야는 백인 위주의 학문이었습니다. 교수님들도 거의 백인이었고 유색인종의 박사과정생도 눈을 씻고 찾아야 가뭄에 콩 나듯 볼 수 있을 정도였습니다. 하물며 외국인 박사 과정생은 130명 중 서너 명에 불과했으니, 유색인종에다 외국인 학생으로 느껴야 했던 엄청난 장벽은 이루 말할 수 없었습니다. 그러나 가트맨 교수님을 통해 배운 정서와 관계에 관한 많은 가르침은 이 모든 것을 감수할 만큼 값진 것이었습니다.

인간의 감정 혹은 정서, 관계 심리학. 말로만 들어도 얼마나 연구하기 난해한 분야인지 짐작하실 것입니다. 심리학은 철저히 과학적인 학문입니다. 보통 사람들은 심리학을 그저 마음을 읽고 이해하는 무엇이라고만 막연히 생각하지만, 사실 심리학은 통계학이라는 철저한 과학 위에 근거하는 학문입니다. 이 '마음'이라는 정량화할 수 없는 현상들을 정량화시켜 학문으로 끌어올리는 것이 심리학자들의 일입니다.

특히 그 중에서도 감정의 세계를 과학화한다는 것은 천재적 창의력을 가진 가트맨 교수이기에 가능하다고 생각합니다. 그런 교수님의 이론을 한국에 소개하는 데 조금이나마 보탬이 되어 매우 기쁩니다.

아직도 감정은 한국 사람들에게는 드러내 놓고 다루기에 많이 생소한 분야입니다. 하지만 누군가와 친밀한 관계를 맺길 원한다면 감정을 통한 교류 채널이 있어야 합니다. 감정코치는 이 교류 채널을 활짝 열어주어 당신의 가장 사랑하는 자녀와 막힘없는 친밀한 관계를 맺게 해주는 귀중한 도구가 될 것입니다.

시애틀 연구소에서
남은영

■ 추천의 글 1

자녀가 인생을 사는 데
꼭 필요한 것을 부모에게
일깨워 주는 책!

대니얼 골맨 – 《정서지능(Emotional Intelligence)》 저자

    오늘날은 아이에게나 부모에게나 모두 힘든 시기다. 특히 지난 10년에서 20년에 걸쳐 아동기의 특성에 엄청난 변화가 일어났다. 그 때문에 아이들이 인간의 마음에 대한 기본적인 교훈을 배우기가 더 어려워졌고, 사랑하는 자녀들을 가르쳐야 하는 부모들의 부담감은 더 커졌다. 자녀에게 정서적·사회적으로 기본이 되는 교훈을 가르치려면 부모가 더 똑똑해져야 한다. 존 가트맨 박사는 좋은 양육법에 관한 실용적인 지침서인 《내 아이를 위한 사랑의 기술》에서 그 방법을 제시한다.
    오늘날처럼 이런 요구가 절실한 시대도 없었을 것이다. 통계 수치를 살펴보자. 지난 몇 십 년에 걸쳐 십대가 저지른 살인 사건이 네 배나 증가했고 자살은 세 배, 강간은 두 배가 늘었다. 이처럼 신문 머리기사를 장식하는 통계 수치 이면에는 우리가 주시해야 할 정서적 병폐가 도사리고 있다.

이렇게 악화된 상황의 배후에는 거대한 강압적 요인들이 있다. 우선 오늘날의 부모들은 가족을 부양하기 위해 이전 세대보다 더 열심히 일해야 한다. 그로 인해 자녀들에게 할애하는 시간이 이전 세대보다 훨씬 줄어들었다. 핵가족화 현상이 늘어 친척들과 떨어져 지내며, 어린 자녀가 이웃집이나 놀이터에 놀러가는 것조차 걱정한다. 아이들은 어떤가? 텔레비전과 컴퓨터, 게임기 앞에서 보내는 시간이 대부분이다. 자고로 아이들은 부모와 이웃, 친척과 친구들과 함께 놀고 생활하면서 기본적인 감정 기술과 사회 기술을 습득하는데 말이다.

아이들이 정서 지능의 기본적 요소들을 제대로 습득하지 못해서 나타나는 결과는 갈수록 심각해지고 있다. 불안 같은 감정과 배고픔을 구별하는 법을 배우지 못한 여자아이들은 식욕 장애를 겪을 위험이 아주 높다. 남자아이의 경우, 유년 시절의 충동 성향은 비행이나 폭력을 일으킬 가능성이 높다. 성별과 관계 없이 불안과 우울을 해소하는 능력이 없는 아이는 훗날 약물 중독이나 알코올 중독에 빠질 위험이 높다.

이러한 불행한 현실을 감안할 때, 오늘날의 부모들은 아이와 함께하는 황금 같은 순간을 최대한 이용해서 문제가 되는 감정을 이해하고 해소하도록 노력해야 한다. 나아가 충동을 조절하고 타인의 감정에 공감하는 등의 인간관계 기술을 자녀에게 지도하는 데 뚜렷한 목표와 적극성을 가질 필요가 있다. 그런 의미에서 존 가트맨 박사의 이 책은 모든 부모가 필수적으로 읽어야 할 지침서이다.

■ 추천의 글 2

감정코치는
부모의 사랑을 자녀에게 전달하는
가장 좋은 방법입니다

조능희 – MBC 시사교양국 프로듀서, 〈MBC스페셜 2부작-내 아이를 위한 사랑의 기술〉 연출

〈MBC스페셜-내 아이를 위한 사랑의 기술〉에서 소개한 〈감정코치 5단계〉는 가트맨 박사가 만들어낸 자녀교육법입니다. "감정은 받아주되 행동은 고쳐준다"는 개념은 하임 기너트 박사가 40여 년 전에 제창했지만 이것을 5단계로 나누고 부모들에게 구체적인 행동 지침을 설명한 사람은 가트맨 박사로써, 그 모든 것이 실린 책이 바로 《내 아이를 위한 사랑의 기술》입니다.

저는 프로그램을 제작하기 위해 자녀교육 관련서들을 읽고 교사나 상담가, 정신과 의사나 심리학자 등 많은 전문가의 이론을 살펴보았습니다. 그런데 대부분의 책이 저자의 실제 경험담이라는 한계를 넘지 못해 아쉬웠습니다. 객관적이고 신뢰할 수 있는 데이터가 쌓인 연구결과라기보다는, 저자가 자기 아이를 키우고 또 직업상 다른 가정의 아이들과 부모들을 상담하면서 쌓은 노하우가 대부분이었습니다. 그러나 아

이들이 자라는 환경, 특히 부모의 경제력과 지적 수준은 집집마다 천차만별이기 때문에, 저자들의 경험과 이론을 그대로 따라 하기에는 방송 프로그램의 특성상 고려할 상황이 너무 많았습니다.

제가 읽은 책 중에는 아이가 특별하게 되어 이름을 떨치게 된 부모들의 이야기, 국내외 최고 명문 대학에 입학한 대학생들의 수기도 있었습니다. 아이비리그 대학생이 고교 시절 성적이 떨어졌을 때 어머니에게 따귀를 맞았다는 경험담을 읽으면서, 과연 이렇게 해야 자녀가 공부를 잘할 수 있는 건지 혼란스러울 수밖에 없었습니다. 어떤 부모의 특별한 교육법, 심리학 교과서에 나와 있는 뻔한 말들과 이론들은 제가 찾는 방법이 아니었습니다.

제가 찾았던 것은 각각의 노하우가 아니라 모든 부모의 교육방식 속에 기본적으로 깔려 있어야만 하는 철학, 이념이었습니다. '이런 때 이렇게 하고 저런 때는 저렇게 하니까 아이가 말을 잘 듣더라' 식의 상황 대처법이 아니라 언제 어느 곳에서나 통용되는 기본원칙 말입니다. 학창시절 공부 잘했고 똑똑했던 사람들이 교수나 박사가 되어 "이렇게 했더니 우리 아이가 공부도 잘하고 성격도 좋아졌다"는 경험담보다는 일반 시청자이자 평범한 대한민국 부모 누구나 평상시에 실천할 수 있는 보편적인 교육법을 찾으려고 했습니다.

가트맨 박사의 이 책에는 그것이 있습니다. 더구나 가트맨 박사의 책들은 그냥 책상머리에서 나온 것이 아니어서 더더욱 그의 이론을 신뢰할 수 있었습니다. 가트맨 박사는 아이들을 10년 이상 계속 추적, 관찰하여 그 결과를 비교하면서 감정코치의 이론을 만들어냈습니다.

연구기간뿐 아니라 연구방법 또한 놀랍습니다. 저는 부부문제를 다룬 다큐멘터리 〈행복한 부부, 이혼하는 부부〉를 만들면서 가트맨 박사의 연구방법을 소개했습니다. 그는 부부 갈등 치료법을 만들면서 무려 28년 동안 3,000쌍의 부부를 관찰했습니다. 단순 관찰이 아니라 객관적인 자료를 얻기 위해 부부가 말다툼을 포함한 여러 대화를 할 때 심장박동수와 땀의 분비량을 측정하고 부부 각자의 표정을 비디오로 촬영해 그 결과들을 수학적으로 분석했습니다. 심리학자인 그는 MIT에서 수학 석사학위를 받은 뛰어난 수학자이기도 합니다.

가트맨 박사는 부부관계를 연구하면서 쌓아온 노하우를 자녀교육법 연구에도 적용했습니다. 그의 천재성은 어린아이에게 만들어 입힌 우주복에도 잘 나타나 있습니다. 스트레스 측정기를 우주복처럼 디자인된 옷 안에 장치하여 아이들에게 우주인 놀이를 권하면서 입혔습니다. 그래서 네다섯 살 정도의 아이들에게 아무런 거부감도 주지 않은 채 각종 측정을 할 수 있었습니다. 그리고 부모가 아이와 함께 비디오 게임을 할 때 자녀를 어떻게 다루고 자녀는 어떻게 반응하는지 관찰했습니다. 그 아이들이 15세가 될 때까지 추적한 후에 '감정코치 5단계' 이론을 완성한 것입니다.

저는 가트맨 박사의 감정코치법이 과연 우리나라 아이들에게도 실제로 통하는지 세 달에 걸쳐 실험해 보면서 프로그램을 제작했습니다. 놀랍게도 아이들이 달라졌습니다. 그 전에 중학생인 제 딸에게 먼저 시도해 보았는데 아이가 평상시와는 다른 반응을 보이는 것이었습니다. 프로듀서 이전에 아버지로서 저는 감정코치법의 효과를 확신했습니다. 여러분도 감정코치법으로 아이를 대한다면 평상시와 다른 아이의 반응에 놀랄 것입니다.

감정코치는 아이가 공부 잘하게 하는 방법이기보다는 아이를 행복하게 만드는 방법입니다. 그러나 감정코치로 행복한 아이는 성적도 좋아진다고 합니다. 과연 그럴까요?

저는 가트맨 박사를 인터뷰하면서 아이가 공부 잘하는 것이 감정코치와 어떻게 관련이 있는지 여러 번 물었습니다. 감정코치가 아무리 좋은 교육법이라 해도 성적 향상에 도움이 안 된다면 어떤 부모도 따라하지 않을 것이기 때문입니다.

가트맨 박사에 의하면 아이들의 감정을 무시한 채 강제로 억압하면서 공부를 강요하면 초등학교나 중학교 저학년에서는 효과가 나기도 하지만, 점점 나이가 들면 그 성적을 유지하기 힘들 것이라고 합니다. 좋은 성적을 유지하는 가장 큰 힘은 부모의 강요처럼 외부에서 오는 것이 아니라 본인의 자발적 의지나 지적 호기심처럼 내부에서 나온다는 것입니다. 가트맨 박사의 말대로 감정코치를 받은 아이들은 스스로 공부했습니다. 〈사랑의 기술〉에 참여한 한 초등학생은 엄마가 억지로 시키면 딱 시킨 곳까지만 문제를 풀었는데, 엄마가 달라진 후부터 자기도 모르게 몇 페이지씩 공부를 더하게 되었다고 대답했습니다.

감정코치를 받은 아이들은 산만한 상태에서 집중상태로 빨리 전환하고, 집중시간도 더 깁니다. 또 자기감정을 잘 조절하는 법을 배웁니다. 감정코치의 4-5단계는 아이가 자기가 그 순간에 느끼는 감정이 무엇인지 알게 하고, 해결책을 찾도록 해줍니다. 그래서 아이들은 자기감정을 잘 조절할 수 있게 되고, 그 결과 집중력도 좋아집니다.

이런 아이들은 시험을 잘 치지 못했다고 욱해서 창밖으로 뛰어내리지 않습니다. 교실에서 친구가 밉다고 갑자기 볼펜으로 찌르지 않습니다. 실연 한번 당했다고 인생을 끝내지도 않습니다. 감정코치를 받은 아이들은 자신이 느끼는 감정이 무엇이며, 어떻게 조절해야 하는지 정확히 알기 때문입니다. 자기가 화났다는 것, 혹은 슬프다는 것을 알아차리고 교육받은 대로 합리적인 해결책을 모색합니다.

감정코치를 받는 아이들의 의료기록을 조사한 결과, 다른 아이들보다 병원에 적게 갔다고 합니다. 가트맨 박사는 이것이 스트레스 호르몬과 연관이 있고, 즉 스트레스가 적은 아이들이 건강하다고 주장합니다.

저는 가정 내 스트레스와 건강과의 관계를 이미 〈행복한 부부, 이혼하는 부부〉에서 취재한 적이 있습니다. 관계가 좋은 부부와 나쁜 부부의 스트레스 호르몬 양이 다르고, 행복한 부부는 감기에 걸릴 확률도 낮다는 사실이 입증되었습니다. 부모가 지속적으로 갈등 중인 아이들의 키가 작고 지능도 낮다는 연구 결과도 있습니다. 소아과 의사인 스코트 몽고메리 박사가 생후 22개월 된 영국 아이 1,400명의 키를 잰 후 5살, 10살이 되었을 때까지 각각 추적 조사한 결과입니다. 감정코치는 아이에게 스트레스를 주지 않으면서 건강하고, 지능도 높이는 양육 방식입니다.

이 책에서 꼭 놓치지 말아야 할 부분이 있습니다. 가트맨 박사가 감정코치를 하지 말아야 할 때를 적시해 둔 곳을 꼭 읽고 기억하십시오. 감정코치는 부모의 사랑을 충분히 전해 줄 시간과 여유가 있을 때 해야 합니다. 아이를 내 맘대로 조종하기 위해 감정코치를 하면 아이는 신기하게도 그것을 알아차립니다. 그러면 부모의 사랑이 제대로 전달될 리가 없습니다. 너무 초조해하지도 마십시오. 가트맨 박사는 일상생활의 40% 정도만 감정코치를 해도 아이가 훌륭히 자란다고 말했습니다.

감정코치는 쉽고 간단한 일이 아닙니다. 평소 감정코치를 잘하고 있는 어머니조차 감정코치에는 에너지가 많이 든다고 말합니다. 그러니 처음 시작하는 사람들은 더욱 힘들 것입니다. 그러나 우리는 부모 노릇이 저절로 쉽게 되지 않음을 잘 알고 있지 않습니까?

누구나 자기 아이를 사랑합니다. 그러나 그 사랑이 아이에게 제대로 전달되지 않는다면 아무리 사랑해도 소용이 없습니다. 부모와 자녀 사이라고 그 사랑이 저절로 전해지는 것도 아닙니다.

감정코치는 부모의 사랑을 자녀에게 전달하는 가장 좋은 방법입니다. 독자 여러분의 가정에 늘 사랑과 행복이 넘치길 빕니다.

■ 들어가는 글

부모와 아이의 정서적 상호작용이 가장 중요하다

우리는 '감정코치 5단계'를 통해 정서적 교류에 바탕을 둔 가치와 신뢰를 얻을 수 있다. 부모가 아이의 감정에 공감하고 아이가 분노, 슬픔, 두려움 등의 부정적 감정을 극복하도록 이끌 때 부모와 아이 사이에는 지지와 애정이라는 유대관계가 형성된다.

규칙 준수, 순종, 책임감은 아이가 가족 내에서 느끼는 사랑과 연대감에서 나온다. 이처럼 가족 구성원 간의 정서적 상호작용은 올바른 가치관을 심어주고 도덕적인 인간을 키우기 위한 토대가 된다. 아이는 가족이 자신에게 올바른 행동을 기대하고 있으며, 바르게 사는 것이 가족의 일원이 되는 길임을 진심으로 깨닫고 가족의 기준에 맞춰 행동하는 것이다.

'감정코치 5단계'는 아이의 행동을 통제하기 위해서 이것저것 뒤죽박죽된 전략을 제시하는 다른 양육 이론들과 달리 아이의 발달과 함께 부모와 아이의 친밀한 관계를 유지하기 위한 기본 틀을 제공한다.

이 책의 특징은, 나와 동료들이 과학적 조사를 통해 부모와 자녀 간의 정서적 상호작용이 무엇보다 중요하다는 증거를 제시했다는 점이다. 우리는 엄마와 아빠가 감정코칭을 실천하면 자녀의 성공과 행복에 엄청난 효과를 미친다는 것을 확실히 깨달았다.

우리의 연구는 1960년대 하임 기너트 박사가 다루지 않았던 상황들을 다룬다. 이혼율이 증가하고 청소년 폭력 등의 우려가 커지면서 정서적으로 똑똑한 아이를 키우는 일은 그 어느 때보다 중요한 문제가 되었다. 우리의 연구는 부부 갈등 및 이혼과 관련하여 이미 입증된 위험들로부터 부모가 자녀를 보호할 방법에 관한 놀라운 관점을 제시한다. 그리고 특히 아버지가 아이와 정서적으로 가까울 때 아이의 행복에 미치는 영향에 관한 새로운 견해를 소개한다.

성공적인 자녀 양육법의 열쇠는 이것저것 뒤섞은 이론이나 상세한 가족의 규칙, 또는 아주 복잡한 행동 양식에서 얻을 수 없다. 아이에 대한 깊은 사랑과 애정을 바탕으로 한 공감과 이해를 통해서만 얻을 수 있다. 훌륭한 양육법은 부모의 마음에서부터 시작된다. 아이의 감정이 고조되거나 슬퍼하거나 화내거나 두려워할 때 지속적인 관심과 주의를 기울임으로써 매순간 지속된다. 마음으로 다가가는 양육법은 특히 그것이 진정 가치가 있다고 여겨질 때 실현 가능하다. 이 책이 그 길을 제시할 것이다.

— 존 가트맨

01

자녀를 위한 최고의 학습, '감정코치'

> **부모는 먼저
> 자신의 감정 대응 방식을 이해한 후,
> 이것이 아이에게 어떤 영향을 미치는지
> 파악해야 한다**

다이앤은 아침마다 아들 조슈아 3살와 실랑이를 벌인다. 어린이집에 가지 않으려 떼쓰는 아들을 달래는 시간이 길어지는 날이면 지각하게 마련인 것이다. 어떤 신발을 신을지 엄마와 한바탕 전쟁을 치른 조슈아 역시 화가 잔뜩 났다. 엄마는 아침 회의에 늦을지도 모르지만, 아이는 그런 건 안중에도 없고 그저 집에서 놀고 싶다며 생떼를 쓸 뿐이다. 그러다 결국 조슈아는 바닥에 털썩 주저앉아 서러운 울음을 터뜨린다.

에밀리 7살는 베이비시터가 올 시간이 5분밖에 안 남았는데 엄마 아빠에게 울면서 하소연한다. "너무해! 어떻게 모르는 사람한테 나를 맡길 수 있어?" 아이는 훌쩍거리고 아빠는 달랜다. "모르는 사람 아니야, 엄마가 잘 아는 사람이야. 게다가 엄마 아빠가 몇 주 전부터 벼르던 콘서트잖니." 그러나 딸아이는 "그래도 가지 마"라며 징징거린다.

찰리 14살는 학교에서 누군가 담배를 피웠는데 마침 지나가던 학생 주임 선생의 오해를 사서 징계를 받게 되었다고 말한다. 하지만 요즘 들어 성적이 계속 떨어지는데다 불량한 아이들과 어울려 다닌 터라 엄마는 의심스럽다. "찰리, 널 믿을 수가 없구나. 당분간 외출 금지야!" 억울하고 분한 찰리는 한마디 말도 없이 문을 박차고 나가버린다.

세 집안의 세 가지 갈등, 그리고 서로 다른 발달 단계에 있는 세 명의 자녀. 이렇듯 상황은 각기 달라도 부모가 직면한 문제는 오직 하나다.

"감정이 격해졌을 때 자녀를 어떻게 대할 것인가?"

대부분의 부모들은 인내심을 갖고 존중하는 마음으로 아이들을 하나의 인격체로 대하고 싶어한다. 부모는 세상이 만만하지 않으며 자신의 아들딸이 앞으로 그런 세상에 수없이 부딪힐 것을 알기 때문에, 그때마다 아이 곁에서 통찰력과 지지를 아낌없이 주고 싶어 한다. 부모는 자녀가 자기에게 다가온 문제를 효과적으로 해결하고, 굳건하고 건전한 대인관계를 맺도록 가르치고 싶어 한다. 그러나 자녀에게 부모의 역할을 "제대로 하고 싶다"는 바람과 "실제로 이것을 하기 위한 방법이 있는가?"라는 현실 사이에는 상당한 거리가 있다.

사실 좋은 양육법은 지성知性 이상의 것이 필요하기 때문이다. 좋은 양육법이라면 인성人性이라는 차원이 무시되어서는 안 된다. 그러나 지난 30여 년 동안 부모들에게 알려진 수많은 조언에는 인성이라는 부분이 빠져 있었다. 또 좋은 양육법에는 감정의 문제가 수반된다.

지난 10여 년 동안, 과학계는 감정이 우리 삶에서 행하는 역할과 관련된 방대한 양의 연구 결과를 내놓았다. 연구자들은 가족 관계를 비롯해 모든 분야의 성공과 행복을 좌우하는 것은 지능지수IQ보다 감정 인식과 감정 대처 능력이라는 사실을 밝혀냈다. 최근 널리 알려진 '감정지수EQ'란 부모 입장에서는 자녀의 기분을 알아채고, 공감하며, 다독거리고 바른 길로 이끄는 능력을 의미한다. 반면 감정에 대한 교훈을 대부분 부모로부터 배우는 자녀 입장에서 감정지수란 1) 충동을 조절하고, 2) 자기 충족의 순간을 뒤로 미루며, 3) 스스로에게 동기를 부여하고, 4) 친분 관계가 있는 사람의 기분을 읽어내며, 5) 인생의 희로애락에 대처하는 능력을 의미한다.

심리학자이자 《정서 지능》의 저자 대니얼 골맨은 "가정은 우리가 맨 처음 감정을 학습하는 배움터"라고 설명한다.

가족 안에서, 우리는 자신에 대해 어떤 감정을 가져야 하는지, 그리고 우리의 감정에 다른 사람들은 어떻게 반응하는지를 배운다. 또 이런 감정을 어떤 식으로 받아들이고 이에 대응할 때 어떤 선택을 해야 하는지 배운다. 희망 사항과 두려움을 어떻게 읽고 어떻게 표현해야 하는지도 배운다. 이와 같은 감정에 대한 학습은 부모가 말과 행동으로 자녀에게 직접 보여줌으로써 이루어질 뿐만 아니라, 부모가 자기의 감정과 배우자 사이에서 발생하는 감정을 다스리는 모습을 모델로 삼아 이루어진다. 감정 수업에 타고난 선생인 부모가 있는 반면 아주 형편없는 부모도 있다.

부모의 어떤 행동 때문에 이런 차이가 날까? 나는 지난 20여 년간 심리학자로서 부모와 자녀 사이의 상호관계를 연구하며 이 질문에 대한 답을 찾는 데 많은 시간을 보냈다. 일리노이 대학, 워싱턴 주립대학의 연구팀과 두 차례의 공동연구를 통해 119곳 가정을 대상으로 심층 연구를 하면서, 감정이 격해진 상황에서 부모와 자녀가 서로 어떻게 반응하는지 관찰했다. 5세 아동이 청소년이 될 때까지의 과정을 추적했으며, 현재는 130쌍의 신혼부부가 엄마 아빠가 되기까지의 과정을 추적, 조사 중이다.

감정코치는 자녀에게
삶에 대처하는 방법을 가르쳐 준다

우리는 조사 대상 부모들과 장시간의 인터뷰를 통해, 그들의 결혼생활과 자녀의 감정 표현에 어떻게 반응하는지 이야기를 나누고, 감정이 그들 삶에 미치는 영향을 얼마나 인식하고 있는지 살폈다. 부모와 아이 사이가 좋지 않을 때, 아이의 생리적 반응이 어떻게 나타나는지도 조사했다. 자녀의 분노와 슬픔에 대한 부모의 감정적 반응도 주의 깊게 관찰하고 분석했다. 그런 다음 필요할 때마다 가족을 만나 아이의 건강, 학업 성취도, 정서 발달, 대인 관계가 어떻게 발달했는지 확인했다.

연구 결과는 단순하지만 아주 흥미롭다. 부모의 유형은 크게 두 가지로 나눌 수 있었다. 자녀에게 감정의 세계에 대한 길잡이를 주는 부모와 그러지 않는 부모.

나는 자녀의 감정에 관여하는 부모들을 '감정코치'라고 부른다. 스포츠 팀 코치처럼 감정코치는 자녀에게 삶의 희로애락에 대처하는 방법을 가르친다. 감정코치는 아이가 분노, 슬픔, 두려움을 표현하지 못하게 하지 않고, 그런 감정을 무시하지도 않는다. 오히려 부정적인 감정을 인생의 참모습으로 인정하고, 그것을 통해 중요한 교훈을 가르친다. 그리고 아이와 더 친밀한 관계를 맺을 수 있는 기회로 활용한다.

조사 대상자인 제니 5살 엄마 마리아는 이렇게 말한다. "딸이 슬퍼할 때는 저랑 아이가 돈독해지는 중요한 시간이에요. 그럴 때마다 아이에게 '엄마랑 이야기하지 않을래? 네 기분을 알고 싶어'라고 말하죠."

제니의 아빠 댄 역시 딸이 슬프거나 화가 나 있을 때야말로 아빠를 가장 필요로 한다고 생각한다. "어떤 말이나 행동보다 딸아이를 다독거리는 순간에 진정한 아빠가 된 것 같습니다. 아이 옆에 함께 있으면서 괜찮다고 말해 줍니다. 다 잘될 거고 잃는 것보다 얻는 것이 많을 거라고 얘기해 줍니다."

제니의 부모는 온화하고 긍정적인 감정코치라 할 수 있다. 그러나 온화하고 긍정적이기만 하면 아이에게 EQ를 가르칠 수 없다. 자녀를 사랑하고 자녀 일이라면 발 벗고 나서는 부모라도 아이의 부정적 감정에는 효과적으로 대처하지 못하는 경우가 많다. 이렇듯 자녀에게 EQ를 가르치는 데 실패한 부모를 나는 세 가지 유형으로 분류했다.

1. **축소전환형 부모** : 자녀의 부정적 감정에 무관심하거나 무시하거나 대수롭지 않게 여긴다.
2. **억압형 부모** : 자녀가 부정적 감정을 드러내는 것을 비판하고, 감정 표현을 했다는 이유로 꾸짖고 벌을 주기도 한다.
3. **방임형 부모** : 자녀의 감정을 인정하고 공감하지만, 아이의 행동을 좋은 방향으로 이끌거나 한계를 제시하지 못한다.

감정코치를 하는 부모와 그렇지 못한 세 유형의 부모가 아이를 대할 때 얼마나 다른 모습을 보일까? 앞서 어린이집에 가지 않겠다고 떼를 쓰던 조슈아의 엄마 다이앤을 예로 들어, 각 유형별 상황을 살펴보자.

다이앤이 축소전환형 부모라면 어린이집에 안 가겠다고 버티는 아들을 '어이없다'고 생각하며 "도대체 어린이집에 가는 게 왜 슬프다는 거니?"라고 말할지 모른다. 그러고는 아이가 더는 슬퍼하지 못하게 하려고 과자로 살살 달래거나 어린이집 선생님이 준비한 재미있는 놀이에 대해 이야기할 것이다.

억압형 부모라면 투정 부리는 아들을 혼내면서 "네가 고집부리는 데 질렸어. 말 안 들으면 맞을 줄 알아!" 하고 엄포를 놓을 것이다.

방임형 부모라면 슬프고 화난 아들을 껴안고 "그래, 어린이집에 가기 싫어하는 네 맘을 이해해. 집에 있고 싶은 것이 당연한 거야"라고 위로할 것이다. 하지만 그리고 나서는 어떻게 해야 할지 몰라 당황할 것이다. 아들을 혼내거나 때리거나 과자로 유혹하는 것 말고도 혼자 집에 놔두는 것이 대안이 될 수는 없다. 결국에는 거래를 할지도 모른다.

"10분간 놀아줄 테니까, 울지 말고 어린이집에 가는 거야." 나쁜 방법은 아니지만 이것도 하루 이틀이지 언제까지 그럴 수 있겠는가?

그렇다면 감정코치를 하는 부모는 어떻게 할까? 시작은 방임형 부모와 비슷하다. 아들의 불만에 공감하면서 "네 기분을 이해해"라고 분명히 알려준다. 하지만 거기서 그치지 않고 아들에게 불편한 감정을 어떻게 다스려야 하는지 방법을 일러준다. 다음 대화가 그 예다.

엄마 : 조슈아, 옷 입자! 어린이집에 가야지.
아들 : 싫어! 가기 싫단 말이야!
엄마 : 가기 싫다고? 왜?
아들 : 엄마랑 집에 있고 싶단 말이야!
엄마 : 정말?
아들 : 응! 엄마랑 집에 있을래!
엄마 : 그래, 엄마도 네 맘 잘 알아. 엄마도 우리 조슈아랑 소파에 앉아서 같이 책을 읽으면 얼마나 좋겠니. 하지만 오늘은 엄마가 중요한 약속을 했거든. 9시까지 가기로 했어. 그 약속을 깰 수는 없어요.
아들(울기 시작한다) : 왜 안 돼? 싫어, 싫어! 싫단 말이야!
엄마 : 조슈아, 이리 온. (아들을 무릎에 앉힌다) 아가야, 엄마가 미안해. 하지만 우리는 집에 계속 있을 수 없어. 엄마 말에 실망했구나, 그렇지?
아들(끄덕이며) : 응.
엄마 : 그래서 슬퍼?
아들 : 응.
엄마 : 엄마도 슬퍼. (잠시 아이가 울도록 내버려두고 계속 안아준다. 아이

가 울음을 그칠 때까지 기다린다) 이렇게 하면 어떨까? 내일 엄마와 함께 있자! 엄마가 회사에 안 가니까 너도 어린이집 안 가도 되고, 그럼 하루 종일 같이 있을 수 있어. 내일 엄마랑 같이 뭐할까?

아들 : 핫도그 먹고 만화책 보고 싶어.

엄마 : 그래, 그거 좋겠다. 또 뭐할까?

아들 : 공원에 가서 놀자!

엄마 : 그러자꾸나.

아들 : 해리도 같이 가도 돼?

엄마 : 좋아! 해리 엄마한테 물어보자. 그러나 지금은 어린이집에 가야 해. 알지?

아들 : 응.

언뜻 보면, 감정코치 부모나 축소전환형 부모나 상당히 비슷해 보인다. 양쪽 모두 아들의 생각을 집에서 다른 것으로 돌리도록 했다. 그러나 중요한 차이점이 있다. 감정코치로서 다이앤은 1) 아들의 불만을 인정하고, 2) 아들이 자기 감정에 이름을 붙이도록 도와주었고, 3) 감정을 그대로 느끼도록 했으며, 4) 아이가 우는 동안 곁에 함께 있었고, 5) 결코 슬퍼하는 아이의 관심을 딴 데로 돌리려고 노력하지 않았다. 억압형 부모처럼 슬퍼한다고 혼내지도 않았다. 아이의 감정을 존중하고, 아이의 소원이 타당하다고 분명히 알려줬다.

방임형 부모와 달리 감정코치 엄마는 한계선을 분명히 긋는다. 다이앤은 아들의 감정을 진정시키는 데 몇 분을 소요했지만 회사에 지각하지 않을 것이고, 회사 동료들과의 약속도 깨뜨리지 않을 것임을 분명히 알려줬다. 이는 조슈아가 약간 실망하긴 했지만 엄마와 아들 모두 대처할 수 있는 감정이었다. 일단 조슈아가 자신의 감정을 식별하고 인정하자 다이앤은 슬픈 감정을 뛰어넘어 다음날의 즐거운 하루를 기대할 수 있다는 점을 아들에게 일러줬다.

이러한 부모의 반응은 나와 연구팀 동료들이 성공적인 부모-자식 관계에 대한 연구 결과 밝혀 낸 감정코치 과정의 주요한 요소다. 부모의 감정코치 과정은 대개 5단계로 진행된다.

1. 아이의 감정을 인식하기
2. 아이의 감정이 격해지는 순간을 친밀감 조성과 교육의 좋은 기회로 삼기
3. 아이의 감정이 타당함을 인정하고 공감하며 경청하기
4. 아이가 자기감정을 표현하도록 도와주기
5. 아이가 스스로 문제를 해결하도록 이끌면서 행동에 한계를 정해 주기

감정코치의 효과

부모의 감정코치를 받는 아이와 그렇지 않은 아이는 어떻게 다를까? 조사 대상 가족들의 말과 행동, 정서적 반응을 면밀히 관찰, 분석한 결

과 두 집단은 사뭇 대조적이었다. 감정코치를 실천한 부모를 둔 아이는 그렇지 않은 부모의 자녀보다 훨씬 건강하고 학업 성적도 우수하다. 교우관계도 원만하고 행동 장애를 보이는 경우도 드물며 폭력성도 적다. 감정코치를 받은 아이들은 전반적으로 부정적 감정을 덜 경험하면서 긍정적 감정은 더 많이 경험한다. 정서적으로 훨씬 건강한 것이다.

그러나 무엇보다 가장 놀라운 결과는, 부모가 감정코치법으로 자녀를 양육할 때 자녀의 회복력이 훨씬 뛰어났다는 사실이다. 달리 말해 감정코치를 받은 아이들은 정서적으로 매우 똑똑했다. 물론 그 아이들도 당연히 슬퍼하거나 분노하거나 무서워하기도 한다. 하지만 스스로를 안정시키고, 정신적 고통에서 벗어나 제자리를 찾고, 생산적인 활동을 지속하는 능력이 매우 뛰어나다.

수많은 결혼이 이혼으로 끝나는 요즘, 수백만의 아이들이 가족 붕괴에 따른 문제에 봉착할 위험에 놓여 있다. 퇴학, 자퇴, 왕따, 우울증, 건강상의 문제, 반사회적 행동 같은 문제들은 부모가 이혼하지 않더라도 갈등이 많은 불행한 집에서 자란 아이에게 나타날 수도 있다. 우리 연구에 따르면, 계속 싸우는 부모 밑에서 자란 아이는 친구 사귀는 능력도 떨어진다. 또한 가정 불화는 아이의 학교생활에 악영향을 미칠 뿐 아니라 질병 발생률도 높인다는 결과가 나왔다.

그러나 감정코치 부모의 경우, 부부 사이가 나빠서 별거나 이혼을 해도 아이에게 미치는 영향은 달랐다. 감정코치는 부모의 불화를 경험한 아이들 상당수가 겪는 악영향으로부터 자녀를 보호해 주었다. 이혼과 부부 갈등이 자녀의 학업 부진, 공격적인 성향, 또래 집단과의 문제 등을 일으킨다고 입증되었지만, 감정코치를 받은 아이들에게는 이런 악영향이 나타나지 않았다. 이 모든 결과는 감정코치가 부모의 이혼으로 인한 정서적 충격을 덜 받게 하는 완충제라는 점을 시사한다.

이는 부부 갈등과 이혼의 후유증으로 현재 고통받는 가족들에게 매우 가치 있는 결과다. 나아가 앞으로의 연구를 통해 감정코치가 다른 갈등과 상실감, 마음의 상처를 아이가 잘 극복할 수 있도록 도와주는 방파제 역할을 할 수 있음을 밝혀내리라 기대한다.

우리 연구 결과 중에 또 하나 놀라운 사실은 아버지의 역할이다. 아버지가 감정코치법을 사용하면 자녀의 정서 발달에 매우 긍정적인 영향을 준다는 사실이 밝혀졌다. 아버지가 자녀의 기분을 이해하고 문제를 해결할 수 있도록 노력하면, 아이의 학교생활과 대인관계가 원만해진다. 반면 지나치게 엄격한 아버지, 아이의 감정 표현을 비난하거나 대수롭지 않게 생각하는 아버지는 매우 부정적인 영향을 미친다. 그런 아버지를 둔 자녀는 학교생활도 원만하지 않고, 친구들과 더 많이 싸우며, 건강도 나쁠 가능성이 훨씬 크다. 그렇다고 어머니가 아이의 정서 지능에 영향을 미치지 않는다는 뜻은 아니다. 어머니는 자녀에게 상당한 영향을 미친다. 하지만 우리 연구는 아버지의 영향이 나쁜 것이든 좋은 것이든 간에, 훨씬 극단적일 수 있다는 결과를 보여준다. 아이의 인생에 아버지의 존재가 갖는 중요한 의미는 결코 간과될 수 없다. 그러나 정서적으로 가까운 아버지는 아이의 인생에 어마어마한 득이 될 수 있지만 냉정하고 잔인한 아버지는 큰 해가 될 수 있다.

감정코치를 하는 부모는 자녀가 더 건강하고 성공적인 어른으로 성장하는 데 큰 힘이 될 수 있지만 그러한 양육 방식이 결코 모든 가족 문제의 해결책은 되지 못한다. 나는 다른 많은 양육 이론의 주창자들과는 달리 감정코치가 가정에서 나타나는 일반적인 문제를 모두 해결하는 만병통치약이라고 공언하지 않는다. 감정코치를 실천한다고 해서 가족의 모든 분쟁이 끝난다거나 슬픔도, 괴로움도 모두 사라지는 것은 아니다. 갈등은 가정생활의 일부분이다. 단, 부모가 감정코치를 활용하면 분명히 자녀에게 더욱 가까이 다가갈 수 있다.

'훈육'을 하지 말라는 뜻이 아니다. 사실 부모와 자식 사이가 정서적으로 가까울 때 부모는 자녀의 삶에 훨씬 많은 시간과 노력을 투자하고, 그렇기 때문에 더욱 강한 영향력을 행사할 수 있다. 부모는 엄격함이 필요할 때는 엄격한 모습을 보여야 한다. 자녀가 실수하거나 게으름을 피우면 주의를 주어야 한다. 주저 없이 한계를 그어 줘야 한다.

자녀와의 정서적 유대감이 있기 때문에 부모의 말이 의미가 있는 것이다. 아이들은 부모의 생각에 관심을 가지며 부모를 기쁘게 해주고 싶어 한다. 결과적으로 부모는 감정코치 덕분에 자녀를 바른 길로 인도하고 동기를 부여할 수 있다.

감정코치는 상당한 헌신과 인내심이 필요하다. 다른 분야의 코치가 하는 일과 근본적으로 똑같은 일이다. 자녀의 뛰어난 야구 실력을 보고 싶다면 아이와 함께 운동장에 나가서 연습을 하면 된다. 이와 마찬가지로 자녀가 감정을 잘 다스리고, 스트레스를 이겨내며, 건강한 대인관계를 발전시켜 나가는 모습을 보고 싶다면 아이가 부정적인 감정을 표현하는 것을 막거나 무시해서는 안 된다. 대신에 적극적으로 아이를 이해함과 동시에 바른 길을 제시해 주어야 한다.

할아버지나 할머니, 학교 선생님이나 다른 어른이 아이의 삶에서 감정코치의 역할을 맡을 수도 있지만 부모야말로 최고의 적임자다. 달리 말해 부모야말로 자녀가 지켜야 할 규율이 무엇인지 가장 잘 아는 사람이다. 부모야말로 자녀의 인생에 어떤 고난이 닥쳐도 버팀목이 되어줄 사람이다. 배앓이를 하거나 대소변을 가리는 문제, 형제자매와 싸웠거나 이성 친구와의 갈등 등 어떤 문제가 닥쳐도 자녀는 부모의 관심과 애정을 기대한다. 그러므로 부모는 코치 모자를 쓰고서 자녀가 경기에서 이길 수 있도록 힘껏 도와줘야 한다.

감정코치가 아이들에게 닥친 위험을 어떻게 감소시킬 수 있을까?

오늘날의 부모들은 이전 세대 부모들이 겪지 못한 문제에 직면해 있다. 오늘날의 부모들은 자녀에게 기본적인 의식주를 제공하고, 훌륭한 교육과 강력한 도덕적 윤리를 제공하는 것 이상의 일을 해야 한다. 어떻게 해야 아이들을 폭력으로부터 안전하게 보호할 수 있을까? 어떻게 하면 아이들이 스스로 책임질 나이가 되어 안전한 선택을 할 수 있기까지 성 경험을 미루도록 설득할 수 있을까? 어떻게 하면 애초에 흡연과 알코올 중독을 피하도록 아이들에게 자기존중감을 심어줄 수 있을까?

사회과학자들은 아이가 반사회적인 비행 청소년이 되는 것은 가족 내 문제가 원인임을 입증했다. 가족 내 문제라 하면 부부싸움, 이혼, 실제로든 정서적으로든 아버지의 부재, 가정 폭력, 나쁜 양육방식, 방치, 학대, 무관심, 지나친 기대 그리고 가난이다. 그렇다면 문제의 해결 방법은 부모가 더 나은 결혼생활을 하고, 자녀양육을 위해 필요한 경제적·사회적 지원을 하는 것이다. 그러나 문제는 우리 사회가 이와는 반대 방향으로 나아간다는 점이다.

1950년대에 미혼모는 4%에 불과했지만 오늘날은 약 30%에 육박한다. 오늘날 미혼모의 대다수가 결국 결혼을 하지만 신혼부부 절반 이상이 헤어지는 높은 이혼율 때문에 편모 가정의 비율은 여전히 높다. 현재 약 28%가 편모 가정이고, 이들 가정 중에 약 절반이 가난하게 살고 있다. 이혼 가정의 경우, 많은 아이들이 아버지로부터 필요한 금전적·정서적 지원을 받지 못한다. 1989년 미국의 인구조사 결과를 보면 양육권을 가진 어머니 중 절반 약간 넘는 수가 양육비를 제대로 받고 있을 뿐 25%는 일부만을, 20%는 양육비를 전혀 받지 못하고 있는 실정이다. 해체된 가족의 자녀를 조사한 결과에 따르면 이혼하고 2년 후, 대다수의 아이들이 1년 동안 아버지의 얼굴조차 못 본 것으로 나타났다.

재혼을 해도 역시 고충이 있다. 초혼보다 재혼의 이혼율이 더 높다.

계부가 확실한 수입을 보장하는 경우가 있지만, 재혼 가정의 가족관계는 아이들의 삶에 더 많은 스트레스와 혼란, 슬픔을 초래한다. 게다가 재혼 가정에서 아동학대가 더욱 빈번하게 일어난다. 캐나다에서 실시한 조사에 따르면 재혼 가정의 미취학 아동은 육체적·성적 학대로 고통받을 가능성이 40배나 높은 것으로 조사됐다.

정서적으로 고통받는 아이들은 그 마음의 짐을 고스란히 학교로 가지고 간다. 지난 10년간 미국 전역의 학교에서 행동장애에 대한 보고가 눈에 띄게 증가했다. 미국 공립학교는 납세 반대 움직임 때문에 많은 학교가 이미 재정이 바닥났는데도 가정에서 정서적 필요가 충족되지 못한 아이들에게 갈수록 더 많은 사회보장 서비스를 제공해야 하는 부담을 안고 있는 실정이다. 결과적으로 기초 교육을 위한 자금 충당이 원활하지 못하고, 이러한 경향은 학업 성적 부진으로 나타난다. 본질적으로 학교는 이혼과 가난, 방치로 인해 점점 그 수가 늘어나는 상처 입은 아이들을 위한 완충지대가 되고 있다.

현실은 아이들의 건강과 행복을 더욱 위협하고 있다. 뿐만 아니라 가정에서 아이를 보호할 수 있도록 돕는 정부보조체제는 날로 약화되고 있다. 그러나 이 책에서 볼 수 있듯이 부모는 그렇게 무기력하지 않다. 나는 연구를 통해 무수한 위험으로부터 우리의 아이들을 안전하게 지킬 방법은, 아이들과의 정서적 유대관계를 더욱 강화하고 아이들이 더욱 높은 수준의 정서 지능을 함양하도록 하는 데 있다고 확신한다. 부모에게서 사랑과 지지를 받는 아이들은 청소년 폭력, 반사회적 행동, 약물 중독, 너무 이른 성 경험, 자살, 기타 사회적 병폐로부터 좀더 안전하다는 증거가 계속 발견된다. 연구 결과는 가족 내에서 존중받고 귀중한 대접을 받는 아이가 학교생활도 더 잘하고, 교우 관계도 더욱 원만하며, 훨씬 건강하고 성공적인 삶을 영위한다는 사실을 보여준다.

또 하나의 진화, 감정코치

우리는 부모에게 미취학 아동의 부정적 감정에 어떻게 반응하는지 조사했다. 다른 많은 아버지들과 마찬가지로 마이크 역시 딸 베키4살가 화를 내는 모습이 너무 재밌다고 말했다.

"작은 꼬마가 '에이, 짜증나!' 하면서 씩씩거리고 걸어가는 게 얼마나 귀엽고 우스운지 몰라요."

일단은 이렇게 귀엽고 작은 여자아이가 그렇게 심각한 감정을 표현한다니, 그 대조적인 모습에 많은 사람들은 빙그레 웃을 게 뻔하다. 그러나 여기서 잠깐! 마이크가 화가 난 아내에게 이런 식으로 반응했다면 어떻게 됐을까? 또는 마이크의 회사 사장이 화가 많이 난 마이크에게 이런 식으로 반응했다면 어떠했을까? 마이크는 절대 재미있지 않았을 것이다. 하지만 많은 사람들은 격분한 유치원생을 앞에 두고 웃으면서도 그것을 대수롭지 않게 여긴다.

아이의 마음을 잘 이해하는 부모들도 아이가 느끼는 두려움과 혼란을 아무렇지 않게 그냥 넘긴다. 우리는 악몽을 꾸다 깨서 우는 다섯 살 난 아이에게 "괜찮아. 무서워 할 것 하나도 없어"라고 말한다. 그 아이가 꿈 속에서 무엇을 보았는지 모르면서도 악몽의 주인공을 무시하는 것이다. 이런 상황에 처한 아이는 자신이 겪은 일에 대한 어른의 평가에 당황한다. 결국 아이는 자신이 겁쟁이는 아닌지, 사소한 일에 호들갑을 떠는 것은 아닌지 의심하게 되고 점차 자신감을 잃는다.

사실 우리는 아이가 주변의 어른들보다 작고, 이성적이지 못하며 경험도 없고, 힘도 없다는 이유만으로 아이의 감정을 무시하는 관습을 대물림해 왔다. 아이의 감정을 진지하게 받아들이려면 감정이입은 물론, 아이들 말에 귀를 기울이고 그들의 관점에서 사물을 보려고 노력해야 한다. 행동심리학자들의 관찰에 따르면, 취학 전 아동은 자신을 돌봐주는 사람이 평균 1분에 세 번 정도 자신의 요구를 해결해 주기를 바란다고 한다. 이상적인 상황이라면 부모는 유쾌하게 반응할 것이다. 하지만 부모가 스트레스를 받았거나 다른 일에 정신이 팔려 있다면 때로는 비합리적이고 끊임없는 아이의 요구에 매우 짜증을 낼지도 모른다.

이런 상황은 수백 년 동안 계속됐다. 나는 부모가 항상 자기 자식을 사랑한다고 믿지만 역사적 증거를 보면 불행히도 모든 부모가 아이를 대할 때 인내심과 자제심, 상냥함이 필요하다는 것을 깨달은 것은 아니었다. 심리학자 로이드 드마제 Lloyd deMause는 1974년에 쓴 에세이 《아동기의 진화 The Evolution of Childhood》에서 오랜 세월 동안 서구 세계의 아이들이 견뎌온 '방치'와 '잔인함'의 끔찍한 모습을 묘사했다. 하지만 19

세기와 20세기 초에 걸쳐 아이들의 고통이 차츰 완화되었다고 기술돼 있다. 세대가 바뀌면서 부모는 아이의 신체적, 심리적, 정서적 요구를 충족시키는 데 있어서 전 세대보다 형편이 한결 나아졌다. 로이드의 묘사처럼 아이를 키우는 것은 "아이의 의지를 꺾는 과정이 아니라 훈련시키고, 올바른 길로 인도하며, 순응하도록 가르치고, 사회에 적응하도록 하는 과정"이 되었다.

권위주의적 부모 VS. 민주주의적 부모

1900년대 초, 프로이트가 아이는 상당히 '성적'이며 '공격적'인 존재라는 이론을 주창했지만 20세기 말 관찰을 근거로 한 연구 결과 그렇지 않음이 입증되었다. 사회심리학자 로이스 머피Lois Murphy가 1930년대에 유아와 취학 전 아동을 대상으로 광범위한 관찰 및 실험을 한 결과, 대부분의 어린아이는 본질적으로 이타적이며 이해심이 깊고, 특히 고통받는 다른 아이에게는 더욱 그렇다는 점이 밝혀졌다.

아이가 본질적으로 선하다는 믿음이 커지면서 우리 사회의 아이 양육 방식은 새로운 방식으로 진화해 왔다. 로이드가 말하는 "지지의 시대the helping mode"가 그것이다. 바로 지금 이 시기에 많은 부모들은 과거 자신이 양육받을 때 근간이 되었을 '엄격하고 권위주의적인 양육 방식'을 버리고 있다. 대신 오늘날 점점 더 많은 부모들이 아이가 자신의 관심사와 요구, 소망에 따라 성장하도록 하는 것이 부모의 역할이라고 믿고 있다. 그러기 위해서 부모들은 심리학 이론가인 다이아나 바움린드Diana Baumrind가 맨 처음 언급한 '민주적 양육 방식'을 채택하고 있다. 권위주의적인 부모는 자녀에게 여러 가지 한계를 정해놓고 어떠한 설명도 없이 엄격한 복종을 기대하는 반면, 민주적 부모는 한계를 정하되 상당히 유연하고 따뜻한 사랑을 듬뿍 준다.

바움린드는 '허용적' 양육 방식이라는 제3의 방식도 내놓았다. 부모가 자녀와 다정하게 대화하지만 자녀의 행동에는 어떤 제한도 두지 않는 방식이다. 1970년대 미취학 아동을 대상으로 한 그녀의 연구를 보면, 권위주의적 부모의 아이는 다른 사람과 갈등에 휩싸이기 쉽고 화를 잘 내는 반면, 허용적 부모의 아이는 충동적·공격적이며, 자립심과 성취도가 낮은 경우가 많았다. 민주적 부모의 아이는 대체로 협조적이고 자립심도 강하며 생기가 넘치고, 우호적이며 성취 지향적이었다.

지난 25년 간 아동심리와 가족의 사회적 행동에 대한 이해의 폭이 넓어지면서 권위주의는 적어지고 반응도는 높은 양육 방식으로의 이행이 가속화되었다. 예를 들어, 사회과학자들은 갓난아기가 태어나면서부터 부모의 사회적·정서적 신호를 배우는 데 놀라운 능력을 보인다는 사실을 발견했다. 아기와 눈을 맞추고, 옹알이에 대꾸하고, 아기가 과도한 자극을 받았을 때 쉬게 하는 등 아기의 신호에 민감하게 반응하면 아기가 자신의 감정을 조절하는 법을 일찍 터득한다.

갓난아기의 보호자가 이러한 신호에 주의를 기울이지 않을 때, 예컨대 엄마가 우울증이 심해서 아기에게 전혀 말을 하지 않는다든지 아빠가 열성적이라서 너무 오래, 너무 열심히 아기와 놀아준다든지 하면 아기는 자신의 감정을 조절하는 요령을 계발하지 못한다. 아기는 옹알이가 주의를 끈다는 것을 배우지 못해서 결국 말이 없어지고 수동적인 모습을 갖게 되면서 사회적으로 소외될지도 모른다. 또는 계속 자극을 받는 바람에 엄지손가락을 빨거나 담요를 토닥이는 게 마음을 진정시키는 좋은 방법이라는 것을 배울 겨를조차 없을지 모른다.

마음을 가라앉히고 주의를 집중하는 방법을 터득하는 것은 아기가 자랄수록 중요하다. 우선 이런 기술을 터득해야 부모나 다른 보호자 또는 주변의 다른 사람이 보내는 사회적 신호를 알아채고 이에 맞게 행동할 수 있다. 차분해지는 방법을 터득해야 학습 상황에 집중하고, 특정 작업을 완수하는 데 주의를 집중할 수 있다. 아이가 자라면서 친구와 장난감을 공유하고 흉내놀이를 하는 등 친구와 사이좋게 지내는 법을 배우는 데도 상당한 도움이 된다. 결론적으로 '자기조절 능력'이라고 부르는 기술은 아이가 새로운 무리와 어울리고 새 친구를 사귀며 또래 아이들에게 거부당했을 때 이에 대응하는 능력에 큰 차이를 가져온다.

부모가 지녀야 할 가장 중요한 책임

지난 20-30년에 걸쳐 부모의 반응성과 자녀의 정서 지능 사이에 연관이 있다는 인식이 널리 퍼졌다. 부모를 위한 많은 지침서마다 울고 보채는 갓난아이에게 부모가 애정과 위안을 주는 것이 매우 중요하다고 말한다. 부모는 자녀가 자라면서 긍정적인 형태의 훈육을 해야 하며, 자녀를 비판하기보다 칭찬하고, 벌을 내리기보다 상을 주고, 못하게 말리기보다 격려해야 한다는 가르침이 쏟아졌다. 이러한 이론들 덕분에 부모가 매를 아끼면 애를 망친다는 충고는 옛 이야기가 되고 말았다.

상냥함과 따뜻함, 긍정적 사고, 인내심이야말로 행동이 바르고 정서적으로 건강한 아이를 키우는 데 회초리보다 더욱 효과적인 도구다. 그렇지만 나는 양육 방식의 진화 과정에서 새로운 길로 나아갈 수 있다고 믿는다. 가족심리학연구소에서 실시한 연구를 통해, 이제 우리는 부모와 자식 간의 건강한 정서적 소통의 이점들을 볼 수 있고 측정할 수 있다. 우리는 부모와 갓난아기와의 상호작용이 아이의 신경계와 정서적 건강에 평생 영향을 미칠 수 있음을 이해하기 시작했다. 이제 부부의 탄탄한 결혼생활이 자녀의 행복에 영향을 미친다는 것과 아버지가 자녀에게 정서적으로 다가갈 때 어마어마한 잠재력을 볼 수 있다는 것을 알게 되었다. 끝으로 부모가 자신의 감정을 인식하는 것이 자녀의 정서지능 향상의 핵심적 요소임을 말할 수 있다. 우리의 감정코칭 프로그램은 이러한 연구 결과를 기반으로 한 양육법의 청사진이다.

오늘날 양육법과 관련해 널리 알려진 문헌을 보면 상당수가 '정서지능'이라는 특징을 비켜가고 있는 듯하지만, 다 그랬던 것은 아니다. 나는 가족의 정서적인 삶에 대한 이해의 폭을 넓혀준 영향력 있는 심리학자이자 선생님이자 저자인 하임 기너트Haim Ginott 박사에게 감사의 마음을 표하지 않을 수 없다. 기너트 박사는 1973년 암으로 일찍 세상을 떠났지만 1960년대에 《부모와 아이 사이Between Parent and Child》를 비롯해 세 권의 책을 집필했고, 모두 호평을 받았다.

기너트 박사는 '정서'와 '지능'이라는 단어가 융합되기 훨씬 이전부터 부모의 가장 중요한 책임 중 하나가 아이의 말에 귀를 기울이는 것이라고 믿었다. 단순히 아이의 말을 듣는 것이 아니라 말 속에 담긴 숨은 감정까지 읽을 수 있어야 한다는 것이다. 또한 감정에 대한 교류는 부모가 자녀의 가치를 가르치기 위한 방법이라고 주장했다.

그러나 이것은 부모가 자녀의 감정을 진심으로 존중할 때 비로소 가능하다. 부모는 아이들의 감정을 마음으로 이해하려고 노력해야 한다. 다시 말해, 아이들이 느끼는 감정을 그대로 느껴야 한다. 부모 자식이 의사소통을 할 때는 양측 모두 항상 자기존중감이 유지되어야 한다. '충고의 말'에 앞서 '이해의 말'이 선행되어야 한다. 기너트 박사는 부모에게 아이가 어떻게 느껴야 하는지 가르치지 말라고 당부했다. 그런 가르침은 아이들에게 자신의 감정에 대한 불신만 가져오기 때문이다. 부모가 "그렇게 느낄 것 없어!"라고 하거나 자녀의 감정이 전혀 정당하지 않다고 말한다고 해서 아이가 느끼는 감정이 사라지지 않는다. 기너트 박사는 모든 행동을 받아들일 수는 없지만, 모든 감정과 소망은 받아들일 수 있다고 믿었다. 따라서 부모는 행동에는 제약을 두지만 감정과 희망사항에는 제약을 두지 않아야 한다고 충고했다.

다른 수많은 부모교육 전문가들과는 달리 기너트 박사는 부모가 아이에게 화를 내는 것에 반대하지 않았다. 아이의 구체적인 문제를 지적하고—이때 아이의 인격을 공격해서는 안 된다—부모의 화를 솔직하게 표현해야 한다는 것이 기너트 박사의 믿음이다. 부모가 화내는 것을 분별력 있게 사용하면 아이를 효과적으로 훈육할 수 있다고 믿었다.

아이와의 정서적 상호작용에 대한 기너트 박사의 관심은 많은 사람들에게 커다란 영향을 끼쳤다. 이러한 공헌에도 불구하고 기너트의 이론은 경험론을 바탕으로 한 과학적 방법을 통해 입증되지 못했다는 비판을 들었다. 그러나 나는 기너트의 생각이 근본적으로 옳았다는 사실을 과학적으로 정량화하는 증거를 처음으로 제시할 수 있었다. 공감대 형성은 그 자체로 중요할 뿐 아니라 효과적인 양육을 위한 근본 토대다.

감정코칭을 발견하기까지

우리는 1986년 일리노이 주 샴페인에서 부부 56쌍을 대상으로 연구를 시작했다. 당시 각 가정에는 4-5세의 아이가 한 명씩 있었다. 각 가정에 배치된 연구원들은 14시간 동안 가족과 함께 설문지를 작성하고 인터뷰하면서 행동을 관찰했다. 부부의 결혼생활, 자녀의 또래 관계, 감정에 대한 가족의 견해에 대해 방대하고 값진 정보를 수집했다. 음성 녹음으로 진행된 첫 인터뷰에서는 부부들이 부정적 감정에 대한 경험을 이야기했고, 감정 표현과 통제에 대한 원칙과 자녀의 화와 슬픔에 대한 느낌을 이야기했다. 그런 다음 인터뷰 내용을 1) 부모의 감정에 대한 인식과 조절에 따라, 2) 자녀의 부정적 감정을 파악하고 지도하는 능력에 따라 분류했다.

우리는 부모가 자녀의 감정을 존중하는지 여부를 살펴보고, 자녀의 기분이 상했을 때 어떻게 이야기하는지 관찰했다. 감정을 적절하게 표현하는 방식을 자녀에게 가르치려고 노력했는지, 자녀가 스스로를 진정시키기 위해 사용할 수 있는 방법들을 공유했는지 물었다.

우리는 아이의 사회적 능력에 대한 정보를 얻기 위해 아이가 집 안에서 가장 친한 친구와 30분간 놀이를 하는 것을 녹음했다. 친구와 놀다가 느끼는 부정적 감정을 아이가 친구와 어떻게 풀어나가는지, 놀이는 어떻게 진행되는지 기록했다.

음성 녹음으로 진행된 또 다른 인터뷰에서, 부부는 세 시간 동안 결혼생활과 관련된 여러 질문에 자유롭게 답했다. 어떻게 만났는가, 데이트 할 때 사이는 어땠는가, 어떻게 결혼을 결심하게 되었는가, 시간이 가면서 부부의 관계는 어떻게 변해 왔는가에 대한 질문들이었다. 이런 질문들 외에도 결혼에 대한 각자의 생각과 성공적인 결혼생활을 위해 무엇이 필요한지 물었다. 그런 다음 몇 가지 요소에 대해서도 추가로 묻고 대답을 녹음했다.

우리는 또 모니터링 장비를 사용하여 부부가 돈, 종교, 양가 친척, 양육과 같이 의견 대립이 심한 주제를 토론할 때의 반응을 측정했다.

이러한 부부의 대화는 긍정적 표현유머, 애정, 상대 의견의 인정, 관심, 기쁨 등과 부정적 표현화, 혐오감, 모욕, 슬픔, 대화 회피 등으로 나누어 기록했다.

시간이 흐르면서 양육 방식의 차이가 아이에게 어떻게 영향을 주는지를 알기 위해 우리는 1986년에 연구 대상이었던 가족을 3년 후 다시 방문했다. 당시 연구 참가자 중 95%의 가족과 만날 수 있었는데, 이때 아이들은 8-9세였다. 다시 한 번 아이가 가장 친한 친구와 노는 것을 녹음했다. 아이의 담임에게는 설문지에 응답해 달라고 부탁했다. 설문 내용은 교실에서 나타나는 아이의 공격성과 소극성, 사회 적응력 수준에 관한 것이었다. 여기에 추가로 선생님과 어머니는 아이의 학업 성적과 행동에 대한 설문지를 작성했다. 어머니는 자녀의 건강 정보와 일주일 동안 아이가 몇 번이나 부정적 감정을 표현했는지 측정해서 보고했다.

우리는 부부의 결혼생활에 대한 정보 역시 수집했다. 전화 인터뷰를 통해 부부는 지난 3년 간 별거나 이혼을 했는지, 또는 심각하게 별거나 이혼을 고려 중인지 이야기했다. 부부에게 개별적으로 실시된 설문조사에서는 현재 결혼생활에 대한 각자의 만족도에 대해 이야기했다.

이와 같은 추적 연구 결과, 우리는 감정코치를 하는 부모를 둔 아이가 학업 성적과 사회 적응력, 정서적 행복, 육체적 건강이라는 측면에서 모두 월등하다는 것을 알게 되었다. IQ 변인을 고려했을 때조차 수학과 읽기 점수가 훨씬 뛰어났다. 친구들과도 더 잘 지내고, 사회적응 기술도 더 우세했다. 어머니의 보고에 따르면, 이 아이들은 부정적 감정은 더 적었고 긍정적 감정은 더 많았다. 여러 가지 생리적 반응 측정

결과 역시 감정코치를 받은 아이가 스트레스도 덜 받는다는 점을 보여주었다. 소변에서 스트레스 관련 호르몬 수치가 더 낮았고, 심장박동 수도 더 낮았다. 어머니의 보고에 따르면 유행성 감기와 같은 전염성 질환에 걸리는 일도 훨씬 드물었다.

감정코치와 자기 조절 능력

앞서 연구 대상이었던 감정코치를 받아 정서적으로 똑똑한 8-9세 아동들에게서 발견한 긍정적 결과의 상당 부분은 우리가 '미주신경 긴장 항진 high vagal tone'이라고 부르는 특징의 결과다. 미주신경은 뇌에서 시작되는 큰 신경으로 심박수, 호흡, 소화와 같이 상체에서 일어나는 기능에 전기신호를 보내는 신경이다. 미주신경은 자율신경계 중 부교감 신경의 많은 기능을 담당한다.

근육 긴장이 좋은 아이가 운동 능력이 뛰어난 것처럼 미주신경 긴장이 고조된 아이는 정서적 스트레스에 반응하고 회복하는 능력이 월등하다. 자율신경 기능이 양호한 운동선수는 깜짝 놀라거나 흥분을 하면 심박수가 일시적으로 빨라진다. 그러나 긴급한 상황이 종료되자마자 신체 리듬이 재빨리 회복된다. 이와 같은 특성을 가진 아이들은 자기 마음을 가라앉히고 주의를 집중하며 행동을 억제하는 능력이 뛰어나다.

가령 미주신경 긴장이 항진된 초등학교 1학년이라면 소방훈련을 할 때 문제가 전혀 없다. 질서정연하고 효율적인 방법으로 건물 밖으로 대피할 수 있다. 소방훈련이 끝나면 재빨리 진정하고 수업에 다시 집중한다. 반면 미주신경 긴장이 저하된 아이들은 소방훈련 동안 혼란스러워 할 가능성이 높다. "왜 지금 나가라고? 쉬는 시간도 아닌데?". 훈련이 끝나고 교실에 돌아와서도 흥분을 가라앉히고 다시 수업에 집중하는 것을 어려워한다.

비디오게임 실험에서도 감정코치를 받는 아이들은 자율신경 기능이 양호하다는 것이 밝혀졌다. 감정코치를 받지 않는 아이들과 비교해서, 스트레스에 대한 생리적 반응성이 높았고 회복도 빨랐다. 재미있게도 일반적으로 이 아이들에게 스트레스를 유발하는 것은 아버지의 비난과 조롱이었다. 이런 행동은 감정코치를 실천하는 가정에서는 보기 드문 일이기 때문에 아이들이 강하게 반응했던 것 같다. 그러나 감정코치를 받은 아이가 그렇지 못한 아이보다 처음에는 스트레스에 대한 생리적 반응이 강해도 회복력은 훨씬 빨랐다.

스트레스에 반응하고 회복하는 능력은 아동기 이후에도 아이에게 좋은 영향을 미친다. 아이가 주의를 집중하여 학교 공부에 전념할 수 있는 것도 정서지능 덕분이다. 정서지능이 아이에게 감정의 반응도와 다른 아이들과의 관계에 필요한 자기조절 능력을 주기 때문에 친구를 사귀고 우정을 유지하는 데 도움이 된다. 미주신경 긴장이 항진된 아이는 사리분별력도 높아서 타인의 정서적 신호를 재빨리 알아채고 반응한다. 갈등이 심한 상황에서도 자신의 부정적 반응을 제어할 수 있다.

이러한 특성들은 네 살배기 두 명이 30분간 노는 모습을 기록한 내용에서도 분명하게 나타났다. 여자아이와 남자아이가 놀이를 시작하면서 의견 대립이 일어났다. 남자아이는 슈퍼맨 놀이를, 여자아이는 소꿉놀이를 하고 싶어 했기 때문이었다. 몇 차례 큰 목소리로 자기 의견을 주장한 뒤, 남자아이가 간단한 절충안을 제안했다. 두 사람이 슈퍼맨의 집에 있는 것으로 하자는 제안이었다. 여자아이도 이것이 근사한 생각이라고 여겨 둘은 더 이상 싸우지 않고 사이좋게 놀았다.

이렇게 네 살배기 두 아이가 창의적인 절충안에 도달하기까지는 수많은 사회적 기술이 필요하다. 서로의 말을 경청하는 능력을 비롯해 상대방의 입장에 공감하고 함께 문제를 해결하는 능력이 필요하다. 그러나 감정코치는 이러한 사회적 기술의 습득을 넘어선 더 광범위한 정서 지능의 영역까지도 포함한다. 이것은 8-12세까지에 해당하는 아동기 발달 단계의 중기에 나타난다. 어린 시절에 감정코치를 받은 아이들은 나중에 이런 종류의 사회적 기술을 제대로 계발하여 또래 집단과 잘 어울리고 대인관계가 원만하다.

아이의 정서 지능은 어느 정도는 기질에 의해 결정된다. 즉 아이의 선천적인 성격적 특징에 의해 결정되며 아이와 부모와의 상호작용을 통해 그 틀이 잡힌다. 이러한 영향은 아이의 미성숙한 신경계가 형태를 잡아가는 영아기 초기부터 시작된다. 그렇기 때문에 부모는 아이가 젖먹이 시절부터 자기-위안 행동을 터득할 수 있도록 도와줌으로써 아이의 정서 지능에 영향을 미칠 수 있는 어마어마한 기회를 갖고 있다. 아기는 무기력하지만 자신의 불편한 감정에 대해 어른이 보이는 반응을 보고서 "감정에는 방향이 있다"는 것을 배운다. 즉, 강렬한 슬픔, 분노, 두려움이라는 감정에서 편안함과 회복의 감정으로 옮겨갈 수 있는 것이다. 그러나 정서적 요구가 무시된 아기는 이런 교훈을 배울 기회를 얻지 못한다. 두려움, 슬픔, 분노로 인해 울어 젖힐 때 아기가 경험하는 것은 더 강렬한 두려움이나 더 깊은 슬픔, 더 강한 분노다. 결과적으로 이런 아기들은 인생 대부분의 시간을 수동적으로 살아가고 감정을 표현하는 법이 없을지 모른다. 그러나 일단 기분이 울컥하고 상했을 때는 통제력이 부족해진다.

감정코치를 받은 어린아이의 경우, 보호자가 보여준 위안의 반응이 점차적으로 아이의 행동에 스며드는 모습을 관찰하는 것은 흥미로운 일이다. 아마도 자녀가 놀이를 하는 모습에서 이런 것을 보았으리라. 아이가 진짜 친구와 놀든 인형을 가지고 놀든, 한쪽은 두려움에 떨고 있고 다른 한쪽은 위안을 하거나 마음을 진정시키며 영웅의 역할을 맡는 상황을 만들어낸다. 이러한 놀이를 통해 아이는 혼자 있거나 기분이 나쁠 때 필요로 하는 경험을 체험할 수 있다. 이런 체험 덕분에 아이는 감정을 조절하고 마음을 안정시키는 방법을 연습할 수 있다. 또한 다른 사람에게도 정서적으로 똑똑한 방법으로 반응할 수 있다.

부모가 정서적으로 똑똑한 아이를 키우기 위해 취해야 할 첫 번째 단계는 부모 자신의 감정 대응 방식을 이해하고 이것이 아이에게 어떤 영향을 미치는지 파악하는 것이다. 다음 장에서 바로 이와 같은 주제를 다룰 것이다.

02

나의 양육 방식 진단하기

> 감정코치를 하는 부모는 아이가 '감정'이라는
> 세계를 잘 헤쳐나갈 수 있도록
> 길잡이 역할을 하며,
> 아이 스스로 문제 해결 방법을 찾아내게 도와준다

감정코치는 상식에 바탕을 두고 자녀에 대한 깊은 애정과 공감에 뿌리를 둔 단순한 개념에서 출발했다. 그러나 불행히도 모든 부모가 자연스럽게 실천할 수 있는 방식은 아니다. 아이를 대할 때 따뜻하고 긍정적인 태도를 취하는 것은 부모의 의식적인 결정에서 자동으로 흘러나오는 것이 아니다. 오히려 감정코치에는 감정을 인식하고 문제를 해결하는 일련의 구체적인 행동이 필요하다.

나는 모든 부모가 감정코치가 될 수 있다고 믿는다. 하지만 그 전에 우선 많은 부모가 장애물을 뛰어넘어야 한다는 사실도 잘 안다. 그 중에는 부모가 유년기와 청소년기를 거치며 생긴 장애물도 있다. 또는 단순히 자녀의 말에 귀를 기울이는 기술이 부족할 수 있다. 원인이 무엇이든지 간에 이런 장애물 때문에 많은 부모가 더 좋은 엄마 아빠가 되지 못한다.

더 나은 부모가 되기 위한 길은 '자기 점검'에서부터 시작된다. 다음의 '자가진단 테스트'는 부모가 양육 방식을 평가할 수 있도록 만든 것이다. 테스트가 끝나면 네 가지 유형의 양육 방식에 대한 설명을 참고하길 바란다. 네 가지 유형의 서로 다른 양육 방식이 아이들에게 어떤 영향을 미쳤는지도 설명할 것이다.

자가진단 테스트 : 당신은 어느 유형의 부모인가?

자가진단 테스트에는 부모 자신뿐 아니라 자녀에게 일어나는 슬픔, 두려움, 화와 같은 감정에 대한 부모의 느낌을 묻는 질문이 있다. 각 항목마다 자신의 느낌에 가장 가까운 답을 예와 아니오 중에서 선택하여 동그라미를 친다. 확실하지 않으면 근접한 답을 선택한다. 테스트 항목이 많지만 순서대로 끝까지 풀도록 한다.

1. 아이들은 슬퍼해야 할 일이 별로 없어야 한다. 예 / 아니오
2. 자기가 억제할 수만 있다면 분노 즉 화나는 감정을 느끼는 것은 괜찮다고 생각한다. 예 / 아니오
3. 아이들은 때때로 어른들의 동정심을 유발하기 위해 일부러 슬픈 것처럼 행동한다. 예 / 아니오
4. 아이가 화를 낼 때는 '아이를 그 상황에서 격리시켜 얼마간 반성의 장소에서 반성의 시간을 갖도록 하는 벌칙 time-out'을 주는 것이 좋다.
예 / 아니오

5. 아이들은 울거나 짜증내는 등 슬픔을 표현하면 버르장머리가 없어지기 때문에 그런 행동은 좋지 않다. 예 / 아니오

6. 내 아이가 슬퍼하면 무슨 수를 써서라도 아이를 슬픔에서 벗어나게 해 주고 싶다. 예 / 아니오

7. 나는 한가하게 슬픔 같은 감정에 시간을 빼앗기고 싶지 않다.
   예 / 아니오

8. 화는 위험한 감정 상태다. 예 / 아니오

9. 아이들이 슬퍼할 때 무관심하게 그냥 놔두면 대부분 저절로 사라지면서 알아서 해결되는 것 같다. 예 / 아니오

10. 화는 대부분 공격성을 불러온다. 예 / 아니오

11. 아이들은 종종 자기의 뜻을 이루기 위해 슬픈 척한다. 예 / 아니오

12. 자기가 통제할 수만 있다면 슬픔이라는 감정을 느끼는 것은 괜찮다고 생각한다. 예 / 아니오

13. 슬픈 감정은 빨리 극복하고 벗어나야 한다. 예 / 아니오

14. 아이가 너무 오랫동안 슬퍼하지만 않는다면, 나는 아이의 슬픔을 잘 다룰 수 있다. 예 / 아니오

15. 나는 지나치게 감정적인 아이보다는 행복한 아이를 더 선호한다.
    예 / 아니오

16. 아이가 슬퍼할 때야말로 아이와의 문제를 해결할 수 있는 좋은 기회다.
    예 / 아니오

17. 나는 내 아이가 슬픔을 빨리 극복해서 더 나아지도록 도와준다.
    예 / 아니오

18. 아이가 슬퍼할 때는 내가 아이에게 뭔가 가르치기에 적절치 않은 시기다. 예 / 아니오

19. 슬픔에 빠지면 아이들은 그들 인생의 부정적인 부분에 지나친 관심을 두게 된다고 생각한다. 예 / 아니오

20. 아이는 화를 낼 때마다 버르장머리가 없어진다. 예 / 아니오

21. 나는 내 아이가 화내는 것의 허용범위를 정해둔다. 예 / 아니오

22. 아이가 슬픈 척하는 것은 관심을 끌기 위해서다. 예 / 아니오

23. 화는 깊이 연구할 가치가 있는 감정이다. 예 / 아니오

24. 아이들이 화를 내는 이유는 대개 아직 어리고 또 이해력이 부족해서다. 예 / 아니오

25. 나는 아이의 분노를 명랑한 기분으로 바꿔주려고 노력하는 편이다. 예 / 아니오

26. 화가 날 때는 밖으로 표현해야 한다. 예 / 아니오

27. 아이가 슬퍼할 때가 바로 아이와 가까워질 수 있는 기회다. 예 / 아니오

28. 아이들에게는 화낼 일이 거의 없다. 예 / 아니오

29. 나는 아이가 슬퍼할 때, 아이를 슬프게 만든 것이 과연 무엇인지 찾아내도록 도와준다. 예 / 아니오

30. 아이가 슬퍼할 때, 나는 내가 그 기분을 이해한다는 것을 알려준다. 예 / 아니오

31. 나는 우리 아이가 슬픔을 경험해 보기를 원한다. 예 / 아니오

32. 아이가 슬퍼하는 이유를 알아내는 것이 중요하다. 예 / 아니오

33. 유년시절이란 천진난만해야 할 시기이지 슬픔이나 분노를 느낄 시기가 아니다. 예 / 아니오

34. 아이가 슬퍼할 때, 나는 아이 옆에 앉아서 그 슬픔에 대해 함께 얘기를 나눈다. 예 / 아니오

35. 아이가 슬퍼할 때, 왜 그런 기분이 드는지 아이가 알아낼 수 있도록 도와주려 한다.   예 / 아니오

36. 아이가 화낼 때야말로 아이와 가까워질 수 있는 좋은 기회다.
    예 / 아니오

37. 아이가 화를 낼 때, 아이와 함께 그 기분을 느껴보려고 노력한다.
    예 / 아니오

38. 나는 아이가 분노라는 감정을 경험해 보기를 바란다.   예 / 아니오

39. 아이들이 때때로 분노를 느끼는 것도 좋다고 생각한다.   예 / 아니오

40. 아이가 화를 낼 때 왜 그 이유를 알아내는 것이 중요하다.   예 / 아니오

41. 아이가 슬퍼할 때, 그렇게 슬퍼하면 성격이 나빠지니까 그만 두라고 한다.   예 / 아니오

42. 아이가 슬퍼할 때, 저러다 아이가 부정적인 성격이 되지 않을까 걱정스럽다.   예 / 아니오

43. 나는 슬픔이라는 감정에 대해서 아이에게 특별히 가르치거나 설명해주지 않는다.   예 / 아니오

44. 슬픔에 대해 내가 만일 아이에게 뭘 가르쳐 줄 게 있다면, 그건 바로 슬픔을 표현해도 된다는 것이다.   예 / 아니오

45. 나는 슬픔을 다른 감정으로 바꿀 수 있는 방법에 뭐가 있는지 잘 모르겠다.   예 / 아니오

46. 아이가 슬퍼할 때, 아이를 위로해 주는 것 말고는 내가 할 수 있는 일이 별로 없다.   예 / 아니오

47. 아이가 슬퍼하고 있을 때, 무슨 일이 있든지 언제나 나는 아이를 사랑한다는 사실을 인식시키려고 노력한다.   예 / 아니오

48. 아이가 슬퍼할 때, 아이가 나한테 무엇을 어떻게 해주길 바라는지 도무지 모르겠다.   예 / 아니오

49. 나는 화라는 감정에 대해서 아이에게 특별히 가르치거나 설명해 주려 하지 않는다.   예 / 아니오

50. 화에 대해 내가 만일 아이에게 뭘 가르쳐 줄 게 있다면, 그건 바로 화를 표현해도 된다는 것이다.   예 / 아니오

51. 아이가 화를 낼 때, 아이의 기분을 이해하려 노력하는 편이다.
    예 / 아니오

52. 아이가 화를 낼 때, 나는 아이를 사랑한다는 사실을 인식시키려고 노력한다.   예 / 아니오

53. 아이가 화를 낼 때, 아이가 나한테 무엇을 어떻게 해주길 바라는지 도무지 모르겠다.   예 / 아니오

54. 우리 아이가 성질이 좀 나빠서 걱정된다.   예 / 아니오

55. 화가 난다고 해서 아이가 그 분노를 그냥 드러내고 표현하는 것은 옳지 않다고 생각한다.   예 / 아니오

56. 화를 내는 사람들은 스스로를 통제하지 못하는 사람들이다.
    예 / 아니오

57. 아이는 짜증이 나는 만큼 화를 낸다.   예 / 아니오

58. 아이들은 자신이 원하는 것을 얻어내기 위해 화를 낸다.   예 / 아니오

59. 아이가 화를 낼 때, 나는 아이의 파괴적인 성향을 걱정한다.
    예 / 아니오

60. 아이가 화를 내도록 내버려 둔다면 아이는 항상 자기 맘대로 해도 된다고 생각할 것이다.   예 / 아니오

61. 화내는 아이는 무례하다. 예 / 아니오

62. 아이들이 화를 내는 것을 보면 심각하다기보다는 좀 웃긴다.
예 / 아니오

63. 나는 화가 나면 판단력이 흐려져서 나중에 후회할 일을 하곤 한다.
예 / 아니오

64. 아이가 화가 났을 때, 이때가 문제를 해결할 수 있는 좋은 기회다.
예 / 아니오

65. 아이가 화를 내면 때려서라도 바로 잡아야 한다. 예 / 아니오

66. 아이가 화를 내면 나는 아이가 분노를 다 표현하도록 그냥 두기보다는 중단시키는 데 중점을 둔다. 예 / 아니오

67. 나는 아이가 화내는 것을 크게 신경 쓰지 않는다. 예 / 아니오

68. 나는 아이가 화를 내는 것을 별로 심각하게 받아들이지는 않는다.
예 / 아니오

69. 화가 날 때, 나는 폭발할 것 같은 기분이 든다. 예 / 아니오

70. 화는 아무것도 해결해주지 못한다. 예 / 아니오

71. 아이가 분노를 표현하면 분노는 더욱 커진다. 예 / 아니오

72. 아이의 분노는 중요하다. 예 / 아니오

73. 아이도 화를 낼 권리가 있다. 예 / 아니오

74. 아이가 화가 났을 때, 나는 무엇이 아이를 화나게 했는지 꼭 찾아본다.
예 / 아니오

75. 자신을 화나게 한 것이 무엇인지 아이 스스로 찾아낼 수 있도록 도와주는 것이 중요하다. 예 / 아니오

76. 아이가 나한테 화를 낼 때, 나는 속으로 '듣기 싫다'고 생각한다.
예 / 아니오

77. 아이가 화를 낼 때, 나는 아이가 화를 좀 다스릴 수 있으면 좋겠다고 생각한다.　　　　　　　　　　　　　　　　　예 / 아니오

78. 아이가 화를 낼 때, 나는 '왜 저 아이는 매사를 순순히 받아들이지 못할까'라고 생각한다.　　　　　　　　　　　　　예 / 아니오

79. 나는 아이가 화를 내더라도 자기 입장을 떳떳이 표현할 수 있기를 바란다.　　　　　　　　　　　　　　　　　　　예 / 아니오

80. 나는 아이가 좀 슬퍼한다고 해서 큰일이 났다고 생각하지는 않는다.
　　　　　　　　　　　　　　　　　　　　　　　예 / 아니오

81. 아이가 화를 낼 때, 도대체 무슨 생각을 하는지 알고 싶다.
　　　　　　　　　　　　　　　　　　　　　　　예 / 아니오

나는 어떤 유형인가?

축소전환형 : 다음 항목 중에 "예"라고 대답한 항목의 개수를 모두 더한다.

1, 2, 6, 7, 9, 12, 13, 14, 15, 17, 18, 19, 24, 25, 28, 33, 43, 62, 66, 67, 68, 76, 77, 78, 80

합계를 25로 나눈다. 이것이 축소전환형 점수다.

억압형 : 다음 항목 중에 "예"라고 대답한 항목의 개수를 모두 더한다.

3, 4, 5, 8, 10, 11, 20, 21, 22, 41, 42, 54, 55, 56, 57, 58, 59, 60, 61, 63, 65, 69, 70

합계를 23으로 나눈다. 이것이 억압형 점수다.

방임형 : 다음 항목 중에 "예"라고 대답한 항목의 개수를 모두 더한다.

26, 44, 45, 46, 47, 48, 49, 50, 52, 53

합계를 10으로 나눈다. 이것이 방임형 점수다.

감정코치형 : 다음 항목 중에 "예"라고 대답한 항목의 개수를 모두 더한다.

16, 23, 27, 29, 30, 31, 32, 34, 35, 36, 37, 38, 39, 40, 51, 64, 71, 72, 73, 74, 75, 79, 81

합계를 23으로 나눈다. 이것이 감정코치형 점수다.

이제 네 가지 방식의 점수를 비교해 보자. 점수가 높을수록 해당 양육 방식을 실천할 경향이 높다. 각 양육 방식의 전형적인 행동 양식을 요약하고 그것이 아이에게 미치는 영향에 대한 설명은 60-64페이지에 있다.

우선 어렸을 때 당신의 가정에서 감정은 어떻게 인식되었는지 생각해 보자. 감정에 대한 가족의 철학은 어떠했는지, 슬프고 화가 나는 것을 자연스러운 현상으로 취급했었는지, 가족 중 누군가가 불행해하거나 두려워하거나 화를 낼 때 다른 가족들은 문제를 들어주려고 했는지, 그런 순간이 오면 서로 격려했는지 떠올려 보자. 가족들이 화는 파괴적 성향이 잠재되어 있는 것, 두려움은 겁쟁이들이 갖는 것, 슬픔은 자기 연민에서 오는 것이라고 생각하지는 않았는지, 감정을 숨기려 하거나 감정은 비생산적이거나 하찮거나 위험하거나 제멋대로 구는 것이라며 무시하지는 않았는지 생각해 보자.

많은 가족들이 감정에 대해 복잡한 관점을 가지고 있다. 어떤 감정을 표현하는가에 따라 감정에 대한 가족의 태도는 다양할 수 있다. 예를 들어, 부모는 어쩌다 한 번 슬퍼하는 것은 괜찮다고 믿지만 화를 표현하는 것은 부적절하거나 위험하다고 생각한다. 어떤 부모는 아이들이 화를 내는 것은 자기주장을 펴는 것이라 여겨서 가치 있다고 보는 반면, 두려움이나 슬픔은 겁쟁이나 어린애가 하는 짓이라고 생각한다. 게다가 가족 중 누가 감정을 표현했는가에 따라 서로 다른 잣대를 들이댈 수도 있다. 어떤 사람들은 아들이 불같이 성을 내고 딸이 우울해하는 것은 괜찮지만, 그 반대 상황은 괜찮지 않다고 생각한다.

다음의 서로 다른 양육 방식에 대해 읽은 후에, 당신과 자녀와의 관계 양상 중 바꾸고 싶은 측면들을 발견해 보자.

네 가지 양육 방식

축소전환형 부모

- 아이의 감정을 중요하지 않거나 대수롭지 않게 취급한다.
- 아이의 감정에 무관심하거나 무시한다.
- 아이의 부정적 감정이 빨리 사라지기를 바란다.
- 아이의 감정을 무마하려고 전형적으로 기분 전환할 거리를 제공한다.
- 아이의 감정을 비웃거나 경시할 수 있다.
- 아이의 감정은 비합리적이기 때문에 그다지 중요하지 않다고 생각한다.
- 아이가 부모와 의사소통하려고 노력하는 내용에 별 관심을 보이지 않는다.
- 자기 자신과 다른 사람의 감정을 인식하는 능력이 부족할 수 있다.
- 아이의 감정을 불편해하거나, 두려워하거나, 걱정하거나, 짜증을 내거나, 상처를 입거나 또는 어쩔 줄을 몰라 매우 당황한다.
- 감정적으로 통제가 불가능한 것을 두려워한다.
- 감정의 의미 자체보다는 어떻게 하면 그 감정을 잊어버릴까에 초점을 맞춘다.
- 부정적 감정은 해로워서 독이 된다고 믿는다.
- 부정적 감정에 초점을 맞추는 것은 문제를 더 악화시킬 뿐이라고 생

각한다.
- 아이의 감정에 대응하여 어떻게 해야 할지 불확실하다.
- 아이의 감정을 문제 해결의 요구로 본다.
- 부정적 감정을 보이는 것은 아이가 정서적으로 안정되지 못해서라고 믿는다.
- 아이의 부정적 감정은 부모의 체면을 심하게 깎는다고 생각하기에 자제시키려고 애쓴다.
- 아이의 감정을 최소화시키고, 그런 감정을 불러일으킨 사건을 축소시킨다.
- 아이와 함께 문제를 해결하지 않고 그저 시간이 가면 대부분의 문제가 해결된다고 믿는다.

이런 유형의 양육 방식이 아이에게 미치는 영향

아이는 자신의 감정이 옳지 않고 부적절하며, 타당하지 않다고 느끼게 된다. 자기가 상황을 느끼는 방식 때문에 자신이 본질적으로 옳지 않다고 생각할지 모른다. 이런 아이는 감정을 조절하는 것을 어려워한다.

억압형 부모
- 많은 행동이 축소전환형 부모의 행동과 같다. 차이점이라면 좀더 부정적이라는 점이다.
- 아이의 감정 표현이 옳고 그른지 판단하고 비판한다.

- 아이에게 한계를 정할 필요성을 지나치게 의식한다.
- 바른 기준이나 행동에 순응할 것을 아이에게 강조한다.
- 아이의 행동이 옳던 그르던 상관없이 감정을 표현한 것을 꾸짖거나 매로 다스리거나 벌을 준다.
- 부정적 감정의 표현은 시간의 제약을 받아야 한다고 믿는다.
- 부정적 감정은 억제해야 한다고 믿는다.
- 부정적 감정은 성격이 나쁘다는 것을 반영한다고 믿는다.
- 아이가 부모를 조종하기 위해 부정적 감정을 사용한다고 믿는다. 이러한 믿음은 부모 자식의 기 싸움으로 이어진다.
- 감정은 사람을 약하게 만들기 때문에 아이는 정서적으로 강인해야 한다고 믿는다.
- 부정적 감정은 비생산적이고 시간 낭비라고 믿는다.
- 부정적 감정 특히 슬픔은 마구 휘두르면 안 되는 것으로 본다.
- 권위에 대한 아이의 복종에 관심을 갖는다.

이런 유형의 양육 방식이 아이에게 미치는 영향
축소전환형 양육 방식과 같은 결과를 가져온다.

방임형 부모

- 아이의 모든 감정 표현을 거리낌 없이 받아준다.
- 부정적 감정을 경험하는 아이를 위로한다.

- 행동에 대한 지침을 제공하지 않는다.
- 감정에 대해 아이를 가르치지 않는다.
- 지나치게 관대하며 한계를 정해 주지 않는다.
- 아이가 문제를 해결하도록 돕지 않는다.
- 문제 해결 방법을 아이에게 가르치지 않는다.
- 부정적 감정에 있어서 감정을 이겨내는 것 외에 할 수 있는 일은 없다고 믿는다.
- 감정은 분출하면 모든 것이 해결된다고 믿는다.

이런 유형의 양육 방식이 아이에게 미치는 영향

감정을 조절하는 법을 터득하지 못한다. 집중력이 부족하고, 친구를 사귀며 다른 사람들과 사이좋게 지내는 것을 어려워 한다.

감정코치형 부모
- 아이의 부정적 감정은 부모자식 간의 친밀도를 높일 기회를 제공한다고 생각한다.
- 슬퍼하거나 화를 내거나 두려워하는 아이와 시간을 보내는 것을 참을 수 있다.
- 아이의 감정에 인내심을 보인다.
- 아이의 감정을 파악하고 그것에 초점을 맞춰 대응하는 일이 의미 있다고 생각한다.

- 아이의 부정적 감정의 세계가 양육 방식의 중요한 영역이라고 생각한다.
- 아이의 감정 상태를 알기 힘들 때도 예민하게 감정을 포착한다.
- 아이의 감정 표현에 당황하거나 걱정하지 않는다. 어떤 행동을 취해야 하는지 잘 알기 때문이다.
- 아이의 감정을 존중한다.
- 아이의 부정적 감정을 놀리거나 무시하지 않는다.
- 아이가 어떻게 느껴야 하는지 지시하지 않는다.
- 아이를 위해 자신이 모든 문제를 해결해야 한다고 느끼지 않는다.
- 감정적인 순간을 다음과 같은 기회로 본다.
    - 아이의 말에 귀를 기울일 기회
    - 위로의 말과 애정으로 공감대를 형성할 기회
    - 아이가 자신이 느끼는 감정에 이름을 붙이도록 도울 기회
    - 감정 조절에 대한 지침을 제공할 기회
    - 한계를 정하고, 수용 가능한 감정 표현이 무엇인지 가르칠 기회
    - 문제 해결 기법을 가르칠 기회

이런 유형의 양육 방식이 아이에게 미치는 영향

아이는 자신의 감정을 신뢰하게 된다. 또한 감정을 조절하고 문제를 해결하는 방법을 터득한다. 자긍심이 높고 학습 능력이 뛰어나며, 다른 사람과의 관계도 원만하다.

축소전환형 부모

로버트는 자신이 축소전환형 부모라는 소리에 분명히 깜짝 놀랐을 것이다. 로버트가 딸 줄리엣을 무척 아끼고 상당히 많은 시간을 아이와 함께 보내는 것은 분명했다. 딸애가 슬퍼할 때마다 아버지는 최선을 다해 아이가 해달라는 것은 다 해 주었다.

"아이를 안고서 뭐가 필요하냐고 묻죠. 'TV 보고 싶니? 영화 보여줄까? 밖에 나가서 놀까?' 제가 상황을 개선할 수 있는지 알려고 아이에게 이것저것을 묻죠."

하지만 로버트가 하지 않은 것이 하나 있다. 아이의 슬픔에 정면으로 부딪히지 않은 것이다. 로버트는 "줄리엣, 오늘 기분이 안 좋니? 슬프니?"라고 묻지 않았다. 불편한 감정에 관심을 쏟는 것은 잡초에 물을 주는 것과 같다고 생각하기 때문이다. 감정이 잡초처럼 더 자라나서 더욱 해로워질 뿐이라고 생각하는 것이다. 많은 부모들처럼 로버트는 화나 슬픔과 같은 감정이 삶을 잠식할까 봐 두려워한다. 자신을 위해서도, 소중한 딸을 위해서도 절대 바라지 않기 때문이다.

나는 로버트와 같은 축소전환형 부모를 연구를 통해서 뿐만 아니라 일상에서도 많이 접했다. 최근 가장 잘 알려진 예는 제시카의 엄마일 것이다. 1996년 4월, 제시카는 일곱 살의 나이로 미 대륙을 횡단한 최연소 비행기 조종사가 되기 위해 경비행기를 몰다가 추락했다. 〈뉴욕타임즈〉에 따르면, 제시카의 엄마는 제시카가 "무섭다, 두렵다, 슬프다" 등과 같은 부정적 단어를 말하지 못하게 했다고 한다. 제시카의 엄마는 "아이들은 두려움을 몰라요. 어른들이 아이에게 두려움을 심어주지 않는 한, 그게 자연스러운 거죠"라고 기자에게 말했다.

제시카의 추락 사고가 있은 후 그 엄마는 〈타임〉과의 인터뷰에서 이렇게 말했다. "사람들이 뭘 원하는지 알아요. 눈물이겠죠. 하지만 전 울지 않아요. 감정은 부자연스러운 거예요. 믿을 수 없는 거라고요." 비행기가 천둥치던 폭풍우 속으로 이륙한 후 추락했을 때 조종타를 잡고 있던 사람이 제시카인지 비행교관이었는지는 알 수 없다. 하지만 제시카가 자유롭게 두려움을 표현할 수 있었더라면 이런 비극은 피할 수 있었을 것이다.

부모의 부정적 경험이 아이에게 나쁜 영향을 미친다

축소전환형 부모는 부정적 감정을 아예 생각하지 않으려고 한다. 대부분 그들이 어린 시절에 습득한 행동 양식 때문이다. 폭력 가정에서 성장한 부모들도 있다. 짐도 그런 경우다. 그는 30년 전 부모가 말다툼하던 모습을 기억한다. 자신과 형제들이 각자의 방으로 뿔뿔이 흩어져서 숨죽여 이 상황을 이겨내려고 애쓰던 모습을 기억한다. 짐과 형제들은 부모의 문제나 '그들의 생각'을 입 밖에 낼 수 없었다. 아버지의 화만 돋우기 때문이다.

이제 짐은 결혼도 했고 자녀도 두었지만, 갈등이나 정신적 고통의 기미가 조금이라도 보이면 그 상황을 피하고 덮어버린다. 심지어 여덟 살

난 아들이 학교에서 친구들에게 괴롭힘을 당하고 있는데도 아이와 그 문제에 대해 이야기하는 것이 힘들다. 짐은 아들과 더 가깝게 지내고 싶고, 아이의 문제를 해결해 주고 싶지만 마음의 문제에 대해 대화를 나눈 경험이 전혀 없었다. 결과적으로 짐은 아들과 대화를 시작하지 못하고 아들 역시 아버지의 불편함을 감지하고는 이런 문제를 꺼내려고 하지 않는다.

가난하거나 무관심한 부모 밑에서 자란 어른들 역시 아이의 감정을 정면으로 바라보기 어려워 할 수 있다. 이들은 어린 시절부터 '구조원' 역할을 맡는 데 익숙해 있는 터라 자녀의 상처 입은 마음을 모두 고쳐주고 잘못된 일을 모두 바로잡아야 한다는 막중한 책임감을 스스로 짊어진다. 하지만 이것은 초인간적인 능력을 필요로 하기 때문에 부모는 곧 나가떨어진다.

시간이 지나면서, 이런 부모들은 아이들이 슬픔이나 화를 표현하는 것이 실현 불가능한 요구를 하는 것이라고 생각한다. 그 때문에 낙담하거나 아이에게 휘둘린다고 생각한 부모는 아이의 고통을 무시하거나 대수롭지 않게 치부해 버린다. 아이들의 문제를 작게 축소시켜 캡슐에 넣고는 안 보이는 곳에 치워버리려 하는 것이다.

톰은 이렇게 말했다.

"제레미가 와서 어떤 친구가 자기 장난감을 빼앗아갔다고 말하면, 저는 그냥 '걱정하지 마, 돌려줄 거야'라고 말합니다." 또 '쟤가 날 때렸어요'라고 말하면, 저는 '몰라서 그랬을 거야'라고 말하죠. 저는 아들에게 가능한 원만하게 살라고 가르치고 싶어요."

제레미의 엄마 마리안 역시 아들의 슬픔에 비슷한 태도를 취한다. "아이의 기분을 달래거나 그딴 일은 잊어버리게 하려고 아이에게 아이스크림을 줘요. 아이는 슬퍼해서는 안 돼요. 만약 아이가 슬퍼한다면, 그건 심리적으로 아이에게 문제가 있거나 부모에게 문제가 있는 거예요. 제레미가 슬프면 저도 슬퍼요. 부모라면 누구나 아이가 행복하고 정서적으로 안정되길 바라잖아요." 마리안은 축소전환형 부모에게서 공통적으로 나타나는 믿음을 이야기한 것이다.

축소전환형 부모는 어두운 분위기보다 미소와 유머가 더 좋다고 생각하기 때문에 많은 경우 아이의 부정적 감정을 가볍게 여긴다. 슬퍼하는 아이를 간지럼 태우려 하거나 화난 아이의 격한 감정을 놀리는 부모도 있다. "우리 예쁜이 미소가 어디로 갔나?"와 같이 온화하게 말하거나 "윌리, 아기처럼 굴면 되겠니?" 같이 모욕적인 투로 말하는 부모도 있다. 이때 아이가 받아들이는 메시지는 모두 똑같이 "지금 네가 이러는 건 다 네 생각이 잘못되었기 때문이야"라는 것이다.

아이의 감정을 사소하게 여기거나 무시하는 부모들은 대부분 그렇게 하는 것이 정당하다고 생각한다. 자녀는 결국 아이에 불과하기 때문이다. 축소전환형 부모는 부서진 장난감이나 놀이터에서 왕따를 당하는 것에 대한 아이들의 걱정은 실업이나 결혼생활의 붕괴, 국가 부채 해결 방안과 같은 어른들의 문제에 비교하면 너무나 사소하다고 생각한다. 그래서 자녀의 감정에 대한 자신의 무관심을 합리화하고 아이는 비합리적이라고 생각한다. 어느 아버지에게 딸의 슬픔에 어떻게 반응하는지 묻자, 어찌할 바를 몰라 전혀 반응하지 않는다고 답했다.

"이제 겨우 네 살배기 어린애와 무슨 대화가 되겠어요. 딸의 슬픈 감정은 세상이 어떻게 돌아가는지 제대로 이해하지 못해서 생기는 거죠." 그렇기 때문에 아버지가 존중해야 할 가치가 별로 없다는 것이다. 그는 이렇게 덧붙였다.

"딸애의 반응은 어른의 반응이 아니잖아요."

모든 축소전환형 부모가 동정심이 부족하다고 말하는 것은 아니다. 사실 많은 부모가 자녀에게 상당히 깊은 동정심을 보인다. 그러나 이것은 자식을 보호하려는 부모의 본능적인 충동에서 나온 반응일 뿐이다. 이들은 어찌되었든 부정적 감정이란 해롭다고 믿으면서, 아이들이 이런 해로움에 노출되는 것을 원치 않는다. 또한 너무 오랫동안 감정에 빠져 있는 것은 건전하지 못하다고 생각한다. 이들 부모가 아이의 문제를 해결하는 데 동참하려고 한다면, 아이의 감정 자체에 초점을 맞추기보다는 감정을 잊기 위해 필요한 것이 무엇인지에 대해 초점을 맞춘다. 예를 들어, 사라는 애완동물 기니피그guinea pig의 죽음에 딸 베키4살가 어떤 반응을 보일지 걱정되었다.

"제가 베키 앞에서 슬픈 모습을 보이면, 딸애가 훨씬 더 혼란스러워할 것 같아 걱정이었죠." 그래서 사라는 감정을 드러내지 않고 약간은 냉정하게 딸을 위로했다.

"괜찮아. 이런 일은 언제나 있는 거야. 주드기니피그의 애칭는 나이를 많이 먹어서 하늘나라로 간 거야. 새 기니피그를 사면 돼."

사라의 냉정한 반응은 기니피그의 죽음을 자연적인 것으로 받아들이게 할 수는 있으나, 베키는 자신의 슬픔이 이해를 받았다거나 위로를 받았다고 느끼지 못한다.

마지막으로 축소전환형 부모들은 감정적이 되면 자제력을 상실할지도 모른다는 두려움 때문에 아이의 감정을 부인하거나 무시한다. 이런 부모는 부정적인 감정을 표현할 때 불, 폭발물, 폭풍우와 같은 단어를 은유적으로 사용한다. 예컨대 "퓨즈가 나갔다_{화를 버럭 낸다}"거나 "너 때문에 폭발했다_{심하게 화를 낸다}"거나 "불벼락이 떨어졌다"라고 말한다.

이런 부모는 아이가 감정을 조절하는 법을 배우는 데 전혀 도움이 되지 않는다. 자신의 아이가 어른이 되어 슬픔을 느낄 때 끝없는 우울증에 빠질까 두려워하고 화가 났을 때 격분해서 누군가를 다치게 할까 걱정만 한다. 가령 바바라는 남편과 아이들 앞에서 신경질을 낸 것에 죄책감을 느낀다. 바바라는 화를 표현하는 것은 '이기적'이며 '위험하다'고 생각한다. 게다가 화를 낸다고 해서 되는 일은 하나도 없다고 말한다. "목에 핏대를 세우며 소리를 지르고… 저를 혐오하게 만들었을 뿐이죠."

바바라는 이렇듯 화를 내는 것을 볼썽사납다고 생각하기 때문에 딸애가 화를 내려고 할 때 유머를 이용하여 이를 무마시키려 한다.

"칼리가 화를 내려 하면 전 그저 웃을 뿐이에요. 딸애는 아주 어리석게 굴 때가 있어요. 전 그 점을 아이에게 지적하면서 '그만 좀 해!'라거나 '기분 풀어!'라고 말하죠."

칼리가 정말로 화가 났는지는 바바라에게 중요하지 않다. 화난 칼리를 보면 엄마 바바라는 그저 웃는다.

"그 조그만 게 얼굴은 새빨개져서 화를 내면 작은 인형을 보는 것 같아서 정말 재미있어요."

바바라는 칼리가 더 이상 부정적인 생각을 하지 않고 다른 데로 관심을 돌리게 하기 위해 할 수 있는 일이라면 무엇이든지 한다. 한 번은 칼리가 자기를 빼놓고 놀고 있는 오빠와 친구들에게 무척 화가 난 적이 있다. "그래서 딸애를 제 무릎에 앉혀서 같이 놀아 줬어요"라며 바바라는 자랑스럽게 말한다. 바바라는 딸애의 진홍색 겨울 타이즈를 가리키며 물었다. "네 다리가 어떻게 된 거니? 온통 빨간 보풀이 일었잖아! 네 다리가 선인장이 되었나보구나." 이렇게 장난을 치자 칼리는 킥킥거리며 웃었다. 그녀는 분명 어머니의 따뜻한 마음과 관심을 느꼈기에 자신의 화는 잊고 다른 데로 관심을 돌렸다. 바바라는 성공적으로 일을 처리했다고 느낀다.

"일부러 그렇게 했어요. 그게 딸을 대하는 좋은 방법이라는 것을 터득했으니까요."

하지만 바바라가 놓친 부분이 있다. 시샘과 소외감이라는 감정에 대해 칼리와 '대화할 기회'를 놓친 것이다. 그 일은 바바라가 딸과 공감대를 형성하며, 칼리의 감정이 무엇인지 스스로 인식하도록 할 수 있는 기회였다. 게다가 칼리에게 오빠와의 갈등을 풀 수 있는 방법을 제시할 수 있는 기회였는지도 모른다. 하지만 결국 칼리가 얻은 메시지는 화를 내는 것은 무의미하니, 화는 억누르고 생각을 딴 데로 돌리는 것이 가장 바람직하다는 것이었다.

억압형 부모

억압형 부모는 아이의 감정을 축소전환하는 부모와 공통점이 많지만 몇 가지 차이점이 있다. 억압형 부모는 눈에 띄게 비판적이고 자녀의 정서적 경험을 설명할 때 공감대 형성이 부족하다. 아이의 부정적 감정을 단순히 무시하거나 부인하거나 대수롭지 않게 여길 뿐만 아니라 잘못된 것이라며 비난까지 한다. 결과적으로 이들의 자녀는 슬픔, 화, 두려움을 표현했다는 이유로 꾸지람을 듣거나 매를 맞는다. 벌을 서는 경우도 종종 있다.

억압형 부모는 아이의 감정을 이해하려고 하기보다 감정과 관련된 행동에 초점을 맞추는 경향이 있다. 아이가 화가 나서 발을 쿵쿵 구르면 엄마는 딸애가 그렇게 화를 내는 원인을 인정하지는 않고 딸애가 불쾌하고 반항적인 태도를 보였다는 이유로 종아리를 때리려 한다. 억압형 아버지는 아들이 잠잘 시간에 매번 울어대면 '혹시 어둠에 대한 두려움 때문은 아닐까'라고 전혀 생각하지 않고 성가시다며 아들을 꾸짖는다.

억압형 부모는 아이의 정서적 경험에 대해 도덕적 판단을 하려는 경향이 있다. 상황이 위안 받아 마땅한지 아니면 비난 받아 마땅한지, 또는 벌을 받아야 마땅한지 결정하기에 앞서 참작의 여지가 있는지부터 평가하려 한다. 조는 이렇게 설명한다.

"티미가 침울한 이유가 정말이지 합당하다면, 예컨대 엄마가 밤에 외출하고 없어서 보고 싶어 한다든가 하면 말이죠, 저는 이해할 수 있어요. 아들의 마음을 십분 이해하니까요. 그러면 전 기운을 북돋아 주려고 노력해요. 안아주든가 비행기를 태우든가 말이죠."

하지만 조가 납득할 수 없는 이유로 티미가 우울해할 때는 상황이 달라진다. 그는 아들에게 쌀쌀맞게 말한다.

"전 얼굴을 찡그리면서 '가서 낮잠이나 자!' 라고 하죠. 티미는 떼를 쓰느라고 슬픈 척하는 거예요. 그러면 저는 아이를 무시하거나 철 좀 들라고 얘기하죠."

조는 이러한 차이를 훈육의 한 형태라며 정당화한다.

"티미는 말도 안 되는 이유로 슬퍼해서는 안 된다는 것을 알아야 해요. 그래서 저는 아들에게 '우울해한다고 문제가 해결되지는 않아!' 라고 말하죠."

대부분의 억압형 부모들은 아이가 원하는 것을 손에 넣기 위해 눈물로 호소해서 부모를 조종한다고 생각하기 때문에 심기가 불편하다. 어느 어머니는 "딸애가 화내면서 우는 건 다 속셈이 있어요. 관심을 사려는 거죠"라고 말한다. 아이의 눈물이나 분노를 이런 식으로 생각하기 때문에 감정적인 상황은 기싸움으로까지 불거진다. 부모들은 '애가 나한테 원하는 게 있으니까 이렇게 우는 거겠지. 원하는 대로 해주지 않으면 애가 더 울거나 더 화내거나 아니면 더 뿌루퉁해지겠지'라고 생각할지 모른다. 그래서 아이에게 화를 내고 벌을 준다.

수많은 축소전환형 부모와 마찬가지로 억압형 부모 중에는 감정에 대한 자제력을 잃을까 걱정하며 감정적인 상황을 두려워하는 경우도 있다. 카메론5살의 엄마 진은 "화를 내면 자제력을 잃는 것 같아서 화내고 싶지 않아요"라고 말한다. 반항적인 아이와 대립하면서 부모들은 신뢰하지 않는 감정과 행동으로 치닫는 것을 느낀다. 이런 상황에서 부모는 '자신을 화나게 만들었다'는 이유로 아이에게 벌을 주는 것을 정당화한다. 진은 "카메론이 소리를 지르기 시작하면, 저는 '그런 건 용서 못해!'라고 말해요. 그런데도 계속 투정을 부리면 종아리를 때리는 거죠"라고 말한다.

자녀에 대한 깊은 관심이 역효과를 나타낸다

성격이 불 같은 남자와 결혼한 린다는 지미4살가 '꼭 아버지처럼' 자랄까 걱정이다. 무슨 일이 있어도 아들을 그렇게 만들지 않겠다고 결심한 나머지 린다는 자기 자신도 폭력적으로 대응한다.

"지미는 기분이 나쁘면 발길질을 하고 소리를 질러요. 그러면 전 아이를 진정시키려고 볼기를 때리죠. 그게 옳지 않을지도 몰라요. 그러나 아이의 성격이 고약해지는 것을 바라지는 않아요."

이와 비슷하게 어떤 부모들은 강인하게 키운다는 명목으로 아이가 감정을 표현하면 꾸짖거나 벌을 준다. 두려움이나 슬픔을 표현하는 겁쟁이 소년이 되어서는 안 되며 울보가 되지 않는 법을 배워야 한다고 믿는 억압형 아버지를 둔 아이는 쉽게 상처를 받는다. 가장 극단적인 경우는 자식에게 부정적인 감정을 절대 표현하지 못하게 가르치기로 결심한 부모다. 어떤 아버지는 딸아이에 대해 매우 냉소적으로 말한다.

"케이티가 슬퍼한다고 합시다. 그렇다고 내가 뭘 해 주겠습니까? 간지러운 위로라도 할까요? 그런 게 필요하다고 생각하지는 않아요. 자기 문제는 자기가 알아서 해결해야 해요."

이 아버지는 딸애가 화를 내면 '눈에는 눈'이라는 식으로 맞불작전을 편다. 딸아이가 화를 내면 같이 화를 내는 것이다. 케이티가 '발끈해서 화를 내면' 아버지는 종아리나 손바닥을 때린다.

물론 억압형 부모 중에서도 이렇게 막무가내로 비난하고 혹독하게 구는 경우는 드물다. 특별한 상황에서만 억압형 부모가 되는 것이 일반적이다. 예를 들어, 부모가 참을 수 있는 시간 동안만큼 아이가 부정적 감정을 드러내는 것을 용인하는 부모도 있다. 우리 연구에 참여한 한 아버지는 아이들이 부정적 감정을 드러내면 머릿속에 자명종을 떠올린다.

"전 머릿속의 자명종이 울리기 전까지 아이의 투정을 참지요. 하지만 자명종이 울리면 그때는 벌을 줍니다."

어떤 부모들은 아이가 특히 슬픔을 경험하는 것을 못마땅해한다. 슬픔을 에너지 낭비로 보기 때문이다. 자신을 '냉정한 현실주의자'라고 묘사한 한 아버지는 아이가 슬퍼하는 것은 "전혀 쓸모없이, 전혀 건설적이지 못하게 시간을 보내는 것"이라고 잘라 말한다. 반면 어떤 부모들은 슬픔을 소중하면서도 한정된 자원이라고 생각한다. 그 한정된 자원을 사소한 문제로 다 써버리면 정작 큰 슬픔에 써야 할 눈물이 남지 않는다는 것이다. 억압형 부모가 '눈물의 양'으로 슬픔을 측정하든지 '슬퍼한 시간'으로 측정하든지 간에, 이들 부모에게 문제는 여전히 똑같다. 아이가 낭비를 하고 있다는 점이다. 앤드류는 이렇게 말한다.

"저는 아들 찰리에게 애완견이 죽는 것과 같은 중요한 일을 위해 슬픔을 남겨 두라고 말하죠. 장난감을 잃어버리거나 책이 찢어지는 일 때문에 슬퍼하는 것은 시간 낭비라고요. 하지만 애완견이 죽는 건 슬퍼할 만한 일이잖아요."

이렇게 슬픔을 자원에 비유하는 가정에서 성장하는 아이가 하찮은 일에 슬픔을 낭비하면 어떤 벌을 받을지 쉽게 상상할 수 있다. 만약 부모가 자신의 유년기를 정서적으로 방치된 채 보냈다면 슬픔을 정서적으로 특권을 가진 사람만 누릴 수 있는 사치로 볼 가능성은 더욱 크다. 우리 연구에 참여한 카렌은 어렸을 때 부모에게 버림받고 친척집을 전전하며 자랐다. 이제 한 아이의 어머니가 된 그녀는 어린 시절 정서적으로 어떠한 위로도 받지 못했기에 딸애의 침울한 기분을 잘 받아들이지 못했다.

축소전환형 부모와 억압형 부모 사이에는 비슷한 점이 상당히 많다. 오늘은 자신이 축소전환형 부모라고 생각하던 사람이 내일은 오히려 억압형 부모처럼 행동할 수도 있다.

축소전환형 부모와 억압형 부모의 자녀들 역시 공통점이 상당히 많다. 양쪽 집단의 아이들 모두 자신의 판단을 신뢰하지 못한다. 자신의 느낌이 부적절하다거나 타당하지 않다는 이야기를 여러 차례 반복해서 듣다 보면 아이들은 자기 내부에 무언가가 본질적으로 잘못된 것이 있다고 믿게 된다. 자기존중감에 상처를 입는 것이다. 또 감정을 조절하는 법과 문제를 해결하는 법을 배우기가 힘들어진다. 이 아이들은 다른 아이들보다 집중하고 학습하고 또래와 어울리는 것을 훨씬 어려워한다. 게다가 자신의 느낌을 표현했다는 이유로 꾸지람을 듣거나 격리되거나 맞은 아이들은 감정적 친밀감은 아주 위험한 것이며 모욕감과 버려졌다는 느낌, 고통, 학대로 이어진다고 여기게 된다. 불행히도 이런 아이들의 정서 지능은 상당히 낮을 것이다.

우리가 알아야 할 것은, 이러한 결과의 비극적인 모순은, 그 어떤 부모든지 자녀에 대한 깊은 관심에서 이런 행동을 한다는 점이다. 정서적 고통으로부터 아이를 보호하기 위해 부모는 눈물이 흐르거나 벌컥 화를 내게 만드는 상황을 피하거나 아예 없애려 한다. 부모는 강인한 남자로 키우겠다는 명목으로 두려움을 표현한 아들에게 벌을 준다. 상냥한 여자로 키우겠다는 명목으로 딸에게 화를 꾹 참으라고 가르친다. 하지만 이런 방법은 역효과만 낼 뿐이다. 자신의 감정을 표현하고 이를 효과적으로 다스릴 기회가 없었던 아이는 성장해서도 인생의 어려움에 직면할 준비가 되어 있지 않기 때문이다.

방임형 부모

우리 연구 대상자 중 일부는 억압형 부모나 축소전환형 부모와는 달리, 아이의 감정을 전적으로 받아들이고, 아이가 표현하는 감정을 무조건 받아들였다. 나는 이런 유형의 양육 방식을 '방임형'이라고 부른다. 방임형 부모는 자기 자녀에 대해 무척이나 공감하면서 아이가 어떤 감정을 겪어도 엄마 아빠는 다 이해하니까 괜찮다고 일러준다. 그러나 문제는 방임형 부모는 부정적 감정을 다스리는 방법에 대해 아이에게 어떤 방향을 제시할 준비가 되었다거나 의지가 없는 경우가 많다는 것이다.

방임형 부모는 아이의 감정을 방관자적 입장으로 바라본다. 이들은 분노와 슬픔을 '분출하면 해결되는 단순한 것'으로 보는 경향이 있다. 아이가 감정을 표현하도록 하면 부모로서의 역할은 모두 끝나는 것이다.

방임형 부모는 아이에게 문제 해결 방법을 가르치지 않을 뿐만 아니라 행동의 한계를 정하는 것도 어려워한다. 이런 부모는 지나치게 관대하다고 할 수 있다. 무조건적인 수용이라는 이름 아래에 이들은 아이가 부적절한 감정 표현을 하거나 고삐 풀린 망아지처럼 행동해도 혼내지 않고 내버려둔다. 그러면 화난 아이는 공격적으로 변해서 다른 사람을 다치게 한다. 슬픔에 빠진 아이는 어떻게 진정해야 할지, 어떻게 자신을 위로해야 할지 생각하지 않고 그저 마구 울어댄다. 이렇게 부정적인 표현이 부모에게는 용납될지 몰라도, 세상 경험이 훨씬 적은 아이에게는 탈출구 없는 블랙홀로 걸어 들어가는 것같이 무서울 수 있다.

우리 연구에 따르면, 수많은 방임형 부모는 감정과 관련하여 아이에게 무엇을 가르쳐야 하는지 확실히 모른다는 것이 밝혀졌다. 어떤 부모는 깊게 생각조차 하지 않고 어떤 부모는 아이에게 그저 무언가를 해주고 싶다는 모호한 생각만 한다. 하지만 이들 모두 무조건적인 사랑 이외에 부모가 줄 수 있는 것이 무엇인지 몰라서 진짜 어리둥절해한다. 예를 들어, 로앤은 다른 아이가 아들 토비9살를 괴롭혀서 정말 걱정된다고 했다.

"아이가 그 일 때문에 기분이 안 좋아요. 그것 때문에 제 마음도 너무 아파요."

"그렇다면 아이한테 어떻게 대했죠?"

"음, 무슨 일이 있어도 엄마의 사랑은 변치 않는다는 것을 알려 주었죠. 아주 소중히 여긴다고요."

하지만 그걸로 끝이었다. 로앤의 말은 분명 다정한 위로였지만 토비가 친구와 좋은 관계를 맺는 일에는 아무 도움이 되지 못한다.

모든 것을 이해하지만 모든 것이 엉망이 될 수 있다

억압형 부모와 축소전환형 부모와 마찬가지로. 방임형 부모의 양육 방식은 부모의 어린 시절에서 나온 반응이다. 때리는 아버지 밑에서 자란 샐리에게는 분노와 욕구불만을 분출하는 것이 허락되지 않았다. 그녀는 이렇게 말한다.

"저는 아이들이 고함치고, 원하는 건 뭐든지 큰소리로 말할 수 있게 내버려둬요. 또 아이들이 '난 그 일을 하기 싫어'라고 말해도 괜찮다고 생각해요."

하지만 샐리는 가끔 아이들 때문에 낙심하기도 하며 인내심이 바닥난다고 인정한다.

"레이첼이 잘못을 저지르면, 저는 부드러운 목소리로 '그건 좋은 생각이 아니야. 그러니까 다르게 해 보자'라고 말하기를 바라요. 하지만 그게 잘 안 돼요."

결국 샐리는 레이첼에게 소리 지르고 고함을 친다. 어떤 때는 때리기도 한다.

"그럴 땐 내 자신이 정말 속수무책인 것 같아요."

또 다른 엄마인 에이미는 어린 시절 상당히 우울했던 기억이 있다. 돌이켜 보면 병리성 우울증이 의심되는 상태였다.

"그 기분은 두려움에서 온 것 같아요. 아마도 그런 감정을 갖는다는 것 자체가 두려웠는지 몰라요."

그러한 감정의 근간이 무엇이었든 간에, 에이미의 기억에는 자신의 감정에 대해 이야기해 준 어른은 아무도 없었다고 한다. 대신 기분을 바꾸라는 주문만 들었다.

"사람들은 늘 '웃어!'라고 말했죠. 전 정말 싫었어요."

에이미는 나이가 들면서 열심히 달리기 시작했고, 혼자서 달리면서 우울증을 날려버릴 위안을 찾았다. 이제 두 아이의 엄마가 된 에이미는 아들이 자신이 겪었던 반복적인 슬픔을 똑같이 느끼자 그 상황에 깊이 공감한다.

"알렉스는 자신의 감정을 '정말 묘한 느낌'이라고 표현해요. 저도 어렸을 때 그렇게 똑같이 느꼈었죠. 그래서 전 알렉스가 침울해 있을 때 웃으라고 강요하지 않아요. 대신 '나도 그런 감정 느껴봤기 때문에 네가 무엇을 느끼는지 잘 알아' 라고 말하죠."

그러나 에이미는 알렉스가 의기소침해 있을 때 아들과 함께 있지는 않는다. "전 달리기를 하러 가요." 사실 에이미는 자신이 어린 시절 겪었던 곤경 속에 빠져 있는 아들을 내버려두고 물러난 것이다. 엄마 에이미는 혼자서 방황하는 아들 알렉스를 붙들어 줄 수 있는 정서적 버팀목을 제공하지 못한 것이다.

무슨 감정이든 받아들이지만 길잡이가 될 수 없는 방임형 부모는 아이에게 어떤 영향을 미칠까? 불행하게도 긍정적인 영향을 미치지는 않는다. 어른들로부터 어떤 지침도 받지 못한 아이들은 감정을 조절하는 법을 배우지 못한다. 화가 나거나 슬프거나 또는 언짢을 때 마음을 진정시키는 능력이 부족하게 되고, 마음을 다스리는 새로운 방법을 배우지도 못한다. 결과적으로 이런 아이들은 학교에서도 좋은 성적을 거두지 못한다. 사회적 대인관계도 원만하지 못하면서 친구를 사귀고 우정을 유지하는 것을 어려워할지 모른다.

방임형 방식에는 분명 모순이 있다. 방임형 부모는 모든 것을 용납한다는 태도로 자녀에게 행복의 기회라면 모두 제공하려고 한다. 하지만 어려운 감정을 다스리는 법에 대해 아이들에게 어떤 길도 제시하지 못하기 때문에 방임형 부모의 아이들은 결국 억압형 부모와 축소전환형 부모의 아이들과 똑같은 입장에 선다. 정서적으로 똑똑하지 못한, 미래에 대한 준비가 부족한 아이가 되는 것이다.

감정코치형 부모

여러 가지 면에서 감정코치형 부모는 방임형 부모와 크게 다르지 않다. 양쪽 모두 아이의 감정을 무조건적으로 받아들인다. 아이의 감정을 무시하거나 부인하려고 하지 않는다. 감정을 표출했다는 이유로 아이를 얕보거나 비웃지 않는다. 하지만 두 집단 사이에는 상당한 차이가 존재한다. 감정코치를 하는 부모는 아이가 감정이라는 세계를 헤쳐 나가도록 길잡이 역할을 한다. 감정을 모두 받아들이지만 부적절한 행동은 제한하고, 아이에게 감정조절 방법과 적절한 분출구를 찾는 방법, 문제 해결 방법을 가르친다.

우리의 연구에 따르면, 감정코치를 하는 부모는 자기 자신의 감정과 사랑하는 사람들의 감정을 파악하는 능력이 뛰어나다. 더구나 슬픔, 분노, 두려움처럼 부정적이라고 여겨지는 감정을 비롯해 모든 감정은 우리 인생에 유용한 의미가 있음을 안다. 심지어 침울한 감정도 긍정적 시각으로 묘사한다.

"슬픈 생각이 들 때면 속도를 늦추고 삶의 일상을 찬찬히 살펴보며 놓치고 있는 것은 없는지 생각하죠." 댄의 이러한 생각은 딸과의 관계에까지 이어진다. 댄은 딸 제니의 감정을 비난하거나 무마하기보다는 아이가 슬퍼할 때가 아이와 가까워질 계기라고 생각한다.

"그때가 바로 제가 딸애를 안고 대화를 하면서 무슨 생각을 하는지 허심탄회하게 털어놓기 가장 좋은 때죠."

일단 아빠와 딸이 뜻이 맞으면, 제니가 자신의 감정과 대인관계에 대해 더 많은 것을 배울 수 있는 기회가 된다.

"제니는 십중팔구 자신의 감정이 어디에서 비롯되었는지 잘 모르죠. 그래서 저는 아이가 자신의 감정을 제대로 파악하도록 도우려고 애씁니다. 그러고 나서 우리는 다음 할 일이 무엇인지, 이런 저런 감정을 어떻게 다스려야 하는지 이야기하죠."

감정코치를 하는 많은 부모들은 아이가 감정을 표현하는 때를 부모 자식이 같은 가치를 공유할 때가 왔음을 알려주는 조짐으로 평가한다. 어떤 엄마는 슬픈 TV 프로그램에 눈물을 글썽이는 다섯 살 난 딸을 보고 얼마나 기뻤는지 얘기했다.

"무척 기뻤어요. 우리 딸이 따뜻한 마음씨를 가졌구나, 자기 말고 다른 것에도 관심을 갖고 다른 사람에게 애정을 보이는구나 하고 생각했어요."

또 다른 엄마는 네 살 난 딸이 꾸중을 듣고 나서 자신에게 똑 부러지게 말하던 날, 놀라기도 했지만 오히려 자랑스러운 마음이 들었다고 애기했다. 어린 딸이 "엄마, 그런 말투로 얘기하지 마세요!"라고 했던 것이다. 물론 처음엔 깜짝 놀랐지만 딸애의 당당한 주장에 감탄했고 딸애가 존중을 받기 위해 화를 냈다는 사실에 기뻐했다.

이들 부모는 아이의 부정적 감정에서 가치를 발견할 수 있었기 때문에, 아이가 화를 내거나, 슬퍼하거나 또는 두려워할 때 좀더 참을성 있게 받아 준다. 이들 부모는 울거나 성을 내는 아이와 시간을 보내면서 아이의 걱정을 들어 주고, 아이와 공감대를 형성하며, 아이가 화를 내거나 울도록 해주는 데 거리낌이 없다. 마가렛은 아들 벤4살이 속상해하면 이야기를 들어준 다음, "내가 어렸을 적에는"으로 시작하는 이야기를 하면서 아이에게 공감한다는 사실을 보여 주려고 애쓴다. "벤은 그런 이야기를 아주 좋아해요. 이야기를 들으면서 자신이 그런 감정을 가져도 괜찮다는 것을 알게 되니까요."

잭은 아들 타일러가 특히 자신과의 논쟁으로 기분이 언짢을 때 아들의 관점에 귀를 기울이는 데 힘을 모은다. "제가 타일러의 의견에 귀를 기울이면 아들이 수긍할 수 있는 선에서 문제를 해결할 수 있기 때문에 아들의 기분이 한결 나아집니다. 두 사람의 인격체로서 우리는 서로 의견 차이를 조정하지요."

감정코치를 하는 부모는 자녀가 감정에 솔직하도록 장려한다. 딸 넷을 둔 엄마 샌디는 말한다. "저는 단지 화를 냈기 때문에 그릇된 것이 아니고, 화를 냈기 때문에 화나게 만든 사람을 반드시 미워해야 하는 것도 아니라는 점을 아이들에게 알려줘요. 아이들을 화나게 만든 일로 좋은 일이 생길 수도 있다는 것을 알려주지요."

샌디는 딸들의 행동에 한계를 정하고 파괴적이지 않은 방식으로 화를 표현하도록 가르친다. 샌디는 딸들이 서로에게 평생의 친구로서 성장하는 것을 보고 싶지만, 그것이 가능하려면 상대에게 상냥해야 하고 서로의 관계를 돈독히 키워나가야 한다는 것을 잘 안다. "자매간에 화를 내는 건 괜찮다고 말해 줬어요. 하지만 서로에게 잔인한 말을 하는 것은 좋지 않아요. 그래서 아이들에게 말하죠. '너희는 무슨 일이 있어도 항상 서로 의지할 수 있는 사람들이야. 그러니 서로를 소외시키면 안 돼' 라고요."

모든 감정은 용납할 수 있지만 모든 행동까지 용납하지는 않는 감정코치를 하는 부모에게는 이렇게 한계를 정하는 것이 당연한 일이다. 아이들의 행동이 서로에게 또는 다른 사람들에게 해로운 영향을 미칠 것 같을 경우, 감정코치를 하는 부모는 아이의 공격적 행동을 즉시 중지시킨다. 그러나 일부러 아이들이 감정적으로 격한 상황에 빠지지 않도록 하기 위해 나서지 않는다. 아이가 감정을 조절하는 방법을 배우기 위해서는 격한 경험도 필요하다는 것을 알기 때문이다.

마가렛은 벤이 젖먹이 시절부터 성격이 불같다는 것을 알고 아들을 위해 여러 방책을 마련했다. "벤이 화가 났을 때 혼자 내버려두면 이를 뽀드득 갈고 소리를 지르면서 물건을 집어던지는 경우도 있어요. 남동생에게 화풀이를 하거나 장난감도 부셔 버리지요." 마가렛은 벤의 분노를 완전히 없애는 것이 불가능하다는 것을 알기 때문에 감정을 다르게 표현하는 방법을 가르쳐 주려고 애쓴다. 예컨대 집밖으로 내보내 달리기를 하게 하거나, 지하실로 내려 보내 드럼을 두드리게 한다. 마가렛은 최근에 이런 용도로 드럼을 구입했다. 마가렛은 벤의 성격을 걱정하지만 아이의 고집 세고 꺾일 줄 모르는 성격에 긍정적인 측면도 있다고 생각한다. "벤은 포기를 몰라요. 그림을 그리는데 맘에 들지 않으면 다섯 번이고 여섯 번이고 다시 그려요. 그렇게 맘에 들 때까지 그려서 완성하고 나면 욕구불만은 사라지죠."

비록 아이가 문제와 씨름하는 것을 먼발치에서 지켜보는 부모의 마음은 심란하겠지만, 감정코치를 하는 부모는 아이의 삶에서 삐걱대는 모든 문제를 해결해 줘야 한다는 강박감에 쫓기지 않는다. 샌디가 네 딸에게 그들이 원하는 장난감이며 옷가지를 모두 사 줄 수는 없다고 말하면 아이들은 불평을 터트린다. 그러면 샌디는 아이들의 마음을 진정시키려고 하기보다는 불만을 모두 듣고 나서 '실망하는 것은 아주 당연한 일'이라고 말해준다. "아이들이 지금의 작은 실망에 대응하는 법을 배우면, 훗날 인생의 더 큰 실망이 닥쳐와도 이겨낼 수 있는 방법을 알게 되죠."

부모와 자녀 사이의 정서적 유대감을 깊게 한다

감정코치를 하는 부모는 감정의 힘을 의미 있다고 여기기 때문에 아이들이 보는 앞에서 자신의 감정을 드러내는 것을 두려워하지 않는다. 슬플 때 아이 앞에서 울 수 있고, 인내심이 한계에 달해 화를 터뜨리면서 왜 화가 났는지 아이에게 말할 수 있다. 그리고 대부분의 경우 자신의 감정을 이해하고 분노, 슬픔, 두려움을 건설적인 방식으로 표현한다는 믿음이 있기 때문에 자녀의 본보기가 될 수 있다.

사실 부모가 보여주는 감정 표현은 감정을 다스리는 방법을 배우는 데 있어서 자녀에게 큰 의미가 된다. 부모가 열띤 논쟁을 벌이고 나서 원만하게 의견 대립을 해결하는 것을 지켜본 아이는 갈등 해결에 대한 소중한 교훈을 배울 수 있다.

이와 마찬가지로 부모의 이혼이나 할아버지의 죽음 등에서 아이는 슬픔과 절망에 대처하는 방법을 배운다. 특히 슬픔 속에서 서로에게 위로와 도움을 주며 서로를 사랑하고 격려하는 어른이 주변에 있을 때 아이는 교훈을 얻는다. 슬픔을 함께하면 친밀감과 유대감이 더욱 돈독해진다는 사실을 배우는 것이다.

감정코치를 하는 부모는 아이에게 상처가 될 말이나 행동을 하면 주저하지 않고 아이에게 사과한다. 스트레스를 받은 상황에서 부모는 무심코 아이를 야단치거나 괜히 목소리를 높일 수 있지만, 이런 행동을 후회하면서 아이에게 미안하다고 말하고 이를 계기로 교훈을 얻을 수 있는 방법을 찾는다. 이런 식으로, 하나의 사건은 서로의 친밀감을 높일 수 있는 또 다른 기회가 된다. 특히 부모가 그 당시 어떤 느낌이었는지 아이에게 거리낌 없이 이야기하고, 앞으로 그런 상황을 좀더 나은 방법으로 어떻게 대처할 것인지 대화를 나눔으로써 배움의 기회를 만들 수 있다.

감정코치에는 잘못된 행동이 어떤 결과를 가져오는지 아이에게 명확히 이해시키는 긍정적인 훈육 방식이 포함된다. 사실 감정코치를 실천하는 부모들은 가족이 이러한 양육 방식에 익숙해지면서 문제가 줄어든다는 것을 발견한다. 여기에는 여러 이유가 있다.

첫째, 감정코치를 하는 부모는 아이의 감정이 아직 격렬하지 않은 상태에서 일관되게 아이를 대한다. 아이 감정이 고조되지 않아도 아이가 원하는 관심을 얻을 수 있다는 뜻이다. 시간이 가면서 아이는 부모가 자신을 이해하고, 자신에게 공감하며, 자신의 삶에서 일어나는 일들에 대해 깊은 애정을 가지고 있음을 명확히 감지한다.

둘째, 아이가 어릴 때부터 부모의 감정코치를 받으면 '자기 위안의 기술'을 제대로 습득하여 스트레스를 받는 상황에서 안정을 유지할 수 있다. 따라서 옳지 못한 행동을 저지를 가능성이 줄어든다.

셋째, 감정코치를 하는 부모는 아이의 감정을 비난하지 않기 때문에 갈등의 순간이 거의 없다. 아이가 실망해서 운다거나 화낸다는 이유만으로 꾸지람을 듣는 일이 없다는 것이다. 하지만 감정코치를 하는 부모는 행동에 제한을 두고, 어떤 행동이 적절하고 적절하지 않은지를 명확하고 일관된 메시지로 아이에게 전달한다. 아이가 규칙을 인지하고 규칙을 깼을 때의 결과를 이해하면 옳지 않은 행동을 할 가능성이 줄어든다.

마지막으로, 이런 양육 방식은 부모와 자녀 사이의 정서적 유대감을 강하게 만들기 때문에 아이는 부모의 요구에 적극적으로 반응한다. 또 아이는 부모를 믿을 만한 친구이자 동지라고 생각한다. 사람들은 동지에게 기쁨을 안겨 주려는 본능이 있다. 한 엄마는 딸애가 거짓말을 했을 때, 이런 현상이 어떻게 펼쳐졌는지 얘기한다. 수잔은 딸 로라(9살)의 책에서 다른 아이의 욕을 적은 쪽지를 발견했다. 쪽지에 딸의 이름이 적혀 있지 않았지만 필체로 보아 로라가 쓴 것이 분명했다. 수잔이 로라에게 대체 이 편지가 무엇이냐고 묻자 로라는 잠시 주저하더니 자기가 쓴 게 아니라고 주장했다. 수잔은 로라가 거짓말을 한다는 것을 알고 며칠 동안 고민했다. 결국 딸애와 다시 한번 얘기해야 한다고 생각했다. 수잔은 명확하고 단호하게 말했다.

"그 쪽지에 대해 네가 거짓말하는 거 다 알아. 그래서 엄마는 네게 실망했어. 엄마는 지금 너무 슬퍼. 네가 정직하다고 믿었는데 지금 거짓말하고 있잖아. 엄마한테 솔직히 말할 준비가 되면 말해. 언제든지 들어줄게. 엄마가 용서해 줄 테니까."

침묵의 2분이 지나자 로라의 두 눈에 눈물이 글썽였다. "엄마, 제가 거짓말했어요!" 아이는 흐느꼈고 수잔은 로라를 꼭 껴안아 주었다. 두 사람은 쪽지의 내용에 대해 오랫동안 대화를 나누었다. 이 쪽지에 적힌 아이에 대해서, 그 아이와의 갈등을 로라가 어떻게 풀어야 할지에 대해서 이야기했다. 수잔은 정직의 중요성도 강조했다. 수잔이 알기로는, 그 이후 로라가 엄마에게 거짓말을 한 적은 없다.

아이가 부모와 정서적으로 연결되었다고 느끼고, 부모는 이러한 유대관계를 통해 아이가 감정을 조절하고 문제를 해결하도록 이끌면 긍정적인 결과가 나타난다. 우리 연구 조사는 감정코치를 받은 아이가 학업 성적, 건강, 대인관계 등에서 훨씬 좋은 결과를 나타낸다는 것을 밝혀냈다. 이런 아이들은 행동장애도 거의 보이지 않고, 정신적으로 고통스러운 경험을 해도 안정된 상태로 돌아오는 능력이 훨씬 뛰어나다. 이렇게 감정코치를 받으며 성장한 아이는 앞으로 다가올 위험과 도전을 현명하게 헤쳐나갈 수 있다.

03
감정코치의
핵심 5단계

> 부모가 자녀의 감정을 이해하고
> 공감한다는 사실을 알려 주면,
> 아이는 자신의 정서적 경험을 신뢰하고
> 자기존중감을 키울 수 있다

나는 딸 모리아에게 감정코칭이 어떻게 적용되는지 처음 발견했던 날을 잊지 못한다. 당시 세 살이었던 딸과 함께 친척집을 방문했다가 미 대륙을 횡단하는 비행기를 타고 집으로 돌아오는 길이었다. 따분하고 피곤해서 짜증이 난 모리아는 내게 자기가 가장 좋아하는 인형이자 마음의 위안을 주는 '얼룩말'을 달라고 했다. 안타깝게도 우리 부부가 하도 정신없이 짐을 싸다보니 너덜너덜해진 얼룩말 인형을 여행 가방에 넣었고, 그 가방은 수하물 검사대를 통과해 짐칸에 실렸다.

"아가야, 미안해. 지금 당장 얼룩말을 가져올 수 없어. 비행기의 다른 칸에 있는 큰 가방 안에 있거든."

그러나 모리아는 계속 징징거렸다. "이잉, 얼룩말 줘!"

"그래, 착하지. 하지만 얼룩말은 지금 여기 없어. 비행기 맨 밑에 짐칸에 있어요. 비행기에서 내리기 전에는 아빠가 가져올 수 없어요. 미안해."

"얼룩말! 얼룩말 줘!"

모리아는 더욱 떼를 쓰더니 몸을 배배 꼬며 울기 시작했다. 나는 혈압이 오르기 시작했다.

"네가 얼룩말을 원하는 건 잘 알아. 하지만 여기엔 없어. 아빠도 어쩔 수가 없어. 자, 우리 '어니_{미국 어린이 프로그램 캐릭터}' 책 보자." 나는 딸애가 좋아하는 그림책 한 권을 찾아 가방을 뒤적거렸다.

"어니 싫어!"

모리아는 화가 나서 발버둥치며 더 큰소리로 울었다.

"얼룩말 줘! 지금 당장!"

이때쯤 되자 주변의 승객들과 승무원들까지 '어떻게 좀 해봐요!' 라는 표정으로 날 바라보았다. 나는 화가 나서 빨개진 모리아의 얼굴을 쳐다보면서, 딸애는 얼마나 이 상황이 불만일까 상상했다. 그렇지만 나는 하나님이 아니지 않은가? 딸애가 그토록 애지중지하는 인형을 내가 주지 못하다니!

나도 속이 상했다. 그때 퍼뜩 떠오르는 생각이 있었다. '그래, 난 지금 얼룩말을 줄 수는 없지만, 얼룩말 다음으로 가장 좋은 것을 줄 수는 있어. 바로 아버지의 위로 말이야!' 나는 화를 가라앉히고 부드럽게 말했다. "지금 얼룩말이 있었으면 좋겠지?"

"응!" 딸은 슬픈 듯이 말했다.

"아빠가 너를 위해 얼룩말을 가져다 주지 못해서 화났구나?"

"응!"

"지금 당장 얼룩말을 가져올 수 있다면 얼마나 좋겠어. 그렇지?"

나는 반복해서 말했다. 모리아는 나를 빤히 쳐다보면서 다소 의아해하며 놀란 표정을 지었다.

"응! 지금 얼룩말이 보고 싶어."

"지금은 네가 피곤하니까 얼룩말을 껴안고 있으면 정말 기분이 좋아질 거야. 아빠도 지금 네가 얼룩말을 껴안을 수 있게 이리로 데려올 수 있으면 정말 좋겠어. 그보다도 비행기에서 얼른 내려서 네 인형들이랑 베개가 가득한 크고 부드러운 침대에서 우리가 편히 누울 수만 있으면 훨씬 더 좋겠다. 그렇지?"

"맞아!"

모리아도 동의했다.

"하지만 얼룩말은 비행기의 다른 곳에 있어서 지금 데려올 수 없어. 그것 때문에 우리 딸 많이 실망했구나."

"응!"

"그래서 정말 미안해."

이렇게 말하자 아이 얼굴에서 긴장이 사라지는 빛이 보였다. 모리아는 의자에 머리를 기댔다. 나직이 몇 번 투덜거렸지만 곧 잠잠해졌고 몇 분이 지나지 않아 잠이 들었다. 모리아는 겨우 세 살이었지만 자신이 원하는 것을 명확히 알고 있었다. 그것은 가장 아끼는 얼룩말이었다. 얼룩말을 가질 수 없다는 사실을 깨닫고는 내 변명에 관심이 없었기 때문에, 관심을 돌리려는 내 노력도 통하지 않았던 것이다. 나는 '딸애의 기분을 이해한다는 사실'을 알려주면 딸애의 기분이 나아질 것이라는 확신이 있었고 그 결과는 놀라웠다. 공감의 힘이 무엇인지 여실히 보여주는 잊지 못할 순간이었다.

공감; 감정코치의 토대

아이가 공감이라고는 전혀 찾아 볼 수 없는 집에서 자란다면? 아이에게 항상 즐겁고, 행복하며, 차분하기를 바라는 집을 상상해 보자. 이런 집에서 슬픔과 분노는 실패를 부르는 조짐이거나 재난을 가져오는 징표로 받아들여진다. 엄마 아빠는 어두운 분위기의 아이와 마주칠 때마다 걱정할 게 뻔하다. 이런 부모는 늘 만족하고 긍정적이며 밝은 면을 보는 아이를 좋아한다.

반면 불평하거나 나쁜 말을 하는 아이는 싫어한다. 그러면 성장 단계에 있는 아이는 부모가 옳다고 생각한다. 나쁜 감정은 나쁜 아이를 나타내는 징표가 되니까 부모의 기대에 부흥하기 위해 아이는 최선을 다해 항상 기분 좋아야 한다.

그런데 문제는 인생에 있어서 행복 전선을 끊임없이 이어가는 것이 불가능하다는 사실이다. 어린 동생이 방에 들어와 제일 좋아하는 만화책을 찢어놓는다, 학교에서 자기가 하지도 않은 일 때문에 곤경에 처한다, 가장 친한 친구 때문에 죄를 뒤집어쓴다, 과학경진대회에 참가할 때마다 떨어진다. 그러고 나면 엄마 아빠가 몇 달 동안 손꼽아 기다리던 끔찍한 가족 휴가가 기다린다. 결국 지루하게 차 안에서 지내야 하는 여행에 불과하고, 엄마가 숨 넘어가는 소리로 "멋있어!"를 연신 외쳐대는 것을 들으면서 아버지가 '매력적인 유적지'에 대해 쉼없이 이야기하는 역사 수업을 들어야 한다.

하지만 이 중 어떤 것 때문에도 신경질을 내서는 안 된다. 만약 어린 동생에게 "얄미운 계집애!"라고 하면 엄마는 야단을 친다. 학교에서 있었던 억울한 일을 얘기하면, 아버지는 "네가 선생님을 화나게 할 만한 짓을 했으니까 그랬겠지!"라고 대꾸한다. 과학경진대회에서 떨어진 것은 어떤가? "됐어! 넌 소질이 없나보다"로 끝난다. 그렇다면 가족 여행은? "너희들을 거기로 데려가려고 엄마랑 아빠가 돈을 얼마나 썼는지 알아?"

그렇게 시간이 흐르면 아이는 엄마가 입을 다물게 할 방법을 터득한다. 학교에서 문제가 있어도 그저 자기 방에 들어가 아무 일도 없는 것처럼 지낸다. 엄마 아빠의 심기를 불편하게 만들 필요가 없다. 저녁 식사 시간, 아버지가 묻는다.

"오늘 학교에서 잘 지냈니?"

"네. 그냥 잘 지냈어요."

"좋아, 좋아! 거기 소금 좀 다오."

이렇게 가식적인 집에서 자란다면 아이는 무엇을 배울까? 우선, 아이는 부모가 싫어하는 부정적이고 위험한 감정을 갖고 있기 때문에 자신은 부모와 전혀 닮지 않았다고 생각한다. 나아가 자신은 부모와 달리 부정적 감정이 들기 때문에 문제아라고 생각한다. 자신의 슬픔은 옥에 티와 같다. 화는 가족들의 체면을 손상시키고 두려움은 가족의 발전에 장애물이다. '만약 내가 없고 내 감정이 없다면 다른 가족들의 세계는 완벽할 거야'라고 생각할 것이다.

시간이 지나면서 아이는 가족과 진정한 내면세계에 대해 이야기하는 것은 현명하지 못함을 깨닫는다. 그로 인해 외로움을 느낀다. 그러나 아이는 기분이 좋은 것처럼 가장하는 한 모든 사람이 별 탈 없이 잘 지낼 수 있다는 것도 깨닫는다. 물론 이런 생각이 혼란스러울 수 있다. 특히 아이가 나이를 더 먹고 인생이 때로는 힘겹다는 증거가 눈앞에 쌓여 가면 더욱 그렇다. 하지만 슬프고 힘든 일에 부정적 감정을 느껴서는 안 된다고 여기다 보니 아이는 감정을 숨기는 데 능숙해진다. 아니 그보다 더욱 능숙하게, 감정 자체를 느끼지 않으려고 최선을 다한다. 갈등, 화, 고통이 수반되는 상황을 회피하는 법을 터득한다. 친밀한 인간관계를 회피하는 것이다.

자신의 감정을 부인하는 것이 항상 쉬운 일은 아니지만 할 수 없는 일도 아니다. 우리는 주의를 딴 곳으로 돌릴 만한 기분전환 거리를 찾을 수 있다. 때로는 먹는 것으로 불편한 감정을 떨쳐 버릴 수도 있다. TV와 비디오게임은 고민을 잊게 만드는 좋은 도구다. 게다가 몇 년만 참으면 아이가 진정한 오락거리에 손을 댈 수 있는 충분한 나이가 된다. 하지만 당분간은 최선을 다해서 행복 전선을 밀고 나가면서 가족들을 만족시키고, 모든 것이 제자리를 지키도록 해야 한다.

그런데 상황이 달랐다면 어땠을까? 만약 유쾌함을 목표로 하기보다 공감대에 바탕을 둔 이해가 첫 번째 목표인 가정에서 성장했다면 어떻게 되었을까? 부모가 참으로 진실을 알고 싶어서 "오늘 기분이 어떠니?"라고 묻는다고 상상해 보라! 매번 가식적으로 "괜찮아요"라고 대답할 필요가 없다. "오늘은 정말 힘들었어요", "아주 기분이 나빴어요"라고 대답할 수도 있다. 부모가 나의 말을 듣고 나의 마음을 받아준다는 것을 알기 때문에 그렇게 대답할 수 있는 것이다. 부모는 조급하게 결론짓지도 않을 것이고, 모든 문제가 자신들이 나서서 해결해야 할 큰 재앙이라고 생각하지도 않는다. 부모는 어떤 말이라도 들을 수 있는 마음의 준비를 하고, 아이를 이해하기 위해 최대한 노력한다.

만약 아이가 학교에서 친구와 말다툼을 했다고 얘기하면, 엄마는 왜 그런 일이 생겼는지, 그래서 아이의 기분은 어떤지, 그리고 해결책을 찾는 데 엄마가 도움이 될 수 있는지 등을 묻는다. 만약 아이가 선생님을 오해하고 있다면, 부모는 무조건 교사 편을 들지 않고 아이의 이야기를 주의 깊게 듣고 나서 진실을 말한다는 믿음이 있을 때 아이를 신뢰할 것이다. 만약 과학경진대회에 나가서 떨어졌다면 아버지는 자신도 어렸을 때 그런 적이 있다고 이야기할 것이다. 애지중지하는 만화책을 어린 여동생이 찢었다면, 엄마는 아이에게 "네가 왜 그렇게 화가 났는지 엄마는 잘 알아. 네가 저 책을 아주 좋아했잖아. 몇 년 동안 아낀

책이니까"라고 말해 줄 것이다.

그러면 아이는 외로움과 절망감을 느끼지 않는다. 무슨 일이 벌어지더라도 부모가 자기 곁에 있을 것임을 확신하기 때문이다. 부모가 자신의 내면에서 일어나는 일들을 이해한다는 것을 알기 때문에 아이는 부모에게 모든 것을 솔직하게 털어놓는다.

아이들은 부모의 평가를 신뢰한다

공감이란 다른 사람이 느끼는 것을 함께 느낄 수 있는 능력이다. 타인의 감정에 공감할 줄 아는 부모는 아이가 눈물을 흘리는 걸 보면—자신이 아이의 입장에 있다고 생각하기 때문에—아이의 고통을 함께 느낀다. 아이가 화가 나서 발을 탕탕 구를 때 아이의 욕구불만과 분노를 함께 느낀다.

부모가 이렇듯 친밀하게 자녀의 감정을 이해하고 있음을 아이에게 전달하면 아이는 자신의 정서적 경험을 신뢰할 수 있고, 자기위안 능력을 키울 수 있다. 이 기술 덕분에, 자녀와의 관계 앞에 어떤 바위나 급류가 놓여 있어도 부모는 강의 흐름을 따라 흘러가면서 아이가 제 길로 나아가도록 이끌 수 있다. 아무리 길이 험하고 불안정해도 부모는 아이가 장애물과 위험을 지나 바른 길을 찾도록 이끌어야 한다.

그렇다면 어떻게 해서 '공감'이 그렇게 큰 영향을 미칠 수 있을까? 아이는 공감을 통해 부모를 자기편으로 여기기 때문이다. 마당에서 놀던 윌리엄[9살]은 옆집 아이가 "이제 너랑 안 놀아!"라고 말하자 실망하며 집으로 돌아왔다. 신문을 읽던 아빠 밥은 신문 너머로 아이를 한참 쳐다보다가 말한다. "또 그러는구나! 윌리엄, 넌 이제 다 컸어. 그러니 애기같이 굴지 마라! 사람들이 그래도 마음 쓰지 말고 다 잊어버려. 다른 애하고 놀든지 책을 읽든지, TV도 보고 그래."

아이들은 일반적으로 부모의 평가와 충고를 신뢰하기 때문에 윌리엄은 '아빠 말이 맞아. 내가 아기처럼 굴었어. 옆집 녀석이 나랑 안 놀아줬기 때문이야. 그런데 나한테 문제가 있는 것 같아. 어째서 아빠 말씀대로 그냥 잊어버릴 수 없는 걸까? 나는 겁쟁이야. 아무도 나랑 친구하려고 하지 않아'라고 생각한다.

반면에 윌리엄이 집에 돌아왔을 때 아빠가 다르게 반응했다면 윌리엄의 기분이 어땠을지 상상해보자. 밥이 신문을 내려놓고 "너 우울해 보이는구나. 무슨 일이 있었니? 아빠한테 얘기해 봐"라고 했다면 어땠을까? 그리고 아빠가 정말 가슴을 활짝 열고 듣는다면, 윌리엄은 자신을 달리 평가할 것이다. 아마 아빠와 아들의 대화는 이렇게 이어졌을 것이다.

아들 : 톰하고 패트릭이 농구하는 데 저를 끼워주지 않아요.
아빠 : 오, 저런! 기분이 얼마나 나쁠까.
아들 : 네, 그래요. 정말 화가 나고 기분이 나빠요.
아빠 : 그렇지. 아빠 같아도 그렇지.
아들 : 제가 그 아이들하고 농구를 할 수 없는 이유가 없잖아요.
아빠 : 그런데 아이들과 그 문제에 대해 얘기해 봤니?

아들 : 아니요. 얘기하기 싫어요.

아빠 : 그러면 어떻게 하고 싶니?

아들 : 모르겠어요. 그냥 무시하고 말래요.

아빠 : 아주 나쁜 방법은 아니지만… 정말 그렇게 하는 게 낫겠니?

아들 : 네. 아마 내일이면 그 아이들 마음이 바뀔 거예요. 딕한테 전화해서 게임하자고 할래요. 딕이 없으면 책을 읽을래요.

두 시나리오의 차이는 공감의 유무다. 아빠는 두 경우 모두 아이의 감정에 관심을 보인다. 윌리엄이 친구들에게 거절당하는 일에 '지나치게 민감한 것'이 오랫동안 아빠의 걱정이었을 것이다. 아빠는 아들이 더 강해지기를 원한다. 그러나 첫 번째 시나리오에서 아빠는 윌리엄을 위해 세운 목표가 오히려 방해가 되는 실수를 저질렀다. 아이의 감정을 이해하고 공감하기보다는 비난하고 훈계하며 요구하지도 않은 조언을 제시한 것이다. 그 결과 선의의 노력은 역효과를 나타냈다. 윌리엄은 문제도 해결하지 못한 채 더 많은 상처를 입고, 더 이해 받지 못하고, 자신이 겁쟁이 같다는 느낌을 받은 것이다.

대조적으로 두 번째 시나리오에서는 아빠가 여유를 가지고 아들의 이야기를 듣고 나서 그 심정을 이해한다는 것을 명확히 밝혔다. 이로써 윌리엄은 화가 난 마음을 누그러뜨리고 자신에 대해 확신도 얻었다. 그 결과 윌리엄은 아빠가 제시했을지 모르는 해결책을 자기 스스로 제안했다 딕에게 전화하기, 책 읽기. 윌리엄은 해결책을 만들었고, 더 강인한 태도로 문제를 넘겼으며, 자기존중감도 훼손하지 않았다.

공감은 이렇게 작용한다. 부모가 자녀의 정서적 경험을 이해하려고 노력할 때 자녀는 지지를 받고 있다고 느낀다. 부모가 자녀를 비난하거나 자녀의 감정을 사소하게 여기지 않으면, 자녀의 주의를 딴 데로 돌리려고 하지 않으면, 아이는 자신의 세계에 부모가 들어오도록 허락한다. 또 자신의 느낌이 어떤지 이야기하고 의견을 제시한다. 아이의 동기는 더 이상 수수께끼 같지 않고, 그 덕분에 더 깊은 이해가 가능해진다. 자녀는 부모를 신뢰하기 시작한다. 그러면 부모 자식 간에 갈등이 생길 때 문제를 함께 해결하기 위한 공통 기반을 마련할 수 있다.

공감은 정말 단순한 개념이다. 공감은 아이의 입장이 되어서 그에 따라 반응하는 능력이다. 그러나 공감이 간단한 개념이라고 해서 항상 실천하기 쉬운 것은 결코 아니다. 이제부터는 감정코치 5단계를 살펴볼 것이다. 이는 부모가 자녀와의 관계 속에서 공감대를 형성하여 아이의 정서 지능을 높이기 위해 일반적으로 사용하는 단계들이다. 5단계는 다음과 같다.

1. 아이의 감정을 인식하기
2. 아이의 감정이 격해지는 순간을 친밀감 조성과 교육의 기회로 삼기
3. 아이의 감정이 타당함을 인정하고 공감하며 경청하기
4. 아이가 자기 감정을 표현하도록 도와주기

5. 아이가 스스로 문제를 해결하도록 이끌면서 행동에 한계를 정해 주기

1단계 : 아이의 감정을 인식하기

자녀의 느낌을 부모가 느끼기 위해서는 부모가 먼저 자신의 감정을 인식하고, 그런 다음 아이의 감정을 인식해야 한다.

"감정을 인식한다"란 무슨 뜻일까? "감정을 숨김없이 그대로 드러내라는 의미일까 아니면 긴장의 끈을 풀라는 뜻일까? 비밀로 숨겨왔던 자신의 일부를 내비치라는 의미일까? 그렇다면 천성적으로 감정 표현을 꺼리는 아버지나 금욕적인 아버지는 지금까지 완벽하게 유지해 온 냉정하고 남성적인 이미지를 어떡하란 말인가? 이런 아버지에게 디즈니 영화를 보고 울거나, 축구 경기가 끝나고 다른 아빠와 포옹하기를 기대해야 할까?

스트레스를 받으면서도 인내심과 상냥함을 잃지 않으려고 애쓰는 어머니들 역시 걱정스러울 것이다. 짜증이나 분노 같은 감정에 초점을 맞추면 어떻게 될까? 그런 어머니라면 아이들의 잔소리와 불평불만에 발끈하고 화를 내지 않을까?

감정 표현이 넘치지 않아도 사람들은 감정에 대해 인식할 수 있다. 이것이야말로 감정코치를 위한 조건이 제대로 갖춰진 상태다. 감정의

인식이란 단순히 자신이 어떤 감정을 느끼고 있음을 깨닫고, 그때의 감정이 무엇인지 구분하며, 거기에 덧붙여 다른 사람이 느끼는 감정을 민감하게 살피는 것이다.

성별이 감정의 인식에 미치는 영향

감정 표현을 편안하게 느끼는가의 문제는 부분적으로 문화에 영향을 받는다. 다문화간 연구를 통해 입증된 바로는, 이태리 사람과 중남미 사람들은 일반적으로 열정적이고 감정 표현이 풍부한 반면, 일본 사람들과 스칸디나비아 사람들은 억압적이고 금욕적이다. 그렇지만 이러한 문화적 영향은 감정을 느끼는 개인의 능력에 차이를 만들지는 않는다. 단지 애정, 분노, 슬픔과 같은 감정을 노골적으로 표현하지 않는다고 해서 내적으로 그런 감정을 느끼지 못한다는 뜻은 아니다. 게다가 다른 사람의 이런 감정을 알아차리고 대응하지 못한다는 뜻도 아니다. 어떤 문화적 배경을 가진 사람이든 자녀의 감정에 대해서는 민감하게 반응한다.

일반적으로 남성들은 감정을 내비치는 것을 억압받으며 성장했다. 남성은 매정한 동물이라고 종종 불리며 배우자와 자녀의 감정에 문외한이라는 믿음이 퍼져 있지만 심리학 연구 결과는 다른 결론을 보여 준다. 여성과 남성이 감정의 표현 방식은 다르지만 양쪽 모두 상당히 동일한 방식으로 감정을 경험한다는 것이다.

타인의 감정에 공감하는 것에 남녀의 차이가 있는지 알아보기 위해 나와 동료들은 부부 생활의 갈등 요소에 대해 토론하는 여러 부부의 모습을 카메라에 담았다. 그런 다음 비디오테이프를 각 배우자에게 검토하게 하면서 부부의 대화가 진행 중일 때 어떤 느낌이었는지 이야기하도록 했다. 부부의 반응을 기록하기 위해 눈금을 새긴 다이얼을 주고 부정적 감정에서 긍정적 감정까지 감정 상태를 평가하도록 했다. 예를 들어 슬펐거나 화가 났다고 기억되는 대화가 지나가면 '부정적'으로 다이얼을 돌렸고, 행복하게 만든 대화가 지나가면 '긍정적'으로 다이얼을 돌렸다. 그런 다음 테이프를 다시 틀어 주면서 똑같은 대화가 지나갈 때 배우자는 어떤 감정을 느꼈을 것이라고 생각하는지 평가하라고 했다.

우리는 두 가지 평가를 비교함으로써 배우자가 서로가 느끼는 감정을 얼마나 잘 포착했는지 판단할 수 있었다. 놀랍게도, 시시각각 배우자가 무엇을 느끼는지 파악하는 데 있어 남편들은 아내들 못지않게 뛰어난 능력을 보여 주었다. 우리는 제3자에게도 비디오테이프를 보여주고 감정 상태를 평가하도록 했는데, 사람의 감정적 반응을 포착하는 능력은 여성 남성이 동등했다.

남성이 여성만큼이나 타인의 감정에 공감하고 반응할 수 있다면, 어째서 남자는 매정하다는 믿음이 그렇게 널리 퍼진 것일까? 답은 명확하다. 감정의 내적 경험에 있어서 남성과 여성이 비슷하지만 남성은 감정을 숨기려는 경향이 있기 때문이다. 한 이론에 따르면 남성의 이러한 경향은 사회적으로 강인해야 한다는 교육을 받았고 '자제력 상실'로

인한 부작용을 경계하기 때문이라고 한다. 정말이지 일부 남성은 이렇게 왜곡된 남성적 방어기제를 취하고 있기 때문에 감정적 경험을 의식하는 일과는 완전히 담을 쌓고 지낸다.

남성이 감정에 정면으로 대응하려고 하지 않는 태도는 가족 관계에 중대한 영향을 미치지만, 그렇다고 남성이 훌륭한 감정코치가 될 자격이 없는 것은 아니다. 조사에 따르면 대부분의 남성은 훌륭한 감정코치가 되기 위해 내적으로 필요한 것을 갖추고 있다. 즉, 자신의 감정을 내적으로 의식하고 있고, 자녀의 감정을 파악하고 반응할 능력이 있으며 공감할 수 있다. 대부분의 남성의 경우, 감정에 대한 의식이 깨어 있으려면 새로운 기술의 습득이 필요한 것이 아니라, 이미 내적으로 존재하는 것을 스스로에게 경험하도록 허락할 필요가 있는 것이다.

부모가 자제력을 상실했다고 느낄 때

감정을 느끼도록 스스로에게 허락하는 것은 화, 슬픔, 두려움과 같은 부정적 감정을 자제할 힘을 잃을까 두려워하는 부모에게는 중요한 문제다. 이런 부모는 특히 상황이 걷잡을 수 없게 될까 두려워 자신의 화를 인정하려 하지 않는다. 또 아이와의 관계가 멀어질까, 아이들이 자신의 감정 표현 방식을 답습할까 두려워 한다. 이런 부모는 육체적으로나 심리적으로 자녀에게 상처를 줄까 두려워 할 수도 있다.

우리의 연구 결과, 감정에 대한 자제력을 상실한 부모는 일반적으로 다음 특징 중에 한 가지 이상의 모습을 보인다.

- 분노, 슬픔, 두려움 같은 감정을 자주 나타낸다.
- 너무 격렬하게 그런 감정을 느낀다고 생각한다.
- 격렬한 감정을 경험한 다음에는 마음을 가라앉히기가 어렵다.
- 부정적 감정이 들면 정신이 흐트러지고 제대로 활동하기 어렵다.
- 부정적 감정이 들 때 자신의 행동 방식이 마음에 들지 않는다.
- 항상 부정적 감정을 경계한다.
- 감정의 동요가 없는 듯 행동하지만 침착하고, 이해하고, 동정하고, 사실 연기일 뿐이다.
- 부정적 감정 때문에 도움이 필요하다고 생각한다.

이런 엄마 아빠는 자제력을 잃을까 두려워서 아이들에게 감정을 철저히 숨김으로써 '완벽한 부모'가 되려고 노력한다. 그러나 이런 부모는 배우자에게 과격하게 화를 표출할 수 있고, 이것을 자녀가 목격할 가능성이 있다. 이런 부모는 화를 감추려고 애쓰면서 아이들로 인한 감정적 순간을 종종 무시하거나 대수롭지 않게 여긴다. 그러나 감정을 숨기는 부모가 키운 아이들은 비폭력적으로 감정을 표현하는 법을 터득한 부모가 키운 아이들보다 부정적 감정을 다스리는 능력이 훨씬 뒤떨어진다. 그렇기 때문에 감정을 숨기는 부모의 자녀들은 성장하면서 부모와 정서적 거리감을 느낀다. 또 이런 아이들은 힘겨운 감정을 효과적으로 다스리는 어떤 본보기도 갖지 못한다.

내가 부모 교육 프로그램을 통해 만난 소피라는 여성이 좋은 예다. 부모가 알코올 중독자였던 소피는 그런 환경의 사람들에게 흔히 나타나는 낮은 자존감을 보였다. 신앙심이 깊은 소피는 자신이 받은 가정교육을 뛰어넘어 훌륭한 부모가 되려면 일종의 순교 정신과 무제한적인 상냥함이 있어야 한다고 믿었다. 하지만 늘 자제심을 강조하는 삶 때문에 소피는 분노와 욕구불만의 감정들과 싸워야만 했다. 소피는 이런 감정들이 고개를 들 때마다 억누르려고 애쓰면서 그런 자신이 이기적이라며 자책했지만 이기적인 감정들을 완전히 없앨 수 없었다. 이런 긴장 속에서 가끔 발끈해서 화를 내고, 그녀답지 않게 아이들에게 호되게 굴면서 이해할 수 없는 벌을 내리곤 했다.

"제가 버럭 화를 내는 게 아이들에게 좋지 않다는 것을 잘 알아요. 하지만 어떻게 멈춰야 할지 모르겠어요. 제게는 상냥함과 심술궂음이라는 두 개의 변속 기어가 있는 것 같아요. 그런데 전혀 변환할 수 없어요."

결국 소피는 아들이 학교에서 말썽을 일으키자 상담을 받으러 갔다. 그제야 비로소 자신의 감정에 대한 태도가 아이들에게 어떻게 해로운 영향을 미쳤는지 알게 되었다. 항상 자신의 감정을 부인함으로써 소피는 화, 분노, 시샘과 같이 가정생활에서 당연히 나타나는 부정적 감정들을 어떻게 다스려야 하는지 아이들에게 귀감이 되지 못했던 것이다. 그렇지만 자신의 태도를 바꾸는 것은 쉽지 않았다. 소피는 이전에 '자기중심적'이고 '자아도취적'이며 심지어는 '죄악'이라고 생각했던 자신의 생각과 감정들에 의식적으로 집중하는 법을 배웠다. 이제 그렇게 함으로써 심리적으로 완전히 녹초가 되거나 이성을 잃고 화를 내기 전에 욕구를 해소할 수 있었다. 또 부정적 감정을 정면으로 맞닥뜨리는 것이 아이들이 화, 슬픔, 두려움 등을 느낄 때 더 좋은 길잡이가 된다는 점을 이해하기 시작했다.

"비행기를 탔을 때 들을 수 있는 안전수칙 같은 거예요. 먼저 자기 자신을 위해 산소를 마신 다음에야 아이도 구할 수 있죠."

자제력을 잃을까 두려워하는 부모들은 아이들의 감정적 문제에 개입할 수 있다는 자신감을 갖기 위해서 무엇을 해야 할까? 우선, 아이가 부모를 화나게 할 만한 짓을 했을 때 화내는 것은 괜찮다는 점을 기억해야 한다. 이때 가장 중요한 점은 부모와 자녀의 관계를 망치지 않게 감정을 표현하는 것이다.

부모는 그렇게 함으로써 두 가지를 아이들에게 보여줄 수 있다. 첫째, 강렬한 감정을 표현하고 다스릴 수 있다. 둘째, 아이의 행동이 부모에게 아주 중요한 의미를 갖는다는 점이다. 자녀를 하나의 인격체로 존중하면서 대화하는 한, 부모의 화는 아이에 대한 애정과 진지함을 보여주는 도구가 된다.

감정이 고조되는 단계를 의식하는 것 역시 도움이 된다. 화는 났지만 이성적으로 아이와 대화할 수 있고 그래서 어느 정도 이해되는 상황이 지속된다면, 아이와 대화를 계속해도 된다. 아이에게 자신이 무슨 생각을 하는지 이야기하고, 아이의 반응을 귀담아 듣고 계속 대화할 수 있다. 하지만 이와 반대로 너무 화가 나서 사고가 흐려진다고 생각되면 그 상황에서 잠시 물러나 감정이 어느 정도 가라앉은 다음 대화를 시도

해야 한다. 또 아이에게 손찌검을 하거나 모욕적인 말을 퍼부을 것 같으면 한 발 물러서야 한다. 때리거나 빈정대거나, 위협적이거나 경멸적인 말을 하거나, 모욕감을 주는 행동은 절대로 피해야 한다.

마지막으로, 자제력을 잃을까 두려워하는 부모는 용서가 가진 치유의 힘을 기억해야 한다. 어떤 부모라도 실수를 저지른다. 이성을 잃고 아이에게 화를 내거나 나중에 후회할 말과 행동을 한다. 아이들은 네 살이면 '미안하다'는 개념을 이해할 수 있다. 그렇기 때문에 후회될 때 부모와 자녀의 관계를 회복시킬 기회를 놓쳐서는 안 된다. 문제의 사건이 일어났을 당시의 감정이 어땠는지, 그 후에 기분이 어땠는지 아이에게 말하는 것이 좋다. 이것은 아이에게 후회와 회한이라는 감정을 다스리는 법을 보여 주는 긍정적인 모습이다. 어쩌면 아이는 서로가 더 이상 오해와 갈등을 겪지 않게 할 해결책을 부모가 찾을 수 있도록 영감을 줄지도 모른다.

아이들은 부모와의 친밀하고 따뜻한 관계를 갈망한다. 부모 자녀 사이의 관계 개선은 아이들의 최대 관심사 중 하나다. 아이들은 부모에게 '두 번째 기회'를 수없이 제공한다. 이러한 용서는 양방향성을 갖는다는 점 역시 기억해야 한다.

감정 인식에 대한 자가진단 테스트

다음 진단 테스트는 부모의 정서 생활을 짚어보는 데 도움이 될 것이다. 화와 슬픔을 얼마나 받아들일 수 있는지, 일반적으로 감정에 대해 어떻게 느끼는지 알 수 있는 테스트다. 여기에는 옳은 답도 틀린 답도 없다. 단지 점수표를 통해 자기감정의 자각 정도를 측정하는 데 도움을 받을 수 있다. 부모는 자신의 내면을 이해함으로써 다른 사람의 감정에 반응하는 방식, 특히 자녀의 감정에 반응하는 방식에 대한 통찰력을 얻을 수 있다.

화

가장 최근의 사건들을 생각해 보라. 지난 몇 주 동안의 삶부터 시작하면 좋겠다. 스트레스가 쌓인다고 생각했던 상황들, 낙심했거나 짜증을 냈거나 또는 화를 냈던 상황에 대해 생각해 보자. 또한 주변 인물 중에서 참을성이 없거나, 낙심해서 화를 내거나, 짜증을 내면서 반응하는 사람들을 떠올려 보자. 타인에게서든 자신에게서든 화가 나고 스트레스가 쌓이는 감정에 직면했을 때 갖게 되는 생각, 이미지, 기본적인 느낌에 대해 생각해 보자. 다음 문구를 읽고 자신과 가장 맞아떨어지는 대답에 동그라미를 치면 된다.

1. 나는 여러 가지 다양한 종류의 화를 느낀다.   예 / 아니오 / 모르겠음
2. 나는 침착하게 있든지 아니면 화가 나서 폭발한다. 내게 중간이란 없다.
   예 / 아니오 / 모르겠음
3. 내가 조금만 짜증을 내도 사람들이 눈치 챈다.   예 / 아니오 / 모르겠음

4. 나는 화를 내기에 훨씬 앞서서 아주 언짢다거나 심술이 심하게 난다고 말할 수 있다.   예 / 아니오 / 모르겠음

5. 나는 다른 사람들이 화가 났다는 징후를 조그만 것이라도 포착할 수 있다.   예 / 아니오 / 모르겠음

6. 화는 해롭다.   예 / 아니오 / 모르겠음

7. 나는 화가 났을 때 무언가를 질근질근 씹거나, 이를 악물거나, 아작 깨물거나, 덥석 물고 있는 것 같은 느낌이다.   예 / 아니오 / 모르겠음

8. 나는 내 몸에서 화가 난다는 신호를 느낄 수 있다.   예 / 아니오 / 모르겠음

9. 감정은 사적인 것이라서 표현하지 않으려고 애쓴다.   예 / 아니오 / 모르겠음

10. 나는 화가 나면 몸이 뜨거워진다.   예 / 아니오 / 모르겠음

11. 내게 있어 화를 내는 것은 울분이 쌓이고 혈압이 오르는 것이다.   예 / 아니오 / 모르겠음

12. 내게 있어 화를 내는 것은 울분을 터뜨리고 혈압이 떨어지는 것이다.   예 / 아니오 / 모르겠음

13. 내게 있어 화를 내는 것은 혈압이 오르고 또 오를 뿐 가라앉지 않는 것이다.   예 / 아니오 / 모르겠음

14. 나는 화를 내면 곧 자제력을 잃을 것같이 느낀다.   예 / 아니오 / 모르겠음

15. 내가 화를 내면 사람들은 내게 무례하게 대할 수 없다는 것을 안다.   예 / 아니오 / 모르겠음

16. 나는 화를 낼 때 심각하고 엄격해진다.   예 / 아니오 / 모르겠음

17. 화는 내게 힘이 된다. 상황을 극복하고 결코 패배하지 않도록 동기를 부여한다.   예 / 아니오 / 모르겠음

18. 나는 화를 억누르고 밖으로 드러내지 않는다.   예 / 아니오 / 모르겠음

19. 화를 억누르면 재앙을 초래한다고 생각한다.   예 / 아니오 / 모르겠음

20. 내게 있어 화는 재채기처럼 자연스러운 일이다.　예 / 아니오 / 모르겠음

21. 내게 있어 화는 불 붙은 화약고 같아서 곧 폭발할 것 같다.

　　　　　　　　　　　　　　　　　　　　　　　예 / 아니오 / 모르겠음

22. 나는 화가 나면 불에 타버릴 것 같은 느낌이 든다.　예 / 아니오 / 모르겠음

23. 나는 화가 사라질 때까지 그저 참고 견딘다.　예 / 아니오 / 모르겠음

24. 나는 화를 파괴적인 것으로 본다.　예 / 아니오 / 모르겠음

25. 나는 화가 교양 없는 짓이라고 생각한다.　예 / 아니오 / 모르겠음

26. 나는 화를 내는 것이 익사하는 것과 같다고 본다.　예 / 아니오 / 모르겠음

27. 내게 있어 화를 내는 것과 공격적 성향은 큰 차이가 없다.

　　　　　　　　　　　　　　　　　　　　　　　예 / 아니오 / 모르겠음

28. 나는 아이가 화를 내는 것은 나쁜 일이며 벌 받아야 하는 일이라고 생각한다.　예 / 아니오 / 모르겠음

29. 화에서 나오는 에너지는 어딘가로 분출해야 한다. 화는 표현하는 편이 낫다.　예 / 아니오 / 모르겠음

30. 화는 에너지, 원동력을 제공한다.　예 / 아니오 / 모르겠음

31. 내게 있어 화는 마음의 상처와 함께 온다. 내가 화를 낼 때는 상처받았기 때문이다.　예 / 아니오 / 모르겠음

32. 내게 있어 화는 두려움과 함께 온다. 내가 화를 낼 때는 마음 속 깊은 곳에 불안함이 도사리고 있다.　예 / 아니오 / 모르겠음

33. 나는 화를 낼 때 내가 힘있는 위치에 있다는 느낌이 든다. 내 권리를 찾기 위해 궐기한 것 같다.　예 / 아니오 / 모르겠음

34. 화는 대체로 참기 힘들다.　예 / 아니오 / 모르겠음

35. 나는 그저 시간을 보내면서 화를 추스른다.　예 / 아니오 / 모르겠음

36. 내게 있어 화는 무기력과 낙심을 의미한다.　예 / 아니오 / 모르겠음

37. 나는 화를 절대 내보이지 않는다.   예 / 아니오 / 모르겠음

38. 내가 화내는 모습을 사람들이 보면 창피하다.   예 / 아니오 / 모르겠음

39. 통제 가능하다면 화를 내도 괜찮다.   예 / 아니오 / 모르겠음

40. 사람들이 화를 내는 건 마치 타인에게 쓰레기를 와르르 쏟아 붓는 것과 같다.   예 / 아니오 / 모르겠음

41. 화를 없애는 것은 내 몸에서 아주 불쾌한 것을 몰아내는 것과 같다.

    예 / 아니오 / 모르겠음

42. 감정을 표현하는 것은 당황스러운 일이다.   예 / 아니오 / 모르겠음

43. 건강한 사람은 화를 내지 않는다.   예 / 아니오 / 모르겠음

44. 화는 말싸움이나 몸싸움을 수반한다.   예 / 아니오 / 모르겠음

슬픔

최근에 슬프거나 우울했거나 불행했던 때를 생각해 보자. 주변 인물 중에 슬픔, 우울, 의기소침 등의 감정을 표현했던 사람을 떠올려보자. 이러한 슬픈 감정을 자신이 표현하거나 타인이 표현했을 때 어떤 생각, 어떤 이미지, 어떤 기본적인 감정이 떠오르는가? 슬픔에 관한 다음 문구들을 읽고 자신의 반응과 가장 일치하는 답에 동그라미를 치자.

1. 슬픔은 해롭다고 생각한다.   예 / 아니오 / 모르겠음

2. 슬픔은 병과 같아서 슬픔을 잊는 것은 앓다가 회복하는 것과 같다.

    예 / 아니오 / 모르겠음

3. 나는 슬플 때 혼자 있는 것을 좋아한다.   예 / 아니오 / 모르겠음

4. 나는 여러 가지 다양한 슬픔을 느낀다.   예 / 아니오 / 모르겠음

5. 내가 아주 조금만 슬퍼해도 사람들은 알아챈다.   예 / 아니오 / 모르겠음

6. 나는 다른 사람들이 아주 조금만 우울해도 그것을 알아챈다.

예 / 아니오 / 모르겠음

7. 오늘 하루 슬픈 날이 될 것이라고 내 몸에서 아주 명확히 신호를 보낸다.

예 / 아니오 / 모르겠음

8. 나는 슬픔이 생산적이라고 본다. 슬플 때 속도를 늦춰야 함을 알 수 있다.   예 / 아니오 / 모르겠음

9. 나는 슬픔이 유익하다고 본다. 내 삶에서 무엇을 놓치고 있는지 슬픔을 통해 알 수 있다.   예 / 아니오 / 모르겠음

10. 슬픔은 상실감과 비통함을 느낄 때 자연스럽게 느껴지는 것이다.

예 / 아니오 / 모르겠음

11. 오래 계속되지 않는다면 슬퍼해도 괜찮다.   예 / 아니오 / 모르겠음

12. 슬퍼하는 것은 정화하는 일이다.   예 / 아니오 / 모르겠음

13. 슬픔은 무익하다.   예 / 아니오 / 모르겠음

14. '잘 울었다'고 할 만한 울음은 없다.   예 / 아니오 / 모르겠음

15. 슬픔에 시간과 정력을 낭비해선 안 된다.   예 / 아니오 / 모르겠음

16. 슬픔에는 그럴 만한 이유가 있다.   예 / 아니오 / 모르겠음

17. 슬픔은 연약함을 의미한다.   예 / 아니오 / 모르겠음

18. 슬픔은 내게 감정이 있고 타인의 감정에 공감할 수 있음을 의미한다.

예 / 아니오 / 모르겠음

19. 슬픔은 무기력하거나 절망적인 것이라고 느낀다.   예 / 아니오 / 모르겠음

20. 슬플 때 사람들에게 이야기해 봤자 아무 소용없다.   예 / 아니오 / 모르겠음

21. 나는 가끔 '잘 울었다'고 생각한다.   예 / 아니오 / 모르겠음

22. 슬퍼지는 게 두렵다.   예 / 아니오 / 모르겠음

23. 사람들에게 슬퍼하는 모습을 보이는 것은 자제력을 잃었다는 뜻이다.

예 / 아니오 / 모르겠음

24. 자제력을 유지할 수 있다면 슬픔도 즐거운 일이 될 수 있다.

예 / 아니오 / 모르겠음

25. 사람들에게 나의 슬픔을 보이지 않는 것이 상책이다.

예 / 아니오 / 모르겠음

26. 슬픔은 마음의 평화가 어지럽혀진 것이다. 예 / 아니오 / 모르겠음

27. 사람은 슬플 때 격리된 것처럼 혼자 있어야 한다. 예 / 아니오 / 모르겠음

28. 행복한 척하는 것이 슬픔을 이기는 약이다. 예 / 아니오 / 모르겠음

29. 생각을 많이 하다보면 하나의 감정이 다른 감정으로 바뀔 수 있다.

예 / 아니오 / 모르겠음

30. 나는 슬픔을 빨리 잊으려고 노력한다. 예 / 아니오 / 모르겠음

31. 슬픔은 성찰의 계기가 된다. 예 / 아니오 / 모르겠음

32. 아이가 슬퍼하는 것은 그 아이의 부정적 성격 특성을 반영하는 것이다.

예 / 아니오 / 모르겠음

33. 아이의 슬픔에 전혀 반응하지 않는 것이 상책이다. 예 / 아니오 / 모르겠음

34. 때로 슬퍼질 때 자신에게 혐오감을 느낀다. 예 / 아니오 / 모르겠음

35. 내가 보기에 감정은 항상 존재하는 것이며 인생의 일부다.

예 / 아니오 / 모르겠음

36. 자제력을 발휘한다는 것은 발랄하고 긍정적임을 뜻하며 슬퍼하는 것을 뜻하지 않는다. 예 / 아니오 / 모르겠음

37. 감정은 사적이기에 공개할 것이 아니다. 예 / 아니오 / 모르겠음

38. 아이들에게 감정적이 되면 걷잡을 수 없게 되어 폭력적이 될 수 있다.

예 / 아니오 / 모르겠음

39. 살면서 부정적 감정에 너무 오래 빠져있지 않는 것이 상책이다. 긍정적 감정을 강조하는 게 좋다. 예 / 아니오 / 모르겠음

40. 부정적 감정을 잊기 위해서는 일상적인 일에 몰두하는 게 좋다.

예 / 아니오 / 모르겠음

점수 환산법

화와 슬픔을 인식하는 사람은 그런 감정을 이야기할 때 다른 사람들과는 차별화된 태도를 취한다. 자신과 타인에게서 부정적 감정을 쉽게 포착할 수 있는 것이다. 이런 감정들의 미묘한 차이를 깨닫고 삶의 일부로 받아들인다. 이러한 사람들은 감정의 인식이 낮은 사람들에 비해서 자녀의 화와 슬픔을 금세 알아채고 대응할 수 있다.

어떤 감정은 쉽게 인식하지만 다른 감정은 쉽게 인식하지 못할 수 있을까? 물론이다. 감정은 1차원적인 것이 아니며 시간이 지나면서 변할 수 있기 때문이다.

화 : 아래 1번 목록의 항목들 중 "예"라고 대답한 항목의 개수를 모두 더한 다음, 아래 2번 목록의 항목들 중 "예"라고 대답한 항목의 개수를 합해서 뺀다. 점수가 높을수록 인식 정도가 높다.

1번 목록

1, 3, 4, 5, 7, 8, 10, 11, 12, 15, 16, 17, 19, 20, 29, 30, 31, 32, 33, 44

2번 목록

2, 6, 9, 13, 14, 18, 21, 22, 23, 24, 25, 26, 27, 28, 34, 35, 36, 37, 38, 39, 40, 41, 42, 43

만약 열 번 이상 "모르겠음"에 동그라미를 쳤다면, 자신과 다른 이들의 화를 잘 인식할 수 있도록 노력하라.

슬픔 : 아래 1번 목록의 항목들 중 "예"라고 대답한 항목의 개수를 모두 더한 다음 아래 2번 목록의 항목들 중 "예"라고 대답한 항목의 개수를 합해서 뺀다. 점수가 높을수록 인식 정도가 높다.

1번 목록

4, 5, 6, 7, 8, 9, 10, 12, 16, 18, 21, 24, 31, 35

2번 목록

1, 2, 3, 11, 13, 14, 15, 17, 19, 20, 22, 23, 25, 26, 27, 28, 29, 30, 32, 33, 34, 36, 37, 38, 39, 40

만약 열 번 이상 "모르겠음"에 동그라미를 쳤다면, 자신과 다른 이들의 슬픔을 잘 의식할 수 있도록 노력하라.

감정의 자각을 위한 도움말

　진단 테스트를 마친 다음 자신의 감정에 대한 인식이 더 필요하다고 생각하는 사람이 있을 것이다. 자신의 감정과 친해지는 방법에는 명상, 기도, 일기 쓰기, 악기 연주나 그림 그리기와 같은 예술적 표현 등이 있다. 무엇보다 기억해야 할 것은 감정에 대한 인식을 높이려면 어느 정도 혼자 있는 시간이 필요하다는 점이다. 오늘날 바쁜 일상을 사는 부모들이 이런 시간을 내기란 쉽지 않다. 하지만 혼자 보내는 시간을 통해 더 좋은 부모가 될 수 있다는 사실을 생각할 때, 시간을 내는 것이 그렇게 과욕은 아니다. 부부의 경우 아침 산책을 나가거나 주말여행을 떠날 필요가 있다.

　'감정 일지'를 지속적으로 쓰는 것 역시 순간순간 감정을 더 잘 의식할 수 있는 훌륭한 방법이다. 120쪽의 도표는 여러 감정이 솟아날 때마다 기록할 수 있는 '주간 점검표' 샘플이다. 이런 점검표와 더불어 감정을 경험할 때 드는 생각을 적는 간단한 '감정 일지'를 쓰는 것도 필요하다. 이런 일지는 감정을 불러일으키는 사건과 생각, 대응 방법에 대해 깨달을 수 있도록 도와준다. 마지막으로 울거나 화를 냈던 일을 기억하는가? 그런 감정을 느꼈을 때 어떤 기분이었는가? 나중에 마음이 개운했는가 아니면 부끄러웠는가? 자신이 그런 감정을 갖고 있음을 다른 사람이 알아차렸는가? 감정을 촉발한 사건에 대해 누군가와 이야기를 나누었는가? 이러한 것들이 감정 일지에 기록할 수 있는 내용들이다. 이런 일지를 사용해서 다른 사람들의 감정, 특히 자녀의 감정에 어떤 반응을 보였는지 기록할 수 있다.

| 한 주 동안의 감정 일지 |

감정	월요일	화요일	수요일	목요일	금요일	토요일	일요일
행복							
애정							
관심							
흥분							
자신감							
욕구							
사랑하기							
사랑받기							
감사							
스트레스							
마음의 상처							
슬픔							
짜증							
화							
불쌍함							
혐오감							
죄책감							
질투							
후회							
창피함							

'감정 일지'는 자신이 감정적으로 대응하는 것에 대해 무서워하거나 걱정하는 사람들에게도 도움이 된다. 감정을 구별하여 이름을 붙이고 그것에 대해 글을 쓰는 과정을 통해 감정을 정의 내리고 억제할 수 있기 때문이다. 한때는 통제 불가능해 보였던 감정이 갑자기 뚜렷한 경계선과 한계를 띠는 것이다. 우리의 감정을 다스리는 것이 수월해지면 감정은 더 이상 무섭지 않게 된다.

'감정 일지'를 작성하면서 자신의 감정으로부터 나온 생각, 이미지, 언어의 종류를 눈여겨보자. 감정을 묘사하기 위해 선택한 은유적 표현에서 통찰력을 얻을 수 있다. 자신의 화와 자녀의 화를 파괴적인 것, 폭발하는 것, 두려운 것으로 보고 있지는 않은가? 반대로 화가 권력을 부여하고 마음을 정화하며 에너지를 제공한다고 인식하고 있지는 않은가? 그러한 이미지들은 삶에 나타나는 부정적 감정을 수용하고 다스리려는 의지에 대해 무엇을 말해 주는가?

아이의 감정을 알아채기

자신의 감정을 인식하는 부모는 같은 감수성으로 아이의 감정에 동조할 수 있다. 아이의 감정이 미묘하든 강렬하든 상관없다. 그러나 감정에 대한 인식이 예민한 사람이라고 해서 반드시 아이의 기분을 항상 이해하지는 못한다. 아이들의 감정 표현은 종종 간접적이고 그 방식이 어른들을 어리둥절하게 만든다. 하지만 어른들이 마음을 활짝 열고 주의 깊게 들으면 아이들이 부모와 대화하거나 놀거나 일상 행동 속에서 무의식적으로 숨기고 있는 메시지를 해독할 수 있다.

우리의 부모교육 프로그램에 참석했던 데이비드는 딸 칼리 7세와 있었던 사건을 통해 어떻게 딸이 화를 낸 이유를 이해하고, 딸이 요구하는 것을 알 수 있었는지 털어놓았다.

"칼리는 하루 종일 우울했죠. 네 살 난 남동생에게 시비를 걸었어요. '지미가 또 날 노려봐!' 라며 동생이 하지도 않은 일을 상상했다고 주장하며 화를 냈어요." 동생 지미가 잘못하지 않았는데도 칼리는 동생과 대화할 때마다 나쁜 녀석으로 몰아갔다. 데이비드가 딸에게 왜 그렇게 동생에게 화를 내는지 물어도 되돌아온 것은 침묵과 눈물뿐이었다. 데이비드가 자꾸 캐물을수록 칼리는 점점 더 방어적인 태도를 취했다.

그날 밤, 데이비드는 딸애가 잠자리에 드는 것을 도와주려고 아이 방으로 갔다. 그때도 역시 칼리는 토라져 있었다. 아이 잠옷을 꺼내려고 옷장 서랍을 열자 깨끗한 잠옷은 단 한 벌뿐이었다. 양말이 달린 낡은 잠옷은 작아져서 더 이상 아이에게 맞지 않았다.

"이게 맞을까?" 데이비드는 껑충 커버린 딸이 볼 수 있게 잠옷을 집어 올리면서 미소를 지으며 물었다. 그리고 가위를 가져와 딸애와 함께 양말을 잘라냈다. "네가 이렇게 빨리 크다니 믿을 수가 없구나. 이제 곧 다 큰 숙녀가 되겠는데?"

5분 후, 가족들이 모여 있는 주방으로 칼리가 간식을 먹으려고 내려오자 데이비드는 "딴 애가 된 것 같았어"라고 말했다. 칼리는 수다스럽고 생기발랄해져서 지미에게 장난을 치기 시작했다. 데이비드는 "뭔지는 모르겠지만, 잠옷의 양말을 자르면서 뭔가가 분명 일어났어요"라고 했다.

토론이 벌어졌고 데이비드는 곧 답을 알 수 있었다. 진지하고 예민한 칼리는 항상 귀엽고 예쁜 지미를 시샘하고 있었던 것이다. 특히 그날은 가족 내에서 자신의 위치를 확인받고 싶었다. 아빠가 지미를 사랑하는 것과는 다른 방식으로 자신 역시 사랑한다는 사실을 알고 싶었던 것이다. 그리하여 아빠가 "빨리 컸다"고 따뜻하게 말한 '인정'의 한 마디가 문제를 해결한 열쇠가 되었다.

여기서 요점은 누구나 그렇듯이 아이들도 그런 감정을 갖는 데는 그만한 이유가 있다는 점이다. 물론 그런 이유를 정확히 말할 수도, 말하지 않을 수도 있다. 아이가 전혀 엉뚱한 문제에 화를 내거나 신경질을 낼 때마다 한 발 물러서서 아이의 삶에 어떤 일이 벌어지고 있는지 큰 그림을 봐야 한다. 네 살배기 어린애가 "엄마, 최근에 심술 부려서 죄송해요. 어린이집을 바꾼 뒤로 스트레스가 많아서 그랬어요"라고 조리 있게 말할 수는 없다. 여덟 살 난 아이가 "엄마랑 아빠가 돈 때문에 싸우면 내 마음이 너무 안타까워요"라고 말하지는 않지만 그런 감정을 느낄 수는 있다.

7세 이하의 아이들의 경우, 상상 속의 놀이를 하면서 감정에 대한 신호를 보이는 경우가 종종 있다. 다양한 인물과 장면, 소도구를 이용한 가상 세계에서 아이들은 여러 감정을 표현한다. 나 역시 모리아가 네 살 때 바비 인형을 가지고 이런 식으로 감정을 표현했던 것을 기억한다. 욕조에서 인형을 가지고 놀던 딸은 "아빠가 화나면 바비는 정말 무서워"라고 내게 말했다. 부녀지간에 대화의 물꼬를 튼 중요한 행동이었다. 나는 바비에게 그리고 딸에게 겁을 주려고 했던 것이 아니며 아빠가 가끔 화를 낸다고 해서 딸을 사랑하지 않는 것은 아니라고 확실히 말해주었다. 모리아가 바비라는 인물을 내세웠기 때문에 나도 바비에게 직접 이야기하고 바비를 안심시켰다.

아이들의 메시지를 해독하는 것이 이렇게 항상 쉽지는 않다. 하지만 일반적으로 아이들은 버려짐, 질병, 상처나 죽음같이 무거운 주제에 대한 두려움을 놀이를 통해 행동으로 보여준다. 깨어 있는 부모라면 아이들이 놀이를 통해 나타내는 표현을 듣고 두려움에 대한 신호를 포착해야 한다. 그러면 그 두려움을 해결하고 아이를 안심시킬 수 있다.

아이들이 정서적으로 고통스럽다는 조짐은 과식, 식욕 부진, 악몽, 두통이나 복통을 호소하는 행동들을 통해 나타난다. 한동안 대소변을 잘 가리던 아이가 갑자기 이불을 적시기 시작할 수 있다. 이때 부모는 아이가 말로 표현하지 못하는 어떤 고통에 처해 있는지 살펴야 한다.

아이가 슬퍼하거나 화내거나 두려워하는 것 같다는 의심이 들면, 아이의 입장에서 세상을 보아야 한다. 물론 이것은 생각보다 훨씬 어렵다. 특히 부모가 세상 경험이 풍부하다고 생각하는 경우 더욱 그렇다. 예를 들어 애완견이 죽으면 경험 많은 부모는 시간이 가면 슬픔도 가신다는 것을 알지만 이런 감정을 난생 처음 겪은 아이는 큰 충격을 받는다. 아이와 경험 차이를 없앨 수는 없지만 꼭 한 가지는 기억해야 한다.

아이는 경험이 부족하기 때문에 어른에 비해 훨씬 더 새롭고, 훨씬 더 상처받기 쉬운 관점으로 세상을 바라본다는 점이다.

2단계 : 감정적 순간을 친밀감 조성과 교육의 기회로 삼기

흔히 "위기는 기회"라고 한다. 이 개념이 부모의 역할보다 더 적절한 경우는 없다. 풍선이 터졌거나, 수학 시험에서 낙제했거나, 친구가 배신했거나 어떤 위기에 직면했든지 간에, 이러한 부정적인 경험들은 아이와 공감대를 형성하고, 친밀감을 조성하며 감정을 다스리는 법을 가르칠 수 있는 좋은 기회다.

많은 부모들은 아이의 부정적 감정을 "친해지라고 가르칠 수 있는 기회"로 삼으라는 얘기에 안도와 해방감을 느낀다. 아이가 화내는 것은 부모의 권위에 대한 도전이 아닌 다른 것이다. 또 아이의 두려움은 부모의 무능력을 입증하는 증거가 아니다. 아이의 슬픔은 부모가 해결사로 나서야 하는 '또 하나의 골칫거리'가 아니다.

아이는 슬프고 화나고 무서울 때 부모를 가장 필요로 한다. 마음이 편치 않은 아이를 위로할 수 있는 능력이야말로 그 어느 때보다도 우리가 '부모답다'고 느낄 수 있게 해준다. 아이의 감정을 인정함으로써 아이들에게 평생 도움이 될 자기위안의 기술을 터득하도록 하는 것이다.

어떤 부모들은 아이의 부정적 감정이 곧 사라지기를 바라며 무시하려고 하지만 감정은 그렇게 되는 일이 드물다. 오히려 아이가 자신의 감정을 얘기하고, 이름을 붙이고, 이해받았다고 느껴야 부정적 감정이 말끔히 사라진다. 따라서 아이의 부정적 감정이 고조되어 위험천만한 위기로 치닫기 전에 일찌감치 약한 감정을 인정하는 것이 바람직하다. 다섯 살배기 아이가 치과에 가는 일 때문에 긴장하고 있다면, 진료실 의자에 앉아서 마구 몸부림칠 때까지 기다리지 말고 미리 아이의 두려움을 줄여 주는 것이 바람직하다. 열두 살 된 아들이 가장 친한 친구에게 질투심을 느낀다면 둘 사이에 싸움이 벌어지기 전에 부모가 미리 그 질투심을 없애도록 해야 한다.

감정이 격렬해지기 전에 강도가 약할 때 해결하는 것이 위험 부담은 적으면서 문제 해결 기술을 연습할 수 있는 기회가 된다. 부모가 아이의 부서진 장난감이나 작은 생채기에 관심과 걱정을 표현하면 이런 것들은 모두 긍정적인 경험이 된다. 아이는 부모가 자기 편임을 알게 되면 아무리 큰 위기가 닥쳐도 함께 싸워나갈 태세를 갖춘다.

3단계 : 아이의 감정이 타당함을 인정하고 공감하며 경청하기

일단 어떤 상황이 친밀감을 조성하고 문제 해결 방법을 가르칠 기회를 제공한다고 생각하면 이제 감정코치 과정에서 가장 중요한 단계로 넘어갈 준비가 된 것이다.

'듣는 것'은 귀로 정보를 수집하는 것 이상을 의미한다. 말하는 사람에게 귀를 기울이는 사람은 귀뿐만 아니라 눈도 동시에 사용한다. 즉, 아이의 감정을 나타내는 눈빛과 몸짓을 함께 관찰하는 것이다. 또 상상력을 동원하여 아이의 관점에서 상황을 바라본다. 무엇보다 중요한 것은 풍부한 감성으로 아이가 느끼는 것을 함께 느낀다는 점이다.

아이의 감정에 동조하려면 아이의 신체 언어, 얼굴 표정, 몸짓 등에 관심을 기울여야 한다. 아이가 미간을 찡그리거나 이를 악물거나 발을 구르는 등의 행동을 관찰한 적이 있을 것이다. 이런 행동은 무엇을 말해 주는 것일까? 확실히 알아둬야 할 것은 아이들 역시 부모의 신체 언어를 읽을 수 있다는 점이다.

편안하지만 진지한 자세로 이야기하고 싶다면, 아이에게 그런 자세를 보여주어야 한다. 아이의 눈높이에 맞춰 앉아서 심호흡을 하고, 몸의 긴장을 푼 상태로 집중해야 한다. 부모가 얼마나 열중하는가를 보면 아이는 부모가 자신의 걱정을 진지하게 받아들이고 있으며, 그 문제에 대해 대화하고 싶어 한다는 것을 안다.

아이가 자신의 감정을 드러낼 때 부모는 듣고 관찰한 바를 짚어줘야 한다. 그렇게 함으로써 아이에게 부모가 주의 깊게 이야기를 듣고 있으며 아이의 감정을 타당하게 생각한다는 확신을 준다.

니키의 생일에 할머니가 보낸 선물이 배달되자 네 살 된 남동생 카일리가 화를 낸다. "이건 불공평해!"라며 항의하는 것이다. 게다가 아빠는 전형적인 대답으로 때가 되면 공평해질 것이라고 말한다. "네 생일이 되면 할머니가 네게도 선물을 보내실 거야."

아빠의 말은 분명 논리적이지만 카일리의 감정을 딱 잘라서 부정한 셈이다. 이제 카일리는 선물 때문에 질투가 나는 데다가 아빠에게 자신의 감정을 이해받지 못해 더 화가 난다. 만약 아빠가 아이의 신경질을 따뜻하게 받아주었다면 카일리의 기분은 어떻게 달라졌을까? "할머니가 네게도 선물을 보내주셨으면 좋겠다고 생각하지? 그래서 네가 질투를 느꼈구나. 하지만 네 생일이 아니라 누나 생일이잖니"라고 아빠가 말했다고 상상해 보자. 카일리는 속으로 '그래요. 누나 생일이니까 내가 이런 일에 화를 내서는 안 되지만, 질투가 나는 것은 사실이라고요. 하지만 아빠가 내 맘을 이해해 주셔서 그나마 다행이에요'라고 생각할 것이다. 이제 카일리는 때가 되면 모든 것이 공평해질 것이라는 아빠의 설명에 귀를 기울일 마음 자세가 되었다.

우리의 부모교육 프로그램에 참석한 한 엄마는 딸애가 방과 후 집에 와서 "아무도 나를 좋아하지 않아!"라고 투덜거릴 때 이와 비슷한 경험을 했다. 그녀는 이렇게 말했다. "아이에게 잔소리를 하지 않으려니 무척 힘들었어요. 하지만 잔소리 대신에 아이의 말을 들어주고 공감해주자 문제는 금방 해결됐어요. 그때 배웠죠. 아이가 자신의 감정을 말할 때 논리적으로 말하는 것은 아무 소용이 없다는 것을요. 그냥 수긍하면서 듣고 있는 것이 훨씬 나아요."

상대의 감정에 공감하며 듣는 것이 얼마나 중요한지 말해 주는 또 다른 예가 있다. 다음은 부모교육 프로그램에 참석했던 한 엄마가 아홉 살 난 딸과 했던 대화 내용이다. 엄마가 맨 처음 한 일은 딸애의 감정을 인정하는 것이었다는 사실을 눈여겨보자.

딸 : 내일 학교 가기 싫어요.

엄마 : 가기 싫다고? 그것 참 이상하네. 보통은 좋아했잖아. 뭐 안 좋은 일이 있니? 궁금하구나.

딸 : … 어쩌면 그런 것 같아요.

엄마 : 뭣 때문에 그러는데?

딸 : 모르겠어요.

엄마 : 뭔가 신경 쓰이는 일이 있긴 한데, 그게 뭔지 모르는구나.

딸 : 네.

엄마 : 엄마가 보기에 우리 딸이 약간 긴장한 것 같구나.

딸(눈물을 보이며) : 네. 아마도 메리하고 패티 때문인 것 같아요.

엄마 : 오늘 학교에서 메리하고 패티랑 무슨 일이 있었니?

딸 : 쉬는 시간에 메리랑 패티가 저를 무시하는 거예요.

엄마 : 그래? 기분이 무지 나빴겠구나.

딸 : 정말 그랬어요.

엄마 : 그렇다면 메리하고 패티가 쉬는 시간에 너를 또 무시할까 봐 걱정되어서 내일 학교에 가기 싫다는 뜻이니?

딸 : 네. 제가 애들한테 다가갈 때마다 절 따돌리고 자기네들끼리만 놀아요.

엄마 : 저런! 내 친구들이 내게 그랬다면 정말 화가 났을 거야.

딸 : 제가 그랬다니까요! 울 뻔했어요.

엄마 : 얘야, 이리 온!(안아 준다) 그런 일이 있었다니 안 됐구나. 네 친구들이 그렇게 굴어서 화도 나고 아주 슬플 거야.

딸 : 그래요. 내일 어떻게 해야 할지 모르겠어요. 학교 가기 싫어요.
엄마 : 친구들 때문에 또 상처받기 싫어서 그러지?
딸 : 네. 매일 같이 놀던 친구들인데…

딸이 엄마에게 친구들과의 관계에 대해 자세히 이야기하면서 대화가 계속되었다. 엄마는 그 당시 딸에게 어떻게 해야 할지 말해 주고 싶은 것을 여러 번 참았다. 엄마는 "걱정하지 않아도 돼. 내일이면 메리랑 패티가 마음이 변할 테니까"라거나 "그딴 애들은 잊어버리고 새 친구를 사귀어보렴!"이라고 말하고 싶었지만 그런 유혹을 뿌리쳤다. 딸에게 엄마가 이해하고 있다는 것을 알리고 딸이 스스로 답을 찾도록 하고 싶었기 때문이었다.

짧은 순간에 엄마는 옳은 판단을 내린 것이다. 만약 딸에게 걱정말라고 한다거나 해결책이 있다는 암시를 했다면, 엄마는 딸의 문제가 엉뚱하고 어리석다고 생각하고 있음을 말하는 것과 같다. 덕분에 딸은 엄마가 절친한 친구라고 느꼈고 위안을 받았다. 엄마는 딸의 이야기를 듣고 이 상황을 어떻게 대처할 것인지 고민하기 시작했다. 딸은 엄마가 자신의 문제를 이해하고 있음을 알았기 때문에 엄마의 조언을 잘 받아들였다. 그 다음 대화는 이렇게 진행되었다.

딸 : 어떻게 해야 할지 모르겠어요.
엄마 : 엄마가 좀 도와줘도 될까?
딸 : 네.

엄마 : 우선 메리하고 패티에게 가서 그 아이들이 너를 무시했을 때 네 기분이 어땠는지 말하는 것이 어떻겠니?

딸 : 그렇게는 하기 싫어요. 너무 창피해요.

엄마 : 엄마도 그런 느낌 이해해. 그렇게 하려면 용기가 필요하지. 그렇다면 어떻게 하는 게 좋을까? (시간은 흐르고, 엄마는 딸의 등을 토닥인다) 그냥 기다리면서 어떻게 되는지 지켜볼 수도 있지. 너는 메리의 성격을 잘 알잖니. 어느 날은 정말 얄밉다가도, 다음 날은 착한 모습으로 돌아가잖아. 내일이면 더 좋은 친구가 될지도 몰라.

딸 : 그렇게 안 되면 어떡하죠?

엄마 : 나도 모르겠다. 다른 생각이 있니?

딸 : 아니요.

엄마 : 다른 친구들 중에 같이 놀고 싶은 애는 없니?

딸 : 없어요.

엄마 : 다른 아이들은 놀이터에서 뭘 하며 놀지?

딸 : 그냥 발야구해요.

엄마 : 너도 발야구 좋아하니?

딸 : 한 번도 안 해봤어요.

엄마 : 그래?

딸 : 크리스타는 매일 해요.

엄마 : 크리스타라면 캠프파이어에서 만난 친구?

딸 : 네.

엄마 : 캠프파이어 모임에서 네가 크리스타하고 있는 것을 봤어. 넌 크리스타를 좋아하는 것 같던데. 크리스타한테 발야구하는 법을 가르쳐달라고 해도 되겠다.

딸 : 그럴까요?

엄마 : 좋았어. 이제 해결 방법이 하나 더 늘었네.

딸 : 그것도 좋기는 하지만… 아니면 어쩌죠?

엄마 : 여전히 걱정되는 모양이구나. 같이 놀 친구가 하나도 없을까봐 걱정 하는 것 같은데, 혼자 노는 것은 생각해 보지 않았니?

딸 : 네.

엄마 : 혼자 놀아도 재미있는 일이 뭐 없을까?

딸 : 줄넘기 같은 거 말이에요?

엄마 : 그래. 줄넘기!

딸 : 혹시 모르니까 줄넘기를 가져갈게요.

엄마 : 그래라. 메리랑 패티랑 못 놀게 되고, 발야구도 재미가 없으면 줄넘기를 하면 되겠다.

딸 : 그러면 혼자 놀 수 있어요.

엄마 : 잊어버리기 전에 줄넘기를 책가방에 넣는 게 좋겠다.

딸 : 알겠어요. 그리고 크리스타한테 전화해서 내일 학교 끝나고 우리 집에 올 수 있는지 물어 볼래요.

엄마 : 좋은 생각이야!

딸의 감정에 공감하고, 시간을 들여서 딸애가 자신의 결론에 도달하게 함으로써 엄마는 딸이 효과 있는 해결책을 내놓도록 지도할 수 있다. 아이에게 귀를 기울일 때 대화를 계속 진행시키기 위해서는 자꾸 캐묻기보다는 단순히 관찰한 내용을 공유하는 게 효과적이다. 아이에게 "왜 슬퍼하니?"라고 물었을 때 아이는 전혀 감을 잡지 못할지도 모른다. 어린아이라서 어른들처럼 내부를 성찰하는 이익(또는 손해)이 없기 때문에 입안에서 맴도는 답도 없을지 모른다. 어쩌면 슬퍼하는 이유가 부모의 말다툼 때문이거나, 너무 피곤하거나, 다가올 피아노 공연이 걱정되기 때문일지 모른다. 하지만 이런 이유들 중에서 어떤 것을 정확히 말할 수도 있고, 말하지 못할 수도 있다. 게다가 대답을 했다고 해도 그 대답이 자신의 감정을 정당화할 만큼 근거가 충분치 않아서 걱정할지도 모른다. 이런 상황에서 추궁만 하면 아이는 입을 더 꽉 다물고 만다.

또한 이미 답을 아는 질문은 피하는 것이 좋다. "어젯밤 몇 시에 들어왔니?"라든가 "이 꽃병 누가 깼니?" 같은 질문은 불신과 모순의 분위기를 풍긴다. 아이가 거짓말하기를 부모가 기다리는 것 같은 질문이다. 솔직한 말로 대화를 시작하는 것이 더 바람직하다. 예를 들어 "네가 꽃병 깨는 것을 봤어. 엄마는 실망이다"라든가 "어젯밤에 12시 넘어서 들어왔잖니. 그건 용납할 수 없는 일이야"라고 말하는 것이 좋다.

부모가 자신의 인생 경험을 아이와 나누는 것도 이해심을 보여주는 효과적인 방법이다. 누나의 생일 선물 때문에 기분이 상했던 동생의 경우를 보자. 만약 아빠가 "아빠도 어렸을 때 네 고모가 선물을 받으면 질투가 났단다"라고 말했다고 하자. 카일리는 자신의 감정이 아주 타당한 것이라서 아빠 역시 경험했다는 사실에 안심할 것이다. 이제 아빠한테 이해받았다고 느끼기 때문에 "할머니가 네 생일에도 선물을 보내주실 거야"라며 위로하는 아빠의 설명을 쉽게 받아들일 수 있다.

4단계 : 아이가 자기감정을 표현하도록 돕기

감정코치에서 쉬우면서도 가장 중요한 단계는 아이가 감정이 생겼을 때 그 감정에 이름을 붙이도록 하는 일이다. 위의 예에서 보면, 카일리의 아빠는 아들이 느끼는 불쾌한 감정을 '질투'로 구분하도록 했다. 한 엄마는 많은 단어를 사용해서 딸이 자신의 감정을 정의하도록 했다. '긴장한, 걱정하는, 마음이 아픈, 화난, 슬픈, 두려운' 등의 단어들이 쓰였다. 이런 식으로 단어를 제공하면 아이는 형태가 없고, 무섭고, 불편한 감정을 정의 내릴 수 있고, 그것을 감정의 일부분으로 받아들일 수 있다. 화, 슬픔, 두려움은 모든 사람이 겪는 감정이자 누구나 다스릴 수 있는 감정이라는 사실을 느끼는 것이다.

감정에 이름 붙이기는 공감대 형성과 함께 이루어진다. 아이의 두 눈에 눈물이 글썽이는 것을 보고 "너 많이 슬프구나. 그렇지?"라고 묻는다. 이제 아이는 이해 받았을 뿐만 아니라 자신의 격렬한 감정을 표현할 단어도 갖게 된다.

연구 결과에 따르면, 감정을 표현하는 행동은 신경계에 진정 효과를 가져와서 아이가 마음을 힘들게 하는 사건에서 빨리 회복할 수 있도록 돕는다. 이러한 진정 효과가 어떻게 일어나는지 확실히는 알 수 없지만, 내 이론으로는 어떤 감정을 경험할 때 그 감정에 대해 이야기하면 언어와 논리를 담당한 좌뇌가 움직이게 되고, 그 결과 아이가 집중하고 진정하는 데 도움이 된다.

앞에서 설명한 것처럼 아이에게 스스로를 위안하는 방법을 가르치는 것은 커다란 의미를 내포한다. 어렸을 때부터 스스로 마음을 가라앉힐 수 있는 아이가 정서적으로 똑똑하다는 증거가 여러 가지 나타난다. 이런 아이는 다른 아이들에 비해서 집중력도 더 뛰어나고, 또래와의 관계도 더 원만하며, 학업성취도도 더 높다. 또한 신체적으로도, 정서적으로도 더 건강한 편이다.

부모에게 하고 싶은 조언은 아이가 자기감정을 묘사할 수 있는 단어를 찾도록 하라는 것이다. 그렇다고 아이들에게 어떻게 느껴야 하는지 가르치라는 뜻은 아니다. 단순하게 아이가 자신의 감정을 표현할 때 사용할 단어를 개발하도록 도우라는 뜻이다. 아이가 자신의 감정을 더 정확한 단어로 표현하는 것이 바람직하다.

사람들은 종종 상반된 감정을 동시에 느끼는데, 아이에게는 이런 상황 자체가 혼란스러운 일이 될 수 있다. 예컨대 캠프에 간 아이의 경우, 자신의 독립심을 자랑스러워하면서도 집을 그리워한다. '다들 캠핑 간다고 좋아하는데 나는 걱정되네. 나한테 무슨 문제가 있나?'라고 생각할지도 모른다. 이런 상황에서 부모는 아이가 다양한 감정을 살피도록 지도하고, 서로 다른 기분을 동시에 느끼는 일은 정상이라고 안심시켜야 한다.

5단계 : 아이가 스스로 문제를 해결하도록 이끌면서 행동에 한계를 정해 주기

부모가 아이의 말에 귀를 기울이고 아이가 감정에 이름을 붙이며 그것을 이해하도록 하면 자연스럽게 문제 해결 과정으로 넘어갈 수 있다. 문제 해결 과정은 다음 다섯 단계로 이루어진다. 1) 한계 정하기, 2) 목표 확인하기, 3) 해결책 모색하기, 4) 가족의 가치관을 바탕으로 제안된 해결책을 평가하기, 5) 아이가 해결책을 선택하도록 돕기.

언뜻 보기에 이 과정은 좀 힘들어 보이지만 실제로 해보면 자동적으로 단계가 진행되면서 빨리 이행된다. 이런 식으로 아이와 함께 문제를 해결하도록 노력해 보자.

한계 정하기

특히 어린아이에게서는 부모가 부적절한 행동에 한계를 정하면서 문제 해결이 시작되는 경우가 종종 있다. 욕구불만인 아이는 친구를 때리거나 장난감을 부수거나 욕을 하는 등 부적절한 방법으로 감정을 표현한다. 부모는 버릇없는 행동 뒤에 감춰진 감정을 인정하고 아이가 그 감정에 이름을 붙이도록 한 다음, 특정 행동은 부적절하고 용납될 수 없음을 확실히 이해시킨다. 그런 다음 부정적 감정을 다스리는 적절한 방식을 찾도록 지도한다.

"대니가 게임기를 뺏어가서 화가 났구나. 나라도 화가 났을 거야. 하지만 대니를 때린 건 잘못이야. 다른 방법은 없었을까?" 아니면 "동생이 네가 앉고 싶었던 자동차 앞좌석에 재빨리 앉아서 샘이 나는 건 당연해. 하지만 동생에게 욕을 하는 것은 옳지 않아. 다른 방법으로 감정을 표현할 수는 없을까?"

문제는 '자신의 감정'이 아니라 '버릇없는 행동'임을 아이가 깨닫는 것이 중요하다. 모든 감정과 모든 바람은 받아주되, 행동을 모두 받아줘서는 안 된다. 그렇기 때문에 소망이 아닌 행동에 한계를 정하는 것은 부모의 몫이다.

아이가 어떤 상황에 대해 느끼는 감정을 바꾸기 어렵다는 생각은 옳다. 슬픔, 두려움, 분노와 같은 감정은 부모가 "울지 마!" 또는 "그런 생각하면 안 돼!"라고 했다고 해서 사라지지 않는다. 아이에게 어떻게 느껴야 하는지 가르친다면 아이는 자신의 느낌을 믿지 않게 되고, 그 결과 자기불신과 자존감의 상실을 가져올 뿐이다. 반면 아이가 느낀 감정에 대해 그럴 만하다고 말하면서, 하지만 좀더 나은 방법으로 표현할 수 있다고 하면 아이의 성품과 자존감은 전혀 훼손되지 않는다. 또한 아이는 지금 심적으로 지쳐 있지만 해결책을 찾도록 도와주고 자신을 이해하는 어른이 자기편임을 깨닫는다.

부모는 아이의 어떤 행동들을 제한해야 할까? 기너트 박사는 이 질문에 엄격한 답을 제시하지 않는다. 오히려 부모는 자신의 가치관을 기준으로 아이에 대한 규칙을 세워야 한다고 주장한다. 하지만 기너트 박사는 "아이의 아이다운 행동을 수용하는 것"이라고 정의내린 허용성에 대해서는 약간의 지침을 제시했다. 예를 들어 아이가 입은 깨끗한 셔츠가 오래 가지 않아 더러워진다거나, 아이의 정상적인 움직임은 걷기보다는 뛰기라거나, 나무는 오르라고 있는 것이고, 거울은 얼굴을 찡그리라고 있는 것이라는 점 등은 수용해야 한다. 이런 행동을 허락하면 아이가 감정과 생각을 표현하는 능력이 증대되고 자신감을 갖는다. 반면 지나친 방임주의는 파괴적인 행동과 같은 바람직하지 않은 행동을 수용한다. 지나친 허용은 들어줄 수 없는 요구의 증가와 불안을 가져오기 때문에 피하는 것이 바람직하다.

또한 기너트 박사는 세 가지 행동 영역을 기초로 한 규칙을 제안했다. 세 가지 영역이란 녹색 영역, 황색 영역, 적색 영역이다.

녹색 영역에는 인정되는 바람직한 행동이 포함한다. 부모가 아이에게 바라는 행동 방식이기 때문에 부모는 자유롭게 허용한다.

황색 영역에는 인정하지는 않지만 어느 정도 용납되는 버릇없는 행동이 포함된다. 다음 두 가지 구체적인 이유로 용납될 수 있다. 첫째, '학습에 필요한 시간' 이다. 네 살 난 아이라면 예배가 끝날 때까지 조용히 앉아있기가 불가능하다. 하지만 시간이 지나면서 나아진다. 둘째, '힘든 상황에 따른 여유' 다. 다섯 살 난 아이가 감기에 걸려서 신경질을 부리거나 십대 청소년이 부모의 이혼으로 엄마에게 화를 내는 것 등이다. 부모는 이러한 행동을 원래는 용서하지 않지만 특수한 상황이기 때문에 참고 넘어간다고 말하며 용납할 수 있다.

적색 영역에는 무슨 일이 있어도 용납할 수 없는 행동이 포함된다.

절도나 폭력처럼 일반적으로 생각하는 나쁜 행동과 불법적 행동, 비도덕적 행동이다.

부모는 부적절한 행동에 한계를 정할 때 아이가 규칙을 깨거나 지키면 어떤 결과가 초래될지 명확히 알려줘야 한다. 바른 행동의 결과는 칭찬, 특권, 보상 등이 되며 버릇없는 행동의 결과는 특권을 박탈당하거나, 보상이 없는 것이 될 수 있다. 아이들은 행동의 결과가 일관되고, 공정하며, 버릇없는 행동과 연관이 있을 때 가장 잘 반응한다.

4-9세 어린아이들의 경우 버릇없는 행동에 대한 결과로 자주 사용되는 방법 중의 하나가 '타임아웃'* 제도다. 타임아웃 제도를 바르게 사용하려면 친구들과 가족으로부터 아이를 잠시 동안 고립시켜야 한다. 타임아웃 제도가 바르게 사용되면 아이는 버릇없는 행동을 그만두고 마음을 진정시켜 다시 긍정적인 태도를 보이기 시작한다. 하지만 불행하게도 너무 많은 부모들이 타임아웃 제도를 잘못 사용하고 있다. 아이를 고립시키면서 심한 말과 행동이 함께 가기 때문에 아이는 버림받고 모욕당했다는 느낌을 갖는다. 이런 식으로 부정적인 결과가 나오면 어떤 성과도 기대할 수 없다.

미국 부모들 사이에서 일반적으로 사용되는 또 다른 벌은 체벌이다.

---

* **타임아웃** : 미국 부모들이 주로 많이 사용하는 아이의 행동조절을 위한 양육법. 예를 들면 아이가 화가 나서 부모가 용납할 수 없는 행동을 하거나 감정 조절을 전혀 하지 못할 때 아이 스스로 감정을 진정하고 반성할 수 있게 외부와 격리된 방에 일정 시간대로로 3세는 3분 이하, 5세는 5분 이하 혼자 놔두는 것. 아이의 감정이 격할 때 부모가 같이 격해지지 않고 아이의 행동을 조절하도록 도와주는 양육법 - 옮긴이

1990년 대학생을 대상으로 한 조사에서 93%가 어릴 적 볼기를 맞았고, 그중에 10.6%는 멍이 들 정도로 심하게 체벌을 받은 것으로 나타났다. 체벌은 여러 나라에서 사용되지만 전 세계적으로 기준이 되는 방법은 아니다. 스웨덴의 경우 약 11%만이 체벌을 사용한다. 많은 사람들은 이러한 통계치가 스웨덴의 일반적으로 낮은 폭력 범죄율과 관련이 있다고 본다.

때리는 부모들은, 그렇게 하면 아이가 말을 잘 듣기 때문에 때린다고 한다. 사실 많은 아이들은 신체적 고통을 피하기 위해 부모의 말을 듣는다. 문제는 체벌의 위협이 단기적 효과가 너무 크다는 점이다. 아이는 즉시 버릇없는 행동을 중단한다. 이때 한마디 논의도 없는 경우가 많다. 아이에게 자제력과 문제 해결 방법을 지도할 기회가 완전히 차단되는 것이다. 그러나 장기적으로 보면 체벌은 전혀 효과가 없고 오히려 역효과를 내는 경우도 종종 있다. 맞은 아이는 부당한 대우를 받았다고 느끼면서 부모에게 화를 내기도 한다. 맞은 아이는 잘못을 뉘우치기보다는 앙갚음에 대해 생각하는 편이다. 아이는 굴욕감 때문에 잘못을 부정하거나 다음번에 나쁜 행동을 할 때 어떻게 하면 들키지 않을까를 계획할지도 모른다.

또 체벌은 자신이 원하는 것을 얻기 위해 폭력을 써도 된다는 예가 된다. 연구 결과에 따르면 매 맞는 아이는 자기보다 작고 약한 친구를 때리는 경향이 있다. 체벌은 장기적인 영향도 미친다. 조사에 따르면—체벌의 강도와 관련하여—볼기를 맞은 아이는 더 공격적이 된다. 십대가 되면 부모를 구타할 가능성도 커진다. 어른이 되면 대인관계에서 폭력성을 용납할 가능성이 커진다. 결국 어렸을 때 체벌을 받은 아이는 나이 먹은 부모를 돌보지 않으려는 경향이 커진다.

아이가 자기존중감과 자긍심, 영향력을 유지하는 범위에서 행동의 한계를 정하면 가족은 더욱 원만해진다. 아이에게 이해 가능한 규칙을 제시하고 삶에 대한 주도권을 허용하면 애초에 나쁜 행동을 하지 않을 가능성이 높아진다. 아이가 부정적 감정을 조절하는 법을 터득하면 부모의 제약과 훈육이 필요한 횟수가 줄어든다. 아이는 엄마 아빠가 공정하고 신뢰할 수 있는 자기편임을 느낄 때 더욱 열린 마음으로 부모와 함께 문제 해결에 나선다.

목표 확인하기

부모가 공감대를 바탕으로 아이의 이야기를 듣고 감정에 이름을 붙이고 부적절한 행동에 대한 한계를 정하고 나면, 다음 단계는 일반적으로 문제 해결과 관련한 '목표 확인하기'다.

문제 해결과 관련하여 목표를 확인하려면 직면한 문제와 관련하여 무엇을 성취하고 싶은지 아이에게 묻는다. 대답이 단순한 경우가 종종 있다. 모양이 틀어진 연을 고치고 싶다거나 어려운 수학 문제를 풀고 싶다고 하는 대답이 나올지 모른다. 더 복잡한 경우라면 목표를 명확히 해야 한다.

예를 들어 누나와 싸운 다음에 아이는 자신의 최고 목표가 복수를 하는 일인지 아니면 앞으로 싸우지 않을 방법을 찾는 일인지 결정해야 한다. 해결책이 보이지 않는 경우도 있다. 애완동물이 죽었거나, 가장 친한 친구가 멀리 이사를 갔거나, 학교 연극에서 정말 원하던 역을 맡지 못했거나, 이러한 경우에 단순히 위로를 받는 것이 아이의 목표가 될 수 있다.

해결책 모색하기

다음은 문제를 해결하기 위한 방법을 아이와 함께 모색하는 단계다. 보통은 대안적인 해결책을 여러 개 내놓기 힘든 어린아이의 경우 부모의 생각이 큰 선물이 될 수 있다. 하지만 부모가 전적으로 나서지 않는 것이 중요하다. 아이가 결과를 자기 것으로 소화하기 바란다면, 스스로 생각해 내도록 장려해야 한다.

이런 브레인스토밍brainstorming 과정을 얼마나 잘 다룰 수 있는가는 전적으로 아이의 나이에 달려 있다. 10세 미만의 아이는 대부분 추상적인 사고를 하지 못하기 때문에 한 번에 한 가지 이상의 선택 사항을 동시에 고려하는 것은 어렵다. 그렇기 때문에 부모와 자녀가 한 가지 계획을 내놓으면, 10세 미만의 아이는 다른 대안을 생각하기도 전에 당장 시도하려고 한다.

나 역시 모리아와 비슷한 경험이 있다. 모리아가 네 살 때 꿈속에 나타나는 괴물을 없애는 방법에 대해 물었다. "네 감정을 그림으로 그려 봐"라는 내 제안이 떨어지기가 무섭게 아이가 크레용을 찾기 시작했다. 아이의 이런 열의를 꺾기 싫다면 해결책을 한 가지씩 차례로 시도하고 나서 나중에 어떤 방법이 제일 효과가 있는지 아이에게 결정하도록 해야 한다.

역할놀이나 상상력놀이도 어린아이에게 대안적인 해결책을 제시하는 구체적이고 손쉬운 방법이다. 손인형, 장난감 또는 부모 자신을 이용해서 문제에 대한 다양한 해결책을 행동으로 보여 줄 수 있다. 어린 아이들은 종종 흑백논리로 사고하기 때문에 하나는 '올바른' 해결책이고 다른 하나는 '잘못된' 해결책으로 두 가지 상반된 상황을 연출하면 도움이 된다. 예를 들어 손인형 둘에서 장난감을 놓고 싸우는 상황을 만들어보자. 첫 번째 시나리오는 인형 하나가 다른 인형의 장난감을 뺏는 장면이다. 두 번째 시나리오는 손인형 하나가 장난감을 가지고 사이좋게 놀자고 제안하는 장면이다.

더 나이가 든 아이들의 경우, 전형적인 브레인스토밍 방법을 사용할 수 있다. 부모와 아이가 머리를 맞대고 생각할 수 있는 가능한 모든 선택 사항을 내놓는 것이다. 창의적인 생각이 나오도록 하기 위해서는 "생각할 가치가 없는 어리석은 생각이란 절대 없다"는 점을 처음부터 아이에게 이야기하고, 모든 가능성이 나오기 전까지는 선택 사항 중에 어떤 것도 하찮다고 버리지 않는 태도가 중요하다. 부모는 선택 사항을 모조리 적음으로써 이 과정을 진지하게 여긴다는 점을 아이에게 보여주어야 한다.

부모가 해결책을 제시하면서 아이의 정신적 성장을 촉진하는 방법

중 하나는 과거의 경험과 미래의 성공이 연관되도록 하는 것이다. 아이에게 과거의 성과를 상기시키고 나서 새로운 방식으로 문제를 시도하여 성공을 거둔 모습을 상상하도록 격려한다.

나는 모리아가 어린이집에서 친구 문제를 겪었을 때 이 방법을 시도할 수 있었다. 딸아이는 그 문제로 얼마나 고민했던지 그날 어린이집에 가지 않으려고 했다. 나는 딸에게 어떻게 하는 것이 좋다고 말해주는 대신, 상황을 새롭게 보도록 하면서 아이의 생각을 물었다. 우리의 대화는 이렇게 진행되었다.

딸 : 어린이집에 가기 싫어요. 수영 시간에 짝을 정해야 하는데, 항상 마가렛이 내 짝이 되려고 하잖아요. 폴리하고 짝을 하고 싶은데.
나 : 알겠다! 그래서 네가 짜증을 내는 거구나.
딸 : 네, 진짜 짜증나요.
나 : 그러면 어떻게 하는 게 좋겠니?
딸 : 모르겠어요. 마가렛을 좋아하지만 늘 짝을 하니까 지겨워요. 마가렛이 짝이 돼달라고 하기 전에 폴리의 손을 잡으면 되지 않을까요?
나 : 그래도 되겠네. 그런데 그러려면 정말 잽싸야 해. 아마도 너는 할 수 있을 거야.

이쯤에서 나는 내 생각을 얼른 말해 주고 싶었지만 꾹 참고 계속 아이에게 이야기를 하게 했다. 딸애가 자신의 관점과 경험을 바탕으로 결정을 내리도록 하는 것이 아이의 발전에 훨씬 더 바람직하다고 생각했기 때문이다. 우리의 대화는 다음과 같이 계속되었다.

나 : 또 다른 방법은 없을까?
딸 : 없어요.
나 : 좋아. 그럼 그 방법에 대해 더 얘기해 보자. 네가 어린이집에서 귀찮고 짜증이 날 때 그런 느낌이 들었잖아. 이전에도 그런 느낌이 들었던 적이 없었니?
딸 : 있어요. 대니얼이 제 머리를 자꾸 잡아 당겼을 때도 그랬어요.
나 : 기억난다. 그때는 어떻게 했었지?
딸 : 하지 말라고 대니얼에게 말했죠. 계속 그러면 선생님에게 이르겠다고 말했어요.
나 : 그래서 잘 되었니?
딸 : 네. 그때부터는 안 그랬어요.
나 : 그 일을 생각하니까 이번 일을 어떻게 할지 생각나는 거 없니?
딸 : 글쎄요. 마가렛에게 얘기할 수 있을 것 같아요. 잠시 동안 마가렛의 짝이 되고 싶지 않다고요. 하지만 여전히 친구로 지내고 싶다고요. 단지 가끔은 폴리의 짝이 되고 싶다고 말할래요.
나 : 그래. 아주 좋은 방법이야. 네가 좋은 생각을 해낼 줄 알았어!

제안된 해결책을 가족의 가치관을 바탕으로 평가하기

이제 부모와 자녀가 함께 내놓은 방법들을 하나씩 살펴보고 어떤 방법은 시도하고 어떤 방법은 없앨지 결정할 때다. 아이가 해결 방법을 하나씩 생각하도록 이끌면서 다음과 같이 질문한다.

"그 방법이 옳다고 생각하니?"

"그 방법이 성공할까?"

"좋은 방법이니?"

"내가 어떻게 생각할 것 같으니? 다른 사람들은 어떻게 생각할까?"

이런 연습을 통해 아이는 어떤 행동에 제약이 필요한지 스스로 살필 기회를 얻는다. 모리아가 수영 수업 때 짝을 정하는 문제가 있어서 어린이집에 가지 않겠다고 고집 부렸다고 해보자. 나는 모리아가 그 다음 날 어차피 그 문제에 직면해야 하기 때문에 그 방법은 효과가 없다고 지적할 수 있다. 또한 이러한 대화를 통해 부모는 아이에게 가족의 가치관을 강조할 기회를 갖는다. 나는 딸에게 얘기했을 것이다. "아빠는 네가 집에 있으면서 문제를 피하기보다 정면으로 부딪치는 편이 낫다고 생각해." 또한 이런 상황을 계기로 아이에게 상냥함에 대한 가치를 강조할 수 있다. "네가 마가렛에게 계속 친구로 지내고 싶다고 말할 생각을 했다니 기쁘구나. 친구의 기분을 살피는 것은 중요하단다."

아이 스스로 해결책을 선택하게 돕기

부모와 아이가 다양한 방법을 썼을 때 그 결과가 어떨지 충분히 살펴보았다면, 이제 아이가 한두 가지 방법을 선택해서 시도하도록 이끌어야 한다.

부모는 아이가 스스로 생각하도록 이끌기를 바라겠지만, 이때 역시 부모의 의견과 지침을 제공할 좋은 시기다. 이 시점에 부모가 어렸을 때 비슷한 문제를 어떻게 다루었는지 아이에게 이야기하는 것을 두려워하지 말아야 한다. 과거의 경험을 통해 무엇을 배웠는지, 어떤 실수를 저질렀는지, 어떤 결정을 내렸을 때 뿌듯했는지를 말해 준다. 아이가 어려운 문제를 해결하도록 이끄는 과정 중에 부모의 가치관을 아이에게 가르치는 것이 아이의 일상생활과 전혀 관계없는 추상적인 개념을 늘어놓는 것보다 훨씬 효과적이다.

부모는 아이가 옳은 결정을 내리도록 하고 싶겠지만, 아이는 실수를 통해서도 교훈을 얻는다는 사실을 기억하라. 만약 아이가 효과는 없지만 그리 해롭지 않은 방법을 선택한다면 그냥 내버려두는 것이 좋다. 그리고 나서 실패하면 아이가 다음 방법으로 옮겨가도록 이끌면 된다.

일단 아이가 방법을 선택하면 그 다음에 취해야 할 구체적인 계획을 세우도록 이끈다. 부엌일을 놓고 서로 해보겠다고 다투는 남매가 있다면 두 아이가 일을 나눠서 하도록 부모가 코치하면 된다. 예를 들어 제이슨이 저녁을 준비하고 조슈아가 점심을 준비한다. 일주일 후 두 사람이 일을 바꿔서 한다. 해결 방법이 얼마나 성공적인지 평가하기 위한 계획을 세우는 것도 좋은 방법이다. 예를 들어 부모와 아이가 한 달 동안 한 가지 해결 방안을 시도하기로 결정했으면 중간 점검을 하고, 필요하면 수정하기로 계획을 세울 수 있다. 이런 식으로 아이는 해결 방법을 진행하면서 수정이 가능하다는 점을 이해하게 된다.

어떤 문제에 대해서 효과가 없는 해결 방법을 아이가 선택한다면,

효과가 없는 이유를 아이가 분석하도록 이끈다. 그러면 문제 해결을 새로이 시작할 수 있다. 이로써 아이는 한 가지 계획을 버린다고 해서 거기에 들인 노력이 완전히 헛수고가 아님을 배운다. 이 모든 과정이 학습의 과정이며, 때에 따라 계획을 조정함으로써 성공에 더 가까이 갈 수 있음을 배우는 것이다.

04

감정코치 전략

> 감정코치는 그 무엇보다도 훌륭한 자녀 양육법이지만
> 언제나 효과적인 것은 아니다.
> 감정코치를 피해야 할 상황들을 살펴보고
> 그 대응책을 알아보자

감정코치 5단계를 꾸준히 실천하면 부모 자녀 관계는 점점 더 발전한다. 또 부모와 자녀 모두 감정을 잘 인식하고 표현하게 될 것이며 아이는 부모와 함께 문제를 해결해 나가는 즐거움을 만끽한다. 그렇다고 감정코치가 가족 간의 갈등을 단번에 풀어 주는 해결책이라는 뜻은 아니다. 가족 간에 적어도 몇 가지 장애물이 나타날 수 있다. 어느 순간에 아이가 뭔가 고민하고 있다는 걸 발견해도, 그게 무엇인지 딱 집어내기 힘든 때가 있다. 부모가 아무리 알아듣게 타일러도 아이가 부모의 말에 무관심할 때도 많다. 아이와 얘기하는 것이 소 귀에 경 읽기와 같이 나 혼자 떠드는 듯한 느낌을 가졌을 것이다.

이 장에서는, 감정코치를 하는 도중 자녀와의 대화가 장벽에 부딪쳤을 때 효과적인 몇 가지 방안을 제시한다. 이 방법들은 부모교실, 임상 현장에서 쓰이는 요법, 관찰 연구를 바탕으로 도출된 것이다. 이와 더

불어 감정코치를 하기 힘든 사례도 몇몇 들었다. 이런 문제가 생길 경우 감정코치가 아닌 다른 방법을 시도하는 것도 필요하다.

지나친 비판이나 아이에게 상처 주는 말, 비웃음을 삼가라

아이를 비하하는 발언은 곧 부모와 자녀 사이의 대화와 아이의 인격 형성에 좋지 않은 영향을 미쳤다. 우리 연구팀은 가족들을 상대로 여러 가지 연구를 하면서 부모가 모욕하듯 툭툭 던지는 말을 많이 한다는 것을 발견했다. 예를 들어 아이가 "난 이 이야기가 기억 안나요"라고 했을 때 부모가 조롱하는 말투로 "기억 안난다고?"라고 되묻는 것이다. 앞서 언급한 비디오게임을 통한 부모—자녀 연구에서, 어떤 부모들은 아이의 실수에 과민 반응을 보여 아이가 틀릴 때마다 일일이 지적하고 혹평해서 아이를 움츠러들게 만들었다. 다른 부모들은 아이의 실수를 보다 못해 직접 아이의 일을 대신함으로써 아이의 자신감을 빼앗았다. 자녀의 감정에 대한 인터뷰에서도 많은 부모들이 자녀가 화를 낼 때 그냥 웃어넘기거나 비웃는 듯한 태도를 보인다고 말했다.

3년 간 지속적으로 살핀 결과, 가족들에게 존중받지 못하고 무시당하면서 자란 아이들이 학교생활과 교우관계에서도 원만하지 못함을 알 수 있었다. 이런 아이들은 높은 스트레스 호르몬 수치를 나타냈다. 교사들은 그 아이들의 행동에 문제가 있음을 보고했고, 어머니들은 아이들이 질병에 취약하다고 밝혔다.

부모가 이런 식으로 아이에게 상처를 주고 무시하는 식의 육아법은 연구실에서뿐만 아니라 실제 생활에서도 볼 수 있다. 자식 교육열에 너무 앞선 부모들이 아이가 실수할 때마다 사사건건 간섭함으로써 아이가 오히려 자신감을 잃고 간단한 일도 해결하지 못하는 결과를 초래한다. 그런 부모들은 곧잘 생각 없이 선입견에 근거해서 자식을 평가한다. 보비는 너무 '설쳐대요.' 캐리는 '말을 잘 못하죠.' 빌은 '게을러요.' 앤지는 '어리버리한 아이죠.' 부모들이 아이가 옆에 있어도 개의치 않고 다른 사람들에게 아이를 놀려대는 일 또한 허다했고 아이가 상처받아도 위로하기보다는 도리어 "다 큰애가 어린애같이 왜 그러니!"라는 말로 핀잔을 주기 일쑤였다.

진심으로 자식을 아끼는 부모들은 이런 식으로 아이를 깎아 내리지 않는다. 감정코치를 잘하는 부모들도 가끔은 생각 없이 아이들을 비난하고 놀린다. 그러니 습관적으로 자녀를 비난하거나 놀리지 않도록 각별히 조심하라. 아이들이 실수를 저지르더라도 스스로 깨닫고 고칠 수 있게 인내심을 가지고 노력하라. 무턱대고 아이에게 화내기보다는 그 아이가 잘못한 행동을 바로잡아 줘야 한다. "난장판 만들지 말고 얼른 내려오지 못해!"라고 소리 지르는 것보다는 "할머니 댁에서는 함부로 가구에 올라가거나 장난치면 안 돼"라고 타이르는 게 현명하다.

물론 아무리 타일러도 아랑곳하지 않고 제멋대로 구는 아이들도 있겠지만 그 말 자체를 못 알아듣는 아이는 없다. 아이는 부모를 역할 모델로 삼으며 부모들이 자신을 평하는 말에 제일 먼저 귀를 기울인다. 부모가 아이를 계속 헐뜯고 깎아내리면 아이는 부모를 불신한다.

지지와 칭찬을 활용해서 아이를 지도하라

아이들을 '지지'하는 것은 감정코치 부모들이 자녀를 성공적으로 지도하는 방법 중 하나다. 이런 부모가 취하는 행동은 비판을 일삼는 부모들과는 전혀 상반된다. 우선 감정코치 부모들은 아이가 기본적으로 알아야 할 정보만 준 뒤 침착하고 온화한 태도로 일관한다. 그리고 아이를 지켜보다가 특정 행동을 칭찬한다. 예를 들어, 아버지가 이렇게 말한다. "아주 잘했구나, 얘야. 시간 잘 맞춰서 벨을 눌러주니 말이다!" 이러한 특정 행위에 대한 칭찬은 단순히 "잘했구나! 이제 그 일에 익숙해졌구나!"보다 훨씬 효과적이다. 칭찬한 후에는 몇 가지 조심할 점을 알려주고 아이가 다시 반복하게 해서 그 일에 자신감을 갖게 용기를 북돋아 준다. 우리는 이 기술을 가리켜 '지지 발판'을 제공한다고 말한다. 부모가 하는 조그마한 칭찬이 아이의 자신감을 향상시키고 그 다음 단계로 도약할 수 있도록 하는 기폭제 역할을 하기 때문이다.

감정코치 부모들은 아이들을 심하게 야단치거나 창피를 주는 교육 방법을 전혀 쓰지 않는다. 그렇다고 아이 대신 발 벗고 나서지도 않는다.

자식에 대한 과도한 기대치를 버려라

감정적 순간이 부모와 자녀 사이의 공감대 형성과 자녀 교육에 도움을 줄 수 있지만 부모의 '자식에 대한 욕심'이 생기면 예기치 못한 방향으로 흘러갈 수도 있다. 이 말의 의미는 부모가 자식에게 원하는 희망 사항이 아이가 원하는 일에 걸림돌이 될 수 있다는 뜻이다. 부모가 자식에게 바라는 것 중 흔한 예로, 언제나 용기 있고 근검절약하며 친절하고 절제를 잘하는 도덕적 자세를 들 수 있다. 그러나 아이들은 다 다르다. 한 아이는 너무 공격적이고 다른 아이는 너무 소극적이면 부모들은 이에 대해 고민한다. 어떤 아이는 게으름을 피우고 제멋대로인가 하면, 어떤 아이는 너무 고지식해서 유머라고는 눈곱만큼도 없다.

어떤 상황이건 이런 문제점이 부모로 하여금 자식들의 행동 하나하나를 예의주시하게 만들며 아이의 태도를 고치고자 애태우게 만든다. 이처럼 전전긍긍하는 마음과 자식에 대한 기대치가 더해지면 엄격한 부모들은 자식의 행동을 고치는 일이 곧 부모의 의무라고 느끼며 자신만의 방식대로 아이를 끌고 나가려 한다.

부모 자녀의 관계를 돈독히 하려면 자식에 대한 부모의 기대치를 대화를 통해 공유해야 한다. 가끔씩 자식에 대한 지나친 욕심으로 인해 부모는 자녀의 말에 귀를 기울이지 않는다. 그러다 보면 그 기대치가 커지게 되고 아이에게 간섭함으로써 판단력에 좋지 않은 영향을 준다.

자녀 교육에 관심을 기울이는 클라라는 최근 그녀의 아들 앤드류[9살]의 '우울한 태도'에 골머리를 앓고 있었다. 앤드류가 '피해 의식'에 시달리는 게 마음에 걸렸고 그것이 아들의 교우관계에 좋지 않은 영향을 준다고 생각했다. 결국 앤드류가 누나와 다툰 것을 계기로 클라라는 앤드류에게 형제가 우애 있게 지내야 한다는 것을 가르치기로 마음먹었다.

"왜 그러니 애야? 우울해 보이는구나."

"누나가 좀 잘해줬으면 좋겠어." 앤드류가 말했다.

"그렇게 말하기 전에 네가 누나 말을 잘 들었어야지, 안 그러니?"

클라라는 그렇게 말하기 전에 앤드류가 어떤 심정이었을지 그의 입장에서 생각했어야 한다. 앤드류는 처음에는 엄마가 자신의 입장에서 얘기를 들어줄 것이라고 생각했을 것이다. 하지만 자기가 입을 열자마자 엄마는 그의 행동을 질책했다. 물론 부드러운 타이름이었지만 결국 아이의 행동이 잘못이라고 비판한 결과를 초래한 것이다. 만약 똑같은 상황에서 클라라가 이렇게 얘기했다면 어땠을까? "그래, 그런 생각이 들 수도 있겠구나." 이렇게 말했다면 앤드류는 엄마가 자신의 심정을 이해한다고 생각함과 동시에 누나와의 갈등을 풀어야겠다고 결심할 것이다. 하지만 클라라는 앤드류에게만 모든 책임이 있다는 말로 비판했고 결국 앤드류가 자기합리화를 위한 변명에 급급한 태도를 가지도록 유도한 것이다.

부모교육가 앨리스 코헨Alice Cohen은 아이가 실수를 저질렀을 때 부모가 가지는 '자식에 대한 기대치'가 직접적으로 드러난다고 밝혔다. 그녀는 아이가 실수를 저질렀을 때 이를 바로잡기 위해 화내서는 안 되며 비난하는 말도 절대 삼가야 한다고 역설했다.

'습관적으로 아이의 잘못을 지적하는 습관'을 없애려면, 우선 "왜 그런 짓을 했지?"라는 투의 질문을 피하라. 이런 질문을 들으면 아이는 합당한 이유를 대기보다는 자신을 방어하고픈 본능이 더 커진다. 그러므로 아이가 실수를 저질렀다면 비난보다는 아이가 왜 그럴 수밖에 없었는지 이해하려는 태도를 보이는 것이 좋다. 사실 이렇게 말하기는 쉬워도 아이가 잘못한 것을 부모 입장에서 이해하는 태도를 보인다는 것은 힘든 일이다. 특히 화가 나서 온갖 설교와 잔소리가 터져 나오기 일보직전인 상황에서는 더욱 그렇다. 그렇다고 고열에 시달리는 아이의 이마에 치료는커녕 찬물을 끼얹을 수는 없지 않은가.

한 세 살배기의 엄마가 예정된 시간보다 한 시간 늦게 아이를 데리러 어린이집에 왔다. '고집불통'인 이 아이는 늦게 온 엄마한테 화가 나서 엄마를 보고도 아는 체도 하지 않는다. 옷도 입는 둥 마는 둥하고 혼자 문을 열고 나가 버린다. 이런 때 엄마는 1) 화를 내며 꾸짖거나 2) 어떻게 하면 아이의 마음을 달랠 수 있을까 고민할 것이다. 만약 2번을 선택한다면 아마 이렇게 말할 것이다.

"엄마가 늦었지? 다른 친구들은 벌써 집으로 돌아갔고 말야. 엄마도 많이 늦어서 마음 졸이며 걱정했단다."

방금 전까지 화가 나서 씩씩거리던 아이는 이 말을 듣자마자 엄마에게 안길 것이다. 아이와의 돈독한 관계가 목적이라면 '고집불통' 아이를 꾸짖는 것보다는 융통성 있게 아이의 입장에서 대해야 한다. 대부분 이러한 아이의 태도에 자신만의 입장을 고수하는 부모들이 많다. 부모라는 입장에 연연해서 아이의 행동을 부정적으로 인식하고 아이만 나쁘다고 몰아세우는 것이다.

"앤드류는 너무 감정적이야, 자넷은 너무 공격적이야, 보비는 너무 수줍음을 많이 타, 사라는 너무 산만해."

이와 같은 비평은 곧 아이의 동조를 낳는다. 이런 단언들은 마치 부모의 실의에 찬 예언을 적중시키기라도 하듯, 아이는 정말 그런 행동을 한다. 결과적으로는 아이에게 심리적으로 좋지 못한 영향을 끼치는 것이다.

작가 크리스토퍼 할로웰은 《아버지로부터 한 남자에게로*Father to the Man*》라는 회고록을 통해 아버지가 자신에게 나무상자 만들기를 가르치던 장면을 회상한다.

"상자 하나도 똑바로 만들 수 없다면 말이다… 네가 제대로 만들 수 있는 물건은 하나도 없을 게야"라고 아버지는 단정 짓는다. 할로웰은 오랜 시간에 걸쳐 좀 흔들리기는 하지만 대충 모양새는 갖춘 상자를 만들었다. 하지만 "매번 내가 상자를 만들어서 보여줄 때마다 아버지는 못마땅한 표정으로 '상자가 네모나지 않구나. 이것도 제대로 만들지 못하면 훌륭한 건축가가 될 수 없다'라고 화를 내셨다. 결국 아버지는 나에게 실망해서 상자 만드는 일을 더 이상 시키지 않았다. 그러나 난 해마다 실수를 거듭하면서도 나름대로 완벽한 상자를 만들어 나갔다. 그 과정에서 기쁨을 느꼈지만 내 뇌리 속에는 아버지의 못마땅하던 모습이 사라지지 않았다"라고 회고한다.

안타깝게도 유명작가 할로웰의 기억 속에는 아버지와의 껄끄러운 관계가 유일한 것으로 남아 있었다. 이 회고록에서 우리는 부모의 말 한마디가 자식에게 얼마나 커다란 영향을 미치는지 알 수 있다.

부모는 아이가 처음부터 완벽하게 상자를 만들 수 있다고 여기지 않는다. 그렇다고 아이들이 게으르고 매사를 쉽게 포기하며 공격적이거나 용기 없고 겁쟁이처럼 살기도 원치 않는다. 그렇다면 어떻게 해야 할까? 해답은 아이의 인격 형성에 방해가 되는 비난을 당장 그만두는 것이다. "너는 왜 그렇게 책을 천천히 읽니!" 라고 말하기보다는 "저녁 때 30분씩 책을 읽으면 나중에 책 읽는 속도가 빨라질 거야"라고 격려하는 것이 바람직하다.

한번쯤 아이의 정신세계를 들여다보라

대부분의 아이들은 감정 표현에 익숙하지 않다. 어느 날은 아이가 말도 안 하고 화가 나서 씩씩거릴지 모른다. 그럴 때는 아이가 일상생활 속에서 접하는 사람들, 장소, 일들을 기억해 두면 좋다. 그럼으로써 아이가 어떤 심적 변화를 겪고 있고 이를 어떻게 표현해야 할지 아이의 입장에서 생각할 수 있다. 동시에 아이에게도 부모가 자신의 정신세계를 이해하고 소중히 생각한다고 느끼게 할 수 있다.

나는 이 아이디어를 도표화해서 논리정연하게 전개하는 걸 즐긴다. 부모라면 항상 염두에 두어야 하는 부분이기 때문이다. 도표화를 어렵게 생각하지 마라. 아이의 친구들, 선생님들, 좋아하는 물건들, 행동들, 학교생활, 좋아하는 과목과 싫어하는 과목 등등을 시간표 그리듯이 만들면 된다. 아이의 정신세계를 더듬어 이런 식으로 하나하나 도표화하는 일은 물론 많은 시간과 노력을 요한다. 그러나 진정한 부모라면 이 도표를 하나의 참고자료로 삼아 자식과 뜻 깊은 대화를 할 수 있는 대화의 장으로 이용해야 한다.

제3자의 편을 들어 자녀를 비판하지 마라

불공평한 대우를 받았다고 느낄 때 아이들은 부모에게 달려와 위로받고 자기편이 되어 주길 바란다. 사실 이런 경우 부모들이 제3자의 편을 들어 아이를 혼내는 것을 방지하기 위해 감정코치법을 써야 한다. 예컨대 비만한 딸이 무용 선생님한테 뚱뚱하다는 말을 들어 속상해한다고 가정해 보자. 만약 그 동안 엄마 역시 딸에게 운동을 하라고 계속 잔소리를 했다면 선생님 말이 옳다고 맞장구치고 싶을 것이다. 하지만 그렇게 말하면 딸은 엄마마저 내 편이 아니라는 생각에 더 속상해한다. 그럴 때 엄마가 이렇게 말하면 어떨까.

"어쩜, 그런 말을 들었다니 얼마나 기분이 나쁘니. 그렇지만 선생님 말씀대로 운동을 더 하자꾸나."

이렇게 말하면 아이는 금세 엄마와 더 가까워질 것이고 살을 빼기 위해 운동을 하려고 할지 모른다. 만약 당신이 자식과 반대 입장에서 대립하는 상황이라면 어떻게 할까? 그런 상황에서도 당신이 객관적인 입장을 유지하면서 너그러움을 갖는다면 자녀와 공감대 형성은 충분히 가능하다. 대화를 하는 주된 목적은 합의점을 찾는 것이 아니라 서로를 이해하는 것이다. 당신의 아이가 "구구단은 싫어"라고 하든지 "코 뚫는 게 멋져 보이지 않아요?"라고 한다면 아마 당신은 아이에게 장황한 설교를 늘어놓으려 할 것이다. 그렇게 말하기보다는 "나도 구구단 외우는 데 힘들었단다, 애야"라거나 "코 뚫고 싶으면 그렇게 하거라. 근데 어디가 멋있어 보이니?"라고 말하는 게 어떨까?

비슷한 상황을 연계해서 아이의 경험에 다가가라

이 방법은 아이와 공감대를 형성하는데 어려움을 겪는 부모에게 많은 도움을 주는 방법이다. 당신이 생각할 때 대수롭지 않은 일로 아이들은 심각할 수 있다. 당신의 아이가 숙제를 제출하러 선생님 앞으로 나갔을 때 아이의 책상 위에 있는 연필을 누군가 부러뜨려 화가 머리끝까지 나 있을 수 있다. 노트에 낙서를 해놓아 화가 났을 수도 있고 여름 캠프를 불안하게 기다릴 수도 있다. 이럴 때 아이의 기분은 아랑곳하지 않고 당신이 하고 싶은 말만 하거나 아이의 고민을 무시하지는 않았는지 되돌아보아야 한다. 당신이야 당장 편할지 모르겠지만 그 태도는 아이에게 별 도움이 되지 않는다. 최악의 경우 엄마 아빠마저 자기를 바보 취급한다고 생각할지도 모른다.

이 상황을 신중하게 바라볼 수 있는 방법은 아이가 처한 상황을 성인의 상황과 연관 지어 생각하는 것이다. 회사에서 업무 보고를 위해 사장실에 들어갔다 나왔는데 누군가가 당신의 책상 위에 잉크를 엎질러 놓았다고 가정해 보자. 또는 출근 첫날 누군가가 당신을 비웃었다고 생각해 보자. 얼마나 화가 나고 당황스럽겠는가.

아델레 파버와 일레인 마크리쉬는 《우애 깊은 형제들 Siblings Without Rivalry》이라는 책에서 동생에게 질투하는 형에게 부모가 대처할 수 있는 방법을 이렇게 설명한다. 남편이 어느 날 뻔뻔스럽게 정부를 데려와 한 집에서 모두 행복하게 살자고 했을 때의 당신 심정을 상상하고 아이를 대하라고 말이다.

아이의 문제를 무턱대고 해결해 주지 마라

감정코칭이 항상 강조하는 부분 중 하나는, 어떤 일이 풀리지 않아 화내고 힘들어하는 아이에게 절대로 부모가 그 문제를 대신 해결해 주지 말고 혼자서 문제를 풀 수 있게 도와주라는 것이다. 문제를 안고 집으로 돌아온 한 여자와 그 남편의 예를 들어보자. 회사에서 직장 동료와의 의견 충돌로 스트레스를 받고 집에 돌아온 부인이 있다. 그녀의 남편은 그녀의 말을 곰곰이 듣고 나름으로 분석한 후 해결책을 제시한다. 하지만 부인은 남편의 해결책에 고마워하기보다는 오히려 더 우울해진다. 왜냐하면 남편은 문제 해결에 급급해서 부인이 얼마나 상처받았는지에 대해 무관심으로 일관했기 때문이다.

단순히 문제 해결책을 제시하는 대신에 부인의 등을 두드려 주면서 부인의 하소연을 들어 주었다면 어땠을까. 부인은 처음엔 화가 나서 직장 동료의 흉을 보았겠지만 마음이 차차 가라앉을 것이고 스스로 해결책을 찾기 시작할 것이다. 그 순간 남편이 자신의 이야기를 듣는 것을 깨닫고 조언을 구할 것이다. 결국 부인의 우울감은 사라지고 남편의 격려로 활기를 되찾을 것이다.

부모 자녀 사이의 관계도 마찬가지다. 말을 듣지 않고 고집을 피우는 아이의 태도에 처음에는 괴로울지 모르지만 강압적으로 해결책을 안겨주어서는 안 된다. 아이가 스스로 해결책을 찾을 수 있도록 기본적인 방향을 제시해 주는 것이 부모가 할 수 있는 최선의 방법이다.

아이에게 선택권을 주고 희망사항을 들어줌으로써 기를 살려라

성인이 되면, 개구리가 올챙이 시절을 모르는 것처럼 아이의 입장으로 되돌아가 생각하기가 쉽지 않다. 그러나 아이의 입장에서 바라보면 사회가 아이들에게 주는 제약이 만만치 않음을 알게 된다. 대부분의 어린아이들은 항상 이끌려 다니는 삶을 산다. 잠자는 아기들은 요람에 옮겨져 본인의 의사와 관계없이 탁아소에 보내진다. 성장한 아이들은 학교 종소리를 듣고 출석하기 위해 한 줄로 나란히 선다. 부모들은 항상 "음식을 깨끗이 먹지 않으면 간식은 없는 줄 알거라"라고 말하거나 "그 옷차림으로 외출할 생각은 하지도 마"라는 틀에 박힌 룰을 던질 뿐이다. 여기에 깔린 기본 전제는 다음과 같다. "부모 말은 곧 명령이야."

어린아이에게 부모 말을 따르고 복종해야 한다는 사실을 주지시키는 것 자체가 나쁘다는 뜻은 아니다. 아이들의 안전과 건강을 생각했을 때 그리고 부모의 정신건강도 포함해서 아이들이 집안에서 함부로 날뛰고 까부는 일은 미연에 방지해야 한다. 그러나 나는 부모들이 단지 애라는 이유만으로 아이의 부탁을 하찮게 여기거나 무시하는 사례를 많이 봤다. 몰상식한 방법으로 아이들을 무시했다는 뜻이 아니라, 시간에 쫓기고 이래저래 스트레스를 받는 상황 때문에 아이의 의견을 무시한다는 것이다.

불행히도 이런 강제성을 띤 말들은 아이들에게 "바라는 일들이 상습적으로 무시된다"는 인식을 심어줄 수 있다. 어떤 아이들에게는 선택이라는 것 자체가 없다. 어떤 옷을 입을지, 어떤 음식을 먹을지, 주어진 시간을 어떻게 보낼지에 대한 선택권 자체가 주어지지 않는다. 자기주장 없이 크는 아이들이 대부분이고 그 중 심한 경우는 선택이라는 단어 자체가 생소하다. 이 모든 일이 아이들의 성장에 걸림돌이 된다.

아이들 스스로 자신의 일에 책임을 느끼며 일에 대한 해결책을 찾을 수 있도록 하는 연습이 필요하다. 아이들은 가정에서 습득한 가치 체계를 바탕으로 일에 대한 선택권을 배워나가고, 어떤 때는 가정에서 배운 가치관과는 무관한 길을 가기도 한다. 아이들이 어릴 때부터 원하는 바를 표현하고 스스로 결정하는 법을 배우면 그렇지 않은 경우보다 더 나은 효과를 기대할 수 있다. 책임감을 기르기 위해서는 자신감을 구축할 기회를 제공해야 한다. 부모한테 지속적으로 강요받는 아이는 "너는 보잘것없는 아이일 뿐더러 네가 뭘 원하건 내 알 바 아니야"라는 무시를 무의식중에 받는다. 결국 그 아이는 매사 부모의 말에 잘 따르고 복종할지는 몰라도 주체성은 거의 없는 사람이 된다.

아이에게 선택권을 주고 원하는 일을 하게 하려면 많은 시간과 인내가 필요하다. 한 연구자는 유아들은 평균적으로 1분에 세 가지의 요구를 부모한테 한다고 발표했다. 그 요구가 단순하건 복잡하건, 그 요구에 어떻게 응해 주느냐에 따라 아이들이 주체성을 형성하는데 영향을 미친다. 요구 조건이 수락되었을 때 아이들은 이렇게 생각한다. "그래, 내가 원하면 안 되는 게 없어. 내가 도전하면 모든 일이 다 된다구." 결국 이런 자신감이 "난 정글짐에서의 힘든 난관도 무섭지 않아"라거나 "난 수학이 너무 좋아"라는 생각으로도 발전될 수 있다.

그러니 자녀가 뭔가 조그만 일을 요청했을 때—그 요구 조건이 상식에 벗어나거나 유치하다고 생각되어도—처음부터 딱 자르지 마라.

아이의 꿈과 이상을 함께 나누라

이 방법은 아이의 사고방식을 증진시키고 서로간의 공감대 형성을 수월하게 해 준다. 특히 아이들이 현실과는 완전히 동떨어진 이상을 보일 때 아주 효과적이다. 십대에 접어든 아들이 새 자전거를 사달라고 하는데, 당신은 사 줄 형편이 못된다고 가정해 보자. 당신이 보통의 부모들과 다를 바 없다면 아이의 부탁을 듣는 순간 짜증이 날 것이다. "작년에 새 자전거를 사 줬잖니. 네 아빠가 그렇게 부자인 줄 아니?"

하지만 그렇게 말하기보다는 아이가 왜 그런 요구를 하는지 몇 분이나마 생각해 보고 아이의 소망에 동조하면 어떨까.

"흠, 네가 왜 산악 자전거를 사달라고 하는지 아빠는 잘 안단다. 친구들과 멋진 하이킹을 하고 싶어서 그렇지?"

그리고 아이의 바람을 지금 당장 들어줄 수 없는 현실을 이야기한다.

"하지만 아빠는 지금 그럴 여유가 없단다. 우선 네가 아르바이트를 해서 조금이라도 돈을 모은다면 모자라는 것은 아빠가 보태주마."

이처럼 당신은 자전거를 사줄 수 없음을 분명히 하고, 대신 아이가 새 자전거를 살 수 있게 스스로 돈을 벌 수 있는 방법을 함께 의논하라. 아이의 소망에 당신이 참여하고 있다는 것을 인식시켜 주는 것이 중요하다.

아이 앞에선 정직하라

대부분의 아이들에게는 부모가 진실을 말하는지 아닌지 금방 눈치채는 직감이 있다. 그러므로 감정코치를 하는 부모라면 단순히 "이해한다"라거나 "그래, 나도 그런 상황이면 화가 나겠구나"라는 단순문답 형식의 반복보다는 세심한 대화가 필요하다. 순간의 거짓말은 아이의 신뢰를 떨어뜨릴 뿐만 아니라 가족관계에 악영향을 끼친다. 그러므로 아이에게 이해한다는 말만 무턱대고 던지기 전에 아이를 충분히 이해해야 한다.

아이와 함께 동화책을 읽어라

영유아기에서 청소년기로 성장하는 아이들에게 좋은 동화책은 부모와 자녀 모두에게 정서함양을 높이는 역할을 한다. 동화책은 아이가 감정을 표현하거나 생활에 필요한 어휘를 늘리는 데 많은 도움이 된다.

아이의 나이에 맞게 고른 동화책은 부모가 자녀에게는 선뜻 얘기하지 못하는 화제도 부담 없이 이야기할 수 있는 아이디어를 제공한다. "아기는 어떻게 태어나요?" 또는 "할머니가 죽으면 어디로 가나요?"라는 등의 질문에 말이다.

텔레비전이나 영화도 가족 간의 대화에 활력을 불어넣을 수 있지만 책보다 좋은 매개체는 없다. 책을 읽다가 필요한 부분에서는 중간중간 멈추고 어떻게 생각하는지 서로 대화할 수 있기 때문이다. 큰소리로 읽어주는 것도 아이로 하여금 가족 모두가 이야기에 참여하고 있다는 기분을 주면서 이야기 속으로 빠져들 수 있는 계기를 제공한다. 또 기본 구성이 탄탄한 동화책은 어른들에게 아이들의 정서세계를 엿볼 수 있는 창이 되기도 한다.

안타깝게도 대부분의 부모들은 아이와 같이 큰소리로 동화책을 읽으며 독서에 참여하기보다는 아이 혼자 알아서 읽으라는 식으로 방치한다. 부모와 함께 책을 벗하며 자란 아이들이 십대에 접어들면 그렇지 않았던 또래 아이들보다 높은 수준의 책을 읽는다. 독서를 습관화하는 일은 부모와 자녀 모두 즐겁게 마음을 공유할 수 있는 장을 마련해 준다.

인내심을 가지고 아이를 지켜보라

진정한 감정코치라면 아이가 감정을 스스로 표현할 수 있도록 인내심을 가지고 지켜보아야 한다. 아이가 슬프면 울 수도 있고 화가 났다면 발을 동동 구를지도 모른다. 그런 아이를 시간을 두고 지켜봐야 한다는 게 쉬운 일은 아니다. 그러나 감정코치의 최종 목적은 아이를 억압하는 것이 아니라 감정에 솔직하고 이를 제대로 표현하게 하는 것이다. 그때그때 아이가 잘못하는 것을 바로잡거나, 내버려두면 알아서 하겠지 하는 생각은 단기적인 면에서는 부모로서 수월할지도 모른다. 하지만 결과적으로 아이에게 좋지 않다. 문제를 계속 무시하고 지나쳐서 점점 커지고 나면 아이는 정서결핍증에 걸릴 수 있다.

여러 차례 강조했다시피, 진정한 부모는 몸으로 직접 느끼듯 아이와 감정 교류를 해야 한다. 마치 환상적인 음악을 감상하면서 온몸이 전율

함을 느끼는 기분으로 말이다. 그렇다고 항상 대화로만 아이의 감정을 풀어줘야 할 필요는 없다. 단지 아이와 같이 앉아 있는 그 시간만으로도 충분하다. 서로 감정을 교류한다고 생각하며 아이를 안아주거나 등을 어루만져 주는 스킨십이 말보다 더 큰 효과가 있다. 당신이 아이의 감정을 헤아릴 수 있다면 하루하루 아이와의 관계가 가까워짐을 느낄 것이며 매일 벌어지는 일상생활의 에피소드를 통해서 변치 않는 관계를 형성할 것이다. 후에 과거를 돌이켜 보면 당신과 아이와의 관계가 그 어떤 것과도 바꿀 수 없는 보물임을 알게 될 것이다.

부모로서의 권위를 인지시켜라

'권위'는 부모와 자녀 관계에서 아이가 잘못했을 때 바로잡을 수 있는 부모만의 특권을 의미한다. 어떤 부모들에게 권위는 협박, 창피주기 또는 아이를 때리는 일로 표출된다. 반면 필요 이상으로 관대한 부모들의 경우 권위는 찾아볼 수 없다.

감정코치 부모들에게 권위는 부모와 자녀 간의 정서적 결합이다. 당신이 아이와 정서적으로 결합되어 있다면 아이가 잘못했을 때 설득력 있는 말로 다가갈 수 있다. 아이가 당신을 화나게 하거나 실망시키거나 걱정을 끼친다고 해서 무턱대고 때리거나 규제하는 식으로 다루면 곤란하다. 당신과 아이가 서로 존중하고 사랑한다는 전제 하에 벌을 내려야 한다.

아이에게 창피를 주었거나 때렸던 경험이 있다면, 지금은 어떻게 하면 자녀의 입장을 공유하면서 부모의 권위를 살릴 수 있을지 생각해야 한다. 시일이 걸려도 노력한다면 충분히 바꿀 수 있다. 이와 관련하여 기너트 박사가 제시한 두 가지 원칙은 당신에게 큰 도움이 될 것이다. 1) 모든 감정 표현의 자유는 인정해도 모든 행동이 허용되지는 않는다, 2) 부모와 자녀 사이의 관계는 민주주의와는 다르다. 부모만이 자식의 행동 규제를 통제할 권리를 지닌다.

만약 아이가 십대거나 십대 이전의 청소년기라면 규범에 관해서 부모의 권위에 대해 직접적으로 얘기할 수 있다. 지켜야 할 사항들 그리고 이를 어겼을 시에 따르는 규제들과 적절한 타협에 대해 토론하라. 특히 그 사항들이 사회적인 법 규정, 아이의 안전과 행복에 관련된 것이라면 엄격하게 토론해야 하고 기준에서 벗어나서는 안 된다.

감정코치가 적절하지 못한 상황들

감정코치가 모든 일을 해결해 주는 만병통치약은 아니다. 인내심을 가지고 차분히 관망하는 자세가 필요할 때도 있다. 긍정적으로 생각하면서, 어떻게 하면 자녀가 당신의 말을 잘 받아들일 수 있을지 기회를 찾아야 한다. 그러나 감정코치를 하지 말아야 할 상황이 있다.

시간에 쫓길 때

현대의 부모와 아이들은 스케줄에 쫓기는 삶을 살고 있다. 아이들이 눈을 뜨면서부터 잠자리에 들 때까지 꽉 짜인 스케줄에 시달릴 경우, 하나의 학습과정이라 할 수 있는 감정코칭을 적용하기란 매우 어렵다. 아이들은 주어진 스케줄에 맞춰 시키는 대로 움직이는 로봇이 아니라는 사실을 알아야 한다.

사업을 하는 한 엄마는 감정코치 교육이 매우 힘들다고 토로한 적이 있다. 그녀는 어느 날 아침 아주 중요한 사업 모임이 있어 딸을 차에 태우고 어린이집으로 갔다. 그런데 어린이집 정문에 도착해서 5살짜리 딸아이가 갑자기 내리기를 거부했다.

"내가 좋아하는 케이트 선생님이 오늘 없어."

딸은 시무룩해서 말했다.

"나 오늘 어린이집 가기 싫어."

그녀는 시계를 잠시 바라보고 회사에 늦지 않도록 5분간 아이를 달래기로 했다. 머릿속으로 감정코치하는 방법을 그려보면서 그녀는 딸과 함께 이 문제를 어떻게 풀어나갈까 고민했다.

"어머, 그래서 기분이 좋지 않구나. 좋아하는 선생님이 안 계셔서 싫으니? 그래, 네 심정 잘 알아. 그래도 엄마는 지금 회사에 가야 해. 엄마가 어떻게 해주면 좋겠니?"

하지만 아이는 요지부동으로 똑같은 말만 하며 울고불고 가기 싫다고 징징거렸다. 그 사이 5분은 후다닥 지나가 버리고 말았다. 엄마가 달랠수록 아이는 더 안하무인이 될 뿐이었다. 결국 20분 동안의 혈투 끝에 그녀는 아이 달래기를 포기하고 징징거리는 딸을 안고 어린이집으로 들어갔다. 그리고 거의 미친 사람처럼 차를 몰아 회사로 갔지만 이미 의뢰인은 떠난 뒤였다. 그날의 일을 돌이켜 생각하면서 그녀는 무엇을 잘못했는지 깨달았다.

"결국 아이에게 제 이중성만 보이고 말았죠. 아이 입장에서 이야기를 들어주겠다고 했지만 사실 아이는 내가 시계만 본다고 생각했을 거예요. 그때 그 애는 아무도 자기를 진심으로 대하지 않는다고 생각했을 거예요."

아이에게 무슨 일이 생기면 항상 같이 앉아서 고민하는 부모가 되어야한다는 것은 이상일 뿐이다. 대부분의 경우 이를 실천할 수 있는 상황적 여유가 되지 않는다. 그러므로 가급적이면 자유시간대를 정해서 부모와 아이가 고민거리에 대해 이야기를 나눌 수 있는 대화의 장을 마련하는 것이 최선의 방법이다. 초등학생이나 청소년의 경우라면 함께 집안일을 하면서 대화의 장을 열 수 있다. 이런 시간들을 만들면 스케줄에 구애받지 않고 아이와의 관계를 돈독히 할 수 있다.

다른 사람이 있을 때

여러 사람이 함께 있을 때 아이를 교육하면서 둘만의 신뢰를 쌓기는 힘들다. 그렇기 때문에 나는 감정코치를 다른 사람들이 많이 있는 곳에서 하기보다는 아이와 단둘이 있을 때 활용하기를 권한다. 이런 경우 아이를 직접적으로 창피하게 만드는 일을 피할 수 있으며 허심탄회한 대화를 주고받을 수 있다. 이 방법은 특히 형제 싸움이 빈번하게 일어나는 가족들에게 좋은 대안이다. 한 엄마는 감정코치 기술을 사용해서 아이들의 싸움에 끼어들었을 때의 상황을 이렇게 말했다.

"한쪽 편을 들면 다른 아이는 화나서 길길이 날뛰죠."

두 명 이상의 아이들이 서로 다툴 때 공정심을 잃지 않는 부모라면 최상의 중재자 역할을 할 수 있다. 하지만 감정코치는 그보다는 한 단계 더 들어가 아이와 감정을 공유하고 아이의 말에 귀를 기울이는 일이 요구된다. 어느 쪽을 편들지 않고 싸움의 중재자가 되는 것은 거의 힘든 일이다. 최선의 해결책은 두 아이에게 균등한 시간을 할애해서 대화를 하는 것이다. 특정 시간을 정하여 한사람 한사람 따로 깊은 대화하는 것만이 문제를 풀 수 있는 지름길이다.

한 가지 염두에 두어야 할 것은 아이가 특히 조부모나 친척들과 함께 있을 때의 대처 방법이다. 손자의 말을 무조건 들어주는 할머니를 옆에 두고 아이의 잘못을 고치기란 힘들다. 이럴 때는 그 순간을 꾹 참아 넘기고 후에 적절한 시간을 만들어 아이를 일대일로 교육해야 한다.

너무 피곤하거나 화가 나 있을 때

감정코치를 하려면 어느 정도 창조적인 생각과 에너지가 있어야 한다. 심하게 스트레스를 받은 상황이거나 육체적으로 피곤한 상태에서 창조적인 생각과 긴 대화를 나누기란 힘든 일이다. 인내심을 가지고 아이와 차분히 대화를 하기 힘든 날이 있다. 의례적인 몇 마디 말조차 하기 힘든 날도 있다. 이런 경우는 다시 재충전될 때까지 감정코치를 미루어야 한다. 재충전을 하기 위해서 산책을 하거나, 낮잠을 자거나, 뜨거운 물로 목욕을 하거나 영화를 보는 것도 방법이다.

만약 아이를 대할 때 지속적으로 피곤하거나 스트레스가 쌓였거나 화가 나는 상황이라면 당신과 아이를 위해 삶의 패턴을 바꾸는 것도 고려해야 한다.

정말 심각한 상황을 짚고 넘어가야 할 때

우리는 때로 아이의 잘못된 행동으로 인해 마음을 다스리기가 몹시 어려운 심각한 문제에 직면할 수 있다. 아이가 심각하다 싶을 정도로 부모의 도덕적 기준과 사사건건 부딪힌다면 아이의 행동에 절대적인 제재를 가해야 한다.

아이가 왜 잘못하는지 이해한다고 해도 이 시점에서 너그러움은 금물이다. 아이의 심정을 충분히 이해하고 대화를 통해서 잘못된 점을 고치는 감정코치법은 여기서는 통하지 않는다. 이 순간에는 잘못된 아이의 행동을 명확히 파악하고 왜 그런 행동을 했는지 분석한다. 이때는 화를 내거나 실망감을 경멸하는 투의 말이 아닌 보여도 무방하다. 또 당신의 생각을 분명하게 밝혀야 한다.

모리아가 네 살이었을 때 손님이 와서 우리 집에 여러 날을 묵었던 적이 있었다. 하루는 저녁식사 후 모리아가 거실에서 빨간 펜을 들고

서 있는 것을 발견했다. 그 애 앞에는 우리가 새로 장만한 살구색 소파가 빨간색으로 난장판이 되어 있었다. 나는 눈을 둥그렇게 뜨고 화가 나서 소리쳤다.

"이게 어찌된 일이니?"

모리아는 펜을 쥐고 나를 빤히 올려다보면서 우물쭈물 대답했다.

"몰라요. 내가 안 그랬어요."

이때 나는 두 가지 문제에 직면했음을 깨달았다. 기물 파손죄와 딸이 한 거짓말을 어떻게 다루어야 하는가라는 두 문제 말이다. 사실 모리아는 손님이 온 이후로 계속 불만에 차 있었다. 우리가 손님 접대에 바빠 자신을 등한시하자 손님에게 질투를 느끼고 관심을 끌기 위해 일부러 소파에 낙서를 한 것이다. 그리고 거짓말을 한 이유는 간단했다. '혼나기 싫어서'였다.

물론 내가 아이의 입장에 서서 "모리아, 네가 화가 나서 소파에 이렇게 낙서했니? 네 마음은 이해하지만 소파에 낙서를 한 건 용서할 수 없구나"라고 말하면서 사건을 매듭지을 수 있었다. 그러나 문제는 그것이 아니다. 모리아가 거짓말을 했다는 점이다. 그래서 나는 그날 밤 정직이 얼마나 중요한지 교육시킨 후 왜 낙서를 했는지 물었다. 우리 부부는 아이의 말에 하나하나 귀 기울이면서 아이가 겪었던 외로움과 질투, 화에 대해 공감했다. 그리고 우리는 모리아에게 다른 좋은 방법으로 그런 문제를 해결할 수 있다는 것을 가르쳤다.

모리아에게 즉각적으로 감정코치법을 쓰지 않고도 내가 아이에게 귀 기울이고 있다는 것을 보여줌으로써 이 문제를 원만하게 해결할 수 있었다. 아이가 평소에 부모와 돈독한 관계를 유지하고 있다면 부모가 아이에게 화내고 실망할 때 스스로 고칠 수 있는 능력을 가질 수 있다.

아이가 감정을 이용해 당신을 교묘히 속이려 할 때

원하는 걸 얻기 위해 아이가 의도적으로 그 순간에 울고불고 졸라대는 행동에 어떻게 대처해야 하는가? 테디(5살)의 부모는 결혼기념일에 아이를 남겨두고 저녁 외출을 하려 한다. 테디는 애 봐주는 사람과 남겨지는 걸 눈치채고 울음연기를 시작한다. 부부는 한참 아이를 달랬지만 소용이 없었다. 아이는 자기도 같이 데려가라며 계속 울기만 했다. 결국 그 부부는 달래는 걸 포기하고 아이를 홀로 방에 내버려두었다. 아이는 방에 들어가 10여분 동안 울었지만 곧 그쳤다. 아버지가 가만히 방을 들여다보니 아이는 장난감 집짓기를 하고 있었다. "아이는 나를 보고 씩 웃더군요. 자기 계획이 성공한 것을 알고 말예요."

테디는 울고 떼를 피우면 부모가 자기 말을 들어줄 것이라고 생각했던 것이다. 아이가 홀로 애 봐주는 사람과 남겨지는 것을 싫어했다는 사실은 중요치 않다. 부모가 아이 입장에서 이해하려는 마음을 아이가 거짓연기로 이용했다는 점이 문제다. 부모는 아이에게 징징거린다고 해서 일이 해결될 수 없음을 분명히 알려주었어야 했다. 그 순간 감정코치를 할 수 없다고 해도 이후에 아이와 그 문제에 대해 이야기를 나누어야 한다. 부모가 이를 제대로 지키지 않으면 아이는 부모에 대한 신뢰를 잃고 자기 마음대로 행동할지 모른다. 약속을 지키는 것은 아이에 대한 존중을 나타낸다는 사실을 잊어서는 안 된다.

감정코치는 모든 가족 문제를 한 번에 해결해 줄 수 있는 마법의 해결책은 아니다. 그렇지만 아이를 이해하고 친밀한 관계를 만드는 데 큰 힘이 된다. 부모와 자녀가 같이 머리를 맞대고 문제를 해결할 수 있는 지렛대 역할을 한다. 아이들은 당신에게 솔직히 이야기를 해도 된다는 믿음을 갖는다. 그리고 당신이 무조건 화를 내고 야단만 치지는 않으리라고 믿는다. "난 아빠를 사랑하지만 아빠한테는 사실대로 말 못해"라는 생각은 하지 않게 될 것이다. 무슨 문제가 생기면 아이들은 당신이 진부한 얘기나 연설만으로 일관하지 않으리란 걸 알고 해결책을 찾으러 당신에게 즉각 한달음에 달려올 것이다. 당신이 정말 아이에게 귀 기울여준다면.

감정코치 기술 테스트

아이 감정을 파악하고 부모가 대처할 수 있는 다양한 방법들을 시험할 수 있는 테스트를 수록했다. 이를 통해 아이들이 가지는 부정적 감정에 대해 어떻게 감정코치를 할 수 있는지 연습할 수 있다. 각 문항마다 부모가 해서는 안 되는 잘못된 답이 있다. 모든 상황마다 아이가 어떤 감정을 가질 것이며, 이에 따른 부모의 해결책은 무엇인지 추측해 보라. 그리고 아이의 감정을 풀어줄 수 있는 새로운 답을 제시해 보라.

예 : 백화점에서 아이가 갑자기 사라져 부모가 허둥지둥 찾는다. 시간이 지난 후 울고 있는 아이를 백화점 직원이 데려온다.

부적절한 반응 : "바보, 멍청아! 정말이지 너 때문에 화가 나 못살겠다. 다시는 백화점에 데려오나 봐라!"

부모의 기대 : 부모도 매우 걱정했고 아이가 무사하길 원하며 다시는 이런 일이 일어나지 않기를 바람.

아이의 감정 상태 : 공포.

긍정적 반응 : "많이 무서웠지. 엄마도 겁나서 혼났단다. 자, 이리 와 엄마한테 안기렴. 앞으로 또 이래서는 안 돼."

1. 아이가 학교에서 돌아와서 이렇게 말한다. "다시는 학교에 안가! 선생님이 애들 다 보는데서 날 야단쳤단 말야!"

부적절한 반응 : "네가 분명 선생님을 화나게 할 만한 짓을 했겠지!"

부모의 기대 :

아이의 감정 상태 :

긍정적 반응 :

2. 아이가 이렇게 소리친다. "형 싫어! 형 없었으면 좋겠어!"

부적절한 반응 : "그게 무슨 소리니? 함부로 그런 말하는 게 아냐. 네 형이 '난 동생이 없었으면 좋겠어' 라고 말하면 넌 어떡할래, 응? 다시는 그런 말하지 마!"

부모의 기대 :

아이의 감정 상태 :

긍정적 반응 :

3. 저녁식사를 하면서 아이가 이렇게 말한다.

"웩! 이거 맛없어. 안 먹을래."

부적절한 반응 : "나쁜 아이구나! 음식을 감사히 먹을 줄 알아야지!"

부모의 기대 :

아이의 감정 상태 :

긍정적 반응 :

4. 아이가 바깥에서 돌아와 이렇게 말한다. "쟤네들 정말 싫어. 나하고는 안 놀아준단 말이야. 나한테 늘 심술궂게 굴어!"

부적절한 반응 : "네가 잘했으면 쟤들이 널 따돌리겠니? 별거 아닌 것 갖고 괜히 그러는구나. 안 놀아주면 때려버려!"

부모의 기대 :

아이의 감정 상태 :

긍정적 반응 :

5. 아이가 이렇게 말한다. "엄마 말고 이모랑 같이 살고 싶어."

부적절한 반응 : "엄마한테 그런 말을 하다니! 정말 못된 애로구나!"

부모의 기대 :

아이의 감정 상태 :

긍정적 반응 :

6. 아이가 놀러온 친구에게 이렇게 말한다.

"넌 이 장난감 갖고 놀지 마! 이건 나만 갖고 노는 거야!"

부적절한 반응 : "참 못됐구나! 친구랑 같이 갖고 놀아야지."

부모의 기대 :

아이의 감정 상태 :

긍정적 반응 :

코칭 가이드

이상 여섯 가지 상황에 대한 정답은 없다. 하지만 지금까지 설명한 감정코치법에 기초해 가장 적절하고 긍정적인 답을 찾을 수 있다.

1. 부모의 기대 : 아이가 학교생활에 충실하고 선생님과 원만한 관계를 가지길 원한다. 그런데 아이가 선생님한테 무엇을 잘못해서 혼났는지 걱정이 된다.

아이의 감정 상태 : 창피함.

긍정적 반응 : "저런, 많이 속상했겠구나. 그렇지만 혹시 네가 무얼 잘못했는지 곰곰 생각해야 하지 않겠니? 선생님이 너

를 나무란 것은 다 너를 위해서잖니."

2. 부모의 기대 : 형제간에 우애 좋게 지내길 원한다.
아이의 감정 상태 : 화, 질투.
긍정적 반응 : "그래. 어떤 때는 형이 널 화나게 할 때도 있어. 형하고 무슨 일이 있었는지 말해 볼래? 어떻게 하면 형과 사이좋게 지낼 수 있는지 생각해 보자"

3. 부모의 기대 : 또다시 요리를 할 필요가 없이 아이가 음식을 맛있게 먹기를 원한다.
아이의 감정 상태 : 입맛 없음.
긍정적 반응: "오늘 입맛이 없나 보구나. 엄마가 한 음식이 맛이 없었니? 특별히 먹고 싶은 거라도 있니?"

4. 부모의 기대 : 아이가 친구들과 사이좋게 지내길 원한다.
아이의 감정 상태 : 슬픔, 외로움.
긍정적 반응 : "기분 상했겠구나. 무슨 일이 있었는지 말해 줄래? 그리고 어떻게 하면 친구들과 사이좋게 지낼 수 있는지 엄마와 함께 방법을 찾아볼까?"

5. 부모의 기대 : 오늘 밤 아이와 함께 좋은 시간을 보내길 원한다.

아이의 감정 상태 : 슬픔. 엄마가 미움.

긍정적 반응 : "이모가 보고 싶은가 보구나? 그래, 엄마도 이모가 보고 싶단다. 오늘밤 엄마를 이모라고 생각하고 우리 재미있게 놀까?"

6. 부모의 기대 : 아이가 친구와 사이좋게 지내길 원한다.

아이의 감정 상태 : 화가 남, 이기심.

긍정적 반응 : "네가 좋아하는 장난감을 남과 같이 가지고 노는 게 싫구나? 그러면 이 장난감말고 다른 장난감을 가지고 친구하고 놀면 어떨까?"

05

결혼, 이혼
그리고 아이의 정서적 건강

> 행복한 결혼생활과 사회 활동이
> 곧 아이에게 좋은 감정코치가 될 수 있다.
> 감정코치는 자녀교육뿐 아니라 부부의 결혼생활에도
> 긍정적인 영향을 준다

행복하지 않은 부모 밑에서 성장한 사람들에게 어린 시절에 대한 기억을 얘기해 보라고 하면 대부분 슬프고, 어둡고, 절망적이며 씁쓸했던 일만 털어놓는다. 부모의 이혼이 남긴 상처와 아픈 기억이 생생하게 떠오르기 때문이다. 또는 어떤 이들은 매일같이 싸우면서도 "자식 때문에 어쩔 수 없이 같이 사는" 부모 밑에서 자랐을 수도 있다. 만약 그런 입장이라면 그 사람은 커다란 고통을 경험했을 것임에 틀림없다.

사실 부부가 같이 사느냐, 별거 중이냐, 이혼을 했느냐는 문제는 그리 중요하지 않다. 엄마와 아빠가 매일같이 적의를 드러내고 서로 모욕하고 싸우는 모습을 아이에게 보이는 것이 더 문제다. 결혼 또는 이혼 생활의 행로는 아이들에게 하나의 '정서 환경'을 제공해 주는 역할을 하기 때문이다. 나무 한 그루가 주변 환경의 공기, 수질, 토양의 영향에 힘입어 성장하듯이 아이의 정서적 건강은 주변의 관심과 사랑받는 정도에 따라 다르게 형성된다. 부모로서, 배우자와의 관계는 아이의 태도와 성취도, 감정 통제와 타인과의 교류관계에 많은 영향을 미친다. 일반적으로 서로 사랑하고 존중하는 부모 밑에서 성장한 자녀들의 정서지수가 훨씬 높다. 반면에 서로 다투고 험한 말을 하는 부모 밑에서 자란 자녀들은 정서적으로 커다란 피해를 입는다.

결혼생활이 원만치 못한 부모들에게 위의 말은 고통스럽겠지만 해결 방법이 아주 없는 것은 아니다. 부부간의 관계 자체가 아이에게 악영향을 준다는 것이 아니라 부부가 자신들의 관계를 자식에게 어떻게 보여주는지를 유념하면 된다. 이에 대해 감정코칭이 완충작용을 할 수 있다. 부모가 자녀의 정서적 측면을 다루고자 할 때 감정코칭이 아이가 부정적으로 생각하는 것을 막고 가족 문제에 참여하도록 해준다는 뜻이다. 이혼과 부부간의 불화가 끼치는 해로운 영향에서 아이를 벗어나도록 하는 방법은 이 시점에서는 감정코치밖에 없다.

'좋은 부모가 되는 길'은 '행복한 결혼생활'로 가는 방법과 다르지 않다. 감정코치 부모들이 자식과 함께 하는 이상적 대화관계가 부부관계에서도 유용하게 쓰일 수 있기 때문이다. 감정코칭이 얼마나 효과적으로 활용될 수 있는지를 알아보기 전에, 결혼 불화와 이혼이 아이에게 어떤 영향을 미치는지 먼저 살펴보자.

불화와 이혼은 자녀에게 어떤 영향을 미치는가?

어린아이가 있는 가정을 상대로 연구한 결과, 결혼생활에서 생기는 불협화음이 아이의 육체와 정신건강, 교우관계에 심각한 영향을 끼친다는 사실을 발견했다. 비판과 폭력이 만연한 부모 밑에서 자란 아이들은 사회적으로 적응하지도 못할 뿐아니라 친구들에게 공격적인 성향을 보였다. 이런 아이들은 감정 통제에 서툴고, 집중을 하지 못하며, 화가 났을 때 쉽게 마음을 가라앉히지 못한다. 또한 이런 자녀를 가진 엄마들의 말에 따르면 자주 잔병치레를 하고 만성 스트레스를 겪는다.

이런 아이들이 친구들과 얼마나 잘 어울리는지 조사하기 위해 우리는 그 아이들의 집에 자유로이 놀 수 있는 공간을 만든 뒤 가장 친한 친구들을 초청해 놀도록 했다. 우리는 30분 동안 아이의 행동을 관찰했는데, 아이가 협동성을 요구하는 놀이에 시간을 더 보내는지 아니면 각자 하고 싶은 걸 더 선호하는지 살폈다. 공공연하게 부정적인 행동을 하는지도 관찰했다.

어떠한 일로 말다툼을 할 때, 아이가 친구와 같이 그 문제를 풀려고 하는가 아니면 그 말다툼으로 서로 마음이 상해 현재 하고 있는 놀이에도 좋지 않은 영향을 미치는가? 기존의 연구에 따르면 아이들의 이러한 행동은 후에 아이의 삶에 커다란 변화를 준다. 부정적이고 반항적인 행위는 아이들이 따돌림받는 주요 원인이 되며, 또한 친구관계를 제대로 형성하지 못하면 아이의 심리 상태에 부정적인 요소가 된다.

이 실험을 통해 우리는 부모의 결혼생활과 아이의 친구 관계가 밀접한 관련을 갖고 있음을 발견했다. 부모의 결혼생활이 평탄치 않은 가정에서 자란 아이들이 그렇지 않은 아이들에 비해 같이 어울려 놀지 못하고 부정적인 행동을 더 자주 했다. 많은 사회학자들도 부부간의 불화를 겪으면서 자란 아이들에게 똑같은 문제가 있다는 것을 보고했다. 즉, 부부간의 갈등과 이혼이 아이에게 훗날 심각한 문제를 초래하는 기폭제 역할을 한다는 것이다. 그러한 징후는 아이가 말을 더듬는다거나 공격적 성향을 보여서 친구들에게 따돌림을 당하는 것으로 나타난다. 자신의 문제에만 연연하다 보니 부모들은 아이들에게 등한시하게 되고 그 결과 아이들은 무방비 상태에서 부모의 가르침을 받지 못하고 친구들과 멀어진다. 결국 가정불화에 시달린 아이들은 곤두박질치는 성적, 상습적인 성행위, 폭력과 약물복용을 일삼게 된다. 조사된 바에 따르면 가정불화가 높은 집의 아이들일수록 우울증, 정서 불안, 흡연과 음주, 마약으로 인한 금단 증상에 더 많이 빠진다.

버지니아 대학의 마비스 헤더링턴 E. Mavis Hetherington 박사는 별거와 이혼을 기점 삼아 아이의 심리 상태를 두 기간으로 분류했다. 하나는 '별거하고 난 이후 2년'이고 다른 하나는 '부모와 자식 사이의 심각한 결렬 상태'다. 그는 이 기간에 "자신만의 문제로 급급한 부모와 상처를 받은 아이가 대화를 통해 서로 화합할 수 있다"고 했다. 그는 또 자녀의 양육권을 가진 이혼한 엄마들은 "자주 변덕을 부리고, 대화가 안 통하고, 아이를 잘 챙기지 못하고, 수시로 애를 벌 줄 때가 많다"고 말했다. 하지만 이런 문제들이 시간으로 해결될 수 있는 문제가 아님을 강조했다. "아이의 행동 대처에 따르는 힘든 일과 아이를 지켜보는 일은 이혼한 엄마들에게 가장 난제라 할 수 있다."

부모가 싸우는 모습에 아이가 충격을 받는다는 사실은 두말 할 필요가 없다. 아주 어린아이일지라도 부모가 싸우는 모습을 보면 심장박동수와 혈압이 올라가면서 신체에 나쁜 영향을 받는다. 어른들이 감정적인 논쟁을 벌일 때 아이들의 반응을 연구한 심리학자 마크 커밍스Mark Cummings에 따르면, 이런 경우 아이들은 큰 소리로 울거나 꿈쩍도 않고 서 있거나 귀를 막고 고래고래 소리를 지르는 반응을 보인다. 이는 유아들의 경우에도 마찬가지다.

우리는 신혼부부의 3개월 된 딸을 통해—부부가 자발적으로 이 실험에 응했다—이 사실을 확인할 수 있었다. 부모가 행복한 얼굴로 아이와 함께 놀아주면 아이 역시 행복한 표정을 지었다. 그러나 아내가 남편에게 소리를 지르고 남편도 같은 식으로 응수하자 아이의 표정이 변했다. 아이는 혼란스럽고 불안해져서 시선을 딴 곳으로 돌리며 울기 시작했다. 동시에 심장박동 수가 훨씬 빨라졌다.

아이가 태어나고 첫 몇 개월 동안 일어나는 일—그것이 무엇이든지—신경체계에 매우 중요한 영향을 끼치며 평생 이어진다. 즉 아이가 울면 달래주고 안아주고 우유를 먹이고 목욕시키고 재워주고 놀아주는 모든 행동은 아이의 인성에 많은 영향을 미치고 아이가 어려움을 스스로 극복할 수 있는 능력을 키워준다. 이러한 부모의 행동은 아이가 점점 자라 다른 사람들과 어울리게 될 때 더 큰 영향력을 발휘한다.

학교 교사들은 가정불화가 잦은 집의 아이들이 IQ가 낮다고 입을 모은다. 〈애틀랜틱 먼슬리 Atlantic Monthly〉에서 바바라 화이트헤드 Barbara Whitehead는 이런 상황을 다음과 같이 빗대어 말했다.

"오늘날 교육의 비극은 다른 곳에 있다. 많은 미국 아이들의 성적이 부진한 이유는 육체적으로나 정신적으로 문제가 있어서가 아니라 정서적으로 불안한 상태에 있기 때문이다. 가정적으로 불화에 시달려 구구단도 제대로 외우지 못하는 정서불안 상태의 아이들에게 어떻게 학업에 정진하라고 말할 수 있는가?"

니콜라스 질 Nicholas Zill이 발표한 아동들에 관한 범 국가적 연구조사에 따르면 이런 문제들은 성인이 되어서도 이어진다. 부모의 학벌, 인종 등 모든 조건을 떠나 가정불화에 시달리며 자란 19-23세 사이의 성인들은 감정의 기복이 심하고 문제 해결에 어려움을 보였다. 또 평범한 가정의 아이들에 비해 두 배 이상의 고등학교 자퇴율을 보였다. 나아가 정상적 가정에서 자란 젊은이들 중 9%만이 아버지와 사이가 안 좋다고 한데 반해 이혼한 부모 밑에서 자란 젊은이들은 65%나 아버지하고의 사이가 좋지 않았다.

부모의 이혼과 인간 수명에 어떤 관계가 있는지 조사한 연구도 있다. 장기간에 걸친 조사에 따르면, 이혼가정 밑에서 자란 사람의 수명이 더 짧다는 것이 밝혀졌다. 1921년 심리학자 루이스 터먼 Lewis Terman은 캘리포니아 주에서 천재 소년소녀 1,500명을 뽑아 그들의 사회심리

현상과 지능 발달을 5년에서 10년 주기로 관찰했다. 사회적으로 받는 스트레스가 인간 수명에 어떠한 영향을 미치는지 알아보기 위해서였다. 세월이 흘러, 캘리포니아 대학의 하워드 프리드먼Howard Friedman은 절반 이상은 이미 사망한 터먼 연구에 응한 실험 대상자들의 사망신고서를 분석했다. 1995년에 프리드먼은 이 실험 대상자들 중 21세 이전 부모의 이혼을 경험했던 사람들이 그렇지 않은 부모에 비해 4년은 일찍 죽었다는 결과를 발표했다. 반대로 부모 중 한쪽이 일찍 사망해서 편부모 가정에서 성장한 이들의 경우는 수명에 별다른 영향을 미치지 못했다. 또한 프리드먼은 이혼가정에서 자란 아이들이 이혼하는 확률도 높다고 밝혔다.

　이혼이 아이들에게 좋지 않은 영향을 미친다는 사례들을 보면서 현재 행복하지 않은 부부생활을 하는 커플들은 아이들 때문에 결혼생활을 유지해야 하나 고민할지도 모른다. 그에 대해 우리 연구팀은, 확실하게 "그럴 필요가 없다"고 말한다. 부부간의 갈등을 보여주는 것 또한 이혼 못지않게 아이들에게 좋지 않은 영향을 주기 때문이다. 다시 말해 이혼 자체가 아이들에게 악영향을 주는 것보다도 그 과정 사이사이에 부모가 보여주는 폭력과 좋지 않은 대화가 아이에게 지속적으로 나쁜 영향을 준다는 것이다.

가정불화의 부정적인 영향으로부터 아이를 보호하려면?

엄마와 아빠와의 불화에서 아이가 상처를 받을 수 있다는 많은 사례들을 보면서, 몇몇 부모들은 부부싸움을 전면 금지하든지 아니면 아이 앞에서만큼은 싸우지 않아야 하는지 전전긍긍할 것이다. 그러나 그런 생각은 그다지 좋은 생각도 아니거니와 현실상 그럴 수도 없다. 결혼생활을 하면서 부부가 갈등을 표출하고 화를 내는 것은 다반사이다. 중요한 것은 싸우지 않는 것이 아니라 의견이 서로 다를 때 진지한 대화를 통해 해결책을 찾는 모습을 아이에게 보여주는 것이다.

아이들이 성장하면서 부모가 서로 화합하지 못하고 자기주장만 늘어놓으면서 싸우는 모습만을 볼 경우, 정서 지능에 악영향을 미친다. 따라서 배우자와 끊임없는 대화를 통해 갈등을 해결하려는 자세가 필요하다. 물론 이는 말처럼 쉽지 않다. 하지만 최근 행해진 연구들은 부모가 어떻게 하면 대화를 통해 아이에게 좋은 감화를 줄 수 있는지 알려준다.

결혼생활 동안 감정코칭을 꾸준히 연마한다

연구에 따르면 부모가 자녀의 말을 잘 들어주고 이해하며, 진정으로 대할 때 아이들이 행복하고 성공적인 삶을 살아간다. 그렇다면 이를 위해 실천해야 할 행동은 무엇일까?

우리는 이 문제에 대한 답을 찾기 위해 감정코치를 하는 부모들을 상대로 조사를 실시했다. 인터뷰를 통해 우리는 그들의 결혼생활과 가치관이 어떠한지 알 수 있었다. 실험하는 동안, 우리는 그들이 직면해 있는 문제점에 주시했다. 그리고 11년 이상 동안 그들과 얘기를 나누면서 그 사람들 중 얼마나 많은 부부가 이혼했는지, 이혼을 고려했는지 그리고 얼마나 많은 부부가 결혼생활에 만족했는지 조사했다.

우리가 발견한 바에 따르면, 감정코치는 단순히 자녀교육에 도움을 줄뿐 아니라 그들의 결혼생활에도 긍정적인 영향을 주었다. 다른 부모들에 비해 감정코치를 잘하는 부부들은 결혼생활에 더 만족하고 잘 유지했다. 그들은 서로를 아끼고 존경하는 모습을 보여주었다. 그들은 주로 '우리'라는 단어를 쓰며 자신들의 삶이 '공존'하고 있다고 말했다. 또한 화를 덜 내고 덜 폭력적인 성향을 보였다.

이런 결과에 대해 우리는 이렇게 결론 내릴 수 있었다.

"행복한 결혼생활과 사회 활동이 곧 아이에게 좋은 감정코치가 될 수 있다."

자신의 결혼생활이 행복하고 평화로울 때 자식에게 관심을 기울이는 것은 사실이다. 그러므로 아이의 정서에 관심을 기울이는 사람은 먼저 배우자에게 관심을 기울여야 하며 진솔하고 따뜻한 대화를 나누며 행복한 결혼생활을 영위해야 한다.

'계시록의 네 기사'를 피하라

가족과 정서에 관련된 장기간에 걸친 연구를 하면서 우리는 행복하지 않은 결혼생활을 하거나 이혼 단계로 접어든 부부들이 그들의 결혼생활에 치명적인 손상을 가하는 특정한 태도와 감정에 영향을 받는다는 걸 알아냈다. 이것은 내가 '요한계시록의 네 기사' _{백·적·흑·청색 말에 탄 네 명의 기사로 각각 질병·전쟁·기근·죽음을 상징함. 이와 같이 관계를 파멸로 몰아가는 네 가지 유형의 행동 방식 – 옮긴이}라고 명명한 예측 가능한 네 단계를 통해 나타난다. 재앙의 전조로서 각각의 기사들은 자신의 결혼생활과 배우자를 포기하고 재앙으로 빠지는 길로 달려간다. 결국 자신의 결혼생활에 위험 신호가 발생했을 때 그들에게 직면된 네 가지는 '비난과 경멸, 자기 방어와 고의적인 무시'다.

이 네 가지가 아이들에게도 나쁜 영향을 줄 것은 분명하다. 부모가 서로 비난하고 경멸하며 자기주장에 급급하고 무시하는 것을 본 아이는 가정불화에 따른 악영향으로 고통받는다. 하지만 이 재앙은 얼마든지 극복할 수 있으며 자녀들도 이 악영향에서 벗어나게 할 수 있다.

재앙의 기사 1 : 비난

서로를 비난한다는 것은 곧 상대방의 성격에 대해 좋지 않은 소리를 하면서 원망하기에 급급한 상황을 연출함을 뜻한다. 언뜻 보기에 비난과 불평은 거의 차이가 없는 것 같지만 사실은 엄청난 차이가 있다. 불평은 어떤 특정한 작은 일에 대해 불만을 털어놓는 것이지만 비난은 그 사람의 성품 자체를 부인하는 것이다.

불평 : "옷에다가 그렇게 돈을 많이 쓰니, 돈이 절약되겠어?"

비난 : "아니, 우리가 지불해야 할 청구서가 얼마나 많은데 이렇게 옷에다가 돈을 써? 어쩜 그리 허영심이 가득하고 이기적이야?"

불평 : "당신이 금요일 밤만 되면 밖에서 친구들 만나기에 바쁘니 난 외롭고 허전해."

비난 : "나와 애는 집에다 팽개치고 밖으로만 싸돌아다니니 당신은 너무 무책임한 사람이야. 가족은 전혀 눈에 보이지도 않지?"

불평 : "거실에 옷을 아무렇게나 벗어놓지 않았으면 좋겠어. 엉망으로 보이거든."

비난 : "당신을 졸졸 쫓아다니면서 옷 치우는 것도 이골이 나. 당신은 전혀 배려심도 없고 게을러."

불평은 단순히 사실 하나만을 말하고 끝맺지만 비난은 비판과 더불어 "이렇게 해야지"라는 암시까지 덧붙인다. 결국 상대방이 구제불능이라는 의미를 함축한다. 예를 들어 "가끔 딸기 아이스크림도 사 와"라고 말하는 것과 "왜 맨날 초콜릿 아이스크림만 사 와? 내가 그걸 얼마나 싫어하는지 알 때도 됐잖아"라고 말하는 것과 같다.

기대에 대한 배신감도 이에 해당된다. "식구들끼리 식사하는데 당신이 늦어서 한참 기다렸어. 차가 막힐 걸 감안해서 좀 일찍 나왔으면 좋았을 텐데…"라고 말할 수 있는데도 이렇게 이야기한다. "식사시간 맞춰서 오라고 그렇게 당부했는데 또 늦어? 당신은 항상 이런 식으로 모임을 망치는군." 그리고 비난은 곧 일반화의 오류로 넘어가기 쉽다.

"당신이 집안일을 도와준 꼴을 본 적이 한 번도 없어."

"당신은 늘 제때 전화세 낼 줄을 모르는군요."

사실 비판은 그때 당시의 울적한 기분이나 화가 풀리지 않았을 때의 감정 표현으로 자주 쓰인다. 한쪽이 침묵으로 일관할 때 다른 한쪽은 격한 감정을 쏟아내기 바쁘다. 침묵으로 일관하던 상대방이 참다 참다 못하면 결국 한마디를 던지게 된다. 한번 불만을 터뜨리면 지금과는 관련 없는 불만까지 봇물 터지듯 걷잡을 수 없이 쏟아져 나온다는 것이다. "도대체 시간 맞춰서 오는 일이 없지! 아이와 놀아주는 것도 본 적이 없어. 옷차림도 늘 변변치 않고 말이야. 부부가 같이 오붓하게 식사를 한 게 도대체 언제야?"

여태까지 마음속에 쌓여 있던 말들이 순식간에 터져 나오기 시작하면 상대방은 어리둥절할 따름이다. 그는 잠시의 충격으로 멍하니 있다가 점점 상처받으면서 결국 더 위험한 두 번째 단계로 들어간다.

이런 상처 주는 말을 피하기 위한 방법은 무엇일까? 그때그때 해결하는 것이다. 폭발하기 일보직전까지 가슴에 담아두지 말라. 상대방에게 인신공격적인 말을 던지지 말고 그때그때 잘못된 사항을 바로 지적해서 넘어가야 한다. 그리고 상대방 탓으로 일방적으로 몰아가서는 안 된다. 지적할 사항만 지적하고 일반화하는 일은 삼가도록 한다. "항상 그 모양이야" 또는 "한번도 그러는 적이 없지" 등과 같이 비난하는 말투는 가급적 삼간다.

조사에 따르면 주로 아내가 남편을 비난하는 사례가 더 많다. 그럴 수밖에 없는 이유는 모든 부부간의 문제를 여자가 먼저 제기하기 때문이다. 반면 남편들은 필요에 의해서만 문제를 제시하는 경향이 있다. 사실 아내가 화내거나 말거나 남편이 무신경하면 결국 비난이 쏟아진다는 걸 감안할 때 남자들의 태도는 그리 바람직하지 못하다. 그러므로 더 나은 결혼생활을 바란다면 남편은 아내가 하는 말에 주의 깊게 귀 기울여야 한다. 통상적으로 여자들이 화가 나면 '딱 그 부분에 한해서만' 화내고 끝내게 마련이다. 그러므로 더 심한 비난의 말을 듣기 전에 스스로 알아서 아내의 화에 대처하는 것이 최상의 방법이다.

재앙의 기사 2 : 경멸

경멸은 비난과 비슷하지만 더 극대화된 사례다. 상대방을 경멸하는 것은 심리적으로나 정신적으로 마음에 큰 상처를 주는 것이다. 상대방의 행동에 반발해서 그에 대한 보복 심리로 상처 주는 말을 하는 것이 경멸이다. 당신이 상대에게서 경멸의 말을 듣는다면 상대방에 대해 온갖 부정적인 생각이 든다. 결혼생활을 하면서 그런 생각에 젖어들다 보면 처음 느꼈던 좋은 감정들은 순식간에 사라진다. 그때 그 시절 속삭였던 사랑의 말, 평온함, 같이 즐긴 시간과 추억들은 빛을 잃는다.

결혼생활에 상처를 입히는 것들은 상대방을 함부로 대하거나, 악의가 섞인 농담 또는 비웃음, 망신 주는 것 등을 들 수 있다. 어떤 배우자들은 상대방의 말꼬리를 잡아서 상처를 주기도 한다. 때로는 은연중에 보이는 행동이 상대방에게 무례하게 비칠 수도 있다. 남편이 얘기할 때 부인이 딴청을 피운다든가 부인이 얘기하는데 코골고 자는 남편이 바로 대표적인 사례다.

상대를 경멸하는 말을 던지는 것이 습관화되면 결국 자신도 절제할 수 없는 심한 말들을 내뱉을지도 모른다. 그러나 부부간에 서로 대화를 주고받으며 서로 이해할 시간을 가지면 이런 일은 사전에 예방할 수 있다. 처음에는 서로의 심정을 허심탄회하게 속내를 털어놓으며 서로의 얘기를 귀 기울여 듣는다. 배우자의 잘못을 끄집어내 비난하고 싶다거나 상처 주고 싶다는 생각은 버려라. "가끔씩 날 언짢게 하지만 저 사람은 장점이 더 많아"라고 생각하라.

배우자가 쓰레기 치우는 일을 잊었을 때, 두 가지 반응이 나올 수 있다. "제시간에 쓰레기를 치우는 걸 본 적이 없다니까. 일을 벌려 놓기만 하고 다른 사람이 알아서 치워주기를 바란단 말이지." "쓰레기가 다 찬 줄 몰랐나 보구나. 다른 일 때문에 잊었나봐. 내가 도와주어야겠어." 후자의 생각은 부부 사이에 생기는 불만을 잠재울 수 있다. 처음에는 쉽지 않겠지만 내가 옳고 상대방이 그르다는 식의 논쟁보다도 같이 해결점을 찾는 방안을 모색해야 한다.

상대방을 경멸하는 일은 곧 그에 대한 존경과 사랑을 없애는 역할을 한다. 해결책은 배우자에 대해 항상 긍정적인 생각과 사랑하는 마음을 가지고 대하는 것이다. 어떤 부부들은 의견 충돌이 생길 때마다 처음 만났을 때 사랑에 빠졌던 순간을 연상한다. 그러니 당신도 화가 나거나 상대를 비난하고 싶어질 때 행복했던 추억을 떠올려 보라. 처음에는 어렵겠지만 꾸준히 연습을 하면 얼마든지 가능하다.

재앙의 기사 3 : 자기방어

경멸에 가득 찬 말을 들을 때 자기방어적이 되는 것은 너무나 당연하다. 그러나 지나친 자기합리화는 부부간의 골을 깊어지게 할 뿐이다. 서로 자기 말이 옳다고 주장하면서 상대방의 말에 귀 기울이지 않는 독단을 낳기 때문이다. 그리고 자신의 책임을 남에게 미루기 일쑤다. "제이슨의 학교생활이 엉망인 게 왜 내 책임이야? 당신이 애 말이라면 다 들어줘서 그렇게 된 거잖아"라고 배우자에게 모든 책임을 떠넘기거나 발뺌하기에 여념이 없다. "늘 회사일에 쫓기는 내가 어떻게 제이슨의 공부까지 신경 쓴단 말이야!"

서로간의 불평불만 역시 자기방어의 또 다른 형태다. 남편이 부인에게 돈을 함부로 쓴다고 화를 내면 부인이 되레 남편에게 "더 벌어오지 못할망정 큰소리친다"고 몰아붙이는 경우가 여기에 해당된다. 똑같은 말을 계속 되풀이하는 식으로 자기합리화에 급급한 사람들도 있다. 이들은 상대방이 어떤 말을 해도 아랑곳하지 않는다.

대화할 때의 억양이나 몸동작에서도 자기방어적인 태도가 나타난다. 자신은 그 일에 아무 죄가 없다는 식으로 징징거리는 태도가 대표적이다. 상대방이 이야기할 때 인상을 팍팍 쓰면서 팔짱끼고 앉아 있는 행동도 마찬가지다. 마치 목걸이가 목에 걸리는 양 여자들이 목을 만지작거리는 행동도 이에 해당한다.

부부간의 갈등이 격화될 때는 누구나 자기방어를 하고 싶겠지만 지나친 자기합리화는 갈등을 더 악화시킨다. 자신만이 옳다는 생각에 빠져 상대방의 이야기에는 귀를 기울이지 않기 때문이다. 이 자기방어 모드에서 벗어날 수 있는 방법은 상대방의 이야기를 인신공격으로 듣지 않고 단지 '극대화된 해석'으로 받아들이는 것이다. 나는 '이러한 의도'로 이러한 일을 했는데 저 사람은 '저러한 의도'로 잘못 해석했구나라고 생각하라.

상대방의 말을 귀 기울여 듣다보면 어떤 문제점이 상대방으로 하여금 화를 내게 했는지 짐작할 수 있다. 그러면 "그 일이 당신에게 그렇게 상처를 주리라고는 미처 생각하지 못했어요"라고 말하라. 그 말을 들은 상대방은 처음에는 어안이 벙벙하면서 당신을 못 믿겠다는 의심의 눈초리로 바라볼 것이다. 그러나 곧 당신의 진심을 알게 된다.

자기방어에 급급하면 상대의 말이 귀에 들어오지 않는다. 상대도 마찬가지다. 그러므로 자신의 눈과 마음을 가리고 있는 방어벽을 거둔 뒤 당신이 먼저 진심어린 말을 해야 한다.

재앙의 기사 4 : 고의적 무시

부부간에 서로 협의할 수 없는 상황이라면 그리고 계속 서로를 비난하고 경멸하면서 자기합리화에만 급급한 상황이라면 그 부부는 4단계에 도달했다는 뜻이다. 대화가 극한 감정으로 치달으면 한쪽이 그냥 입을 다물어 버리는 상황이다. 상대방이 뭐라 떠들건 '뉘 집 개가 짖나'

하는 식으로 무시하는 상황이다.

한 조사에 따르면, 전체 부부의 85%는 거의 남자가 이런 역할을 하는 것으로 드러났다. 남자들은 부부생활에 문제가 생기면 대화하기보다는 대충 넘어가려는 성향이 있다. 단순히 남녀의 성격 차이에 기인해서 그렇다고도 할 수 있고, 남자가 여자에 비해 밖으로 표현하기보다는 속으로 삭히는 경우가 더 많기 때문이라고 볼 수도 있다. 대부분 무관심으로 대처하는 남자들의 경우 부부싸움을 피하는 최선의 방법은 '침묵'이라고 생각한다. 그들은 부인이 왜 자신이 침묵하는 것에 대해 분노하고 무시당한다고 여기는지 전혀 이해하지 못한다. 그들은 단지 '입 다물고 가만히 있는 것'이 아내의 화를 가라앉히는 방편이라고 생각한다. 물론 그 고의적인 침묵이 긍정적인 효과를 낳을 수도 있지만, 조사에 따르면 침묵은 더 큰 문제를 일으킬 수 있다. 부부 두 사람이 대화를 나누지 않으면 그 문제는 결국 풀리지 않은 채로 남아 갈등의 불씨를 간직하기 때문이다.

그러므로 남편들은 대화하면서 배우자의 말 하나하나에 귀 기울여 반응히는 태도를 보여야 한다. 고개를 끄덕거리고 "그래 그래"하는 말은 비록 작은 몸짓이지만 상대의 마음에 진정성을 안겨 준다. 상대방에게 호의를 보이는 즉각적인 신체 반응이 중요한 역할을 한다는 것을 잊어서는 안 된다. 서로 화가 머리끝까지 치밀어 이성을 잃겠다 싶으면 잠시 대화를 멈추는 것도 좋다.

부부갈등에 아이를 끼워 넣지 마라

우리는 자식을 내세워 배우자에게 상처 주고 싸우는 일이 많다. 이혼한 부부는 특히 양육 문제로 서로를 옭아매는 일이 다반사다. 이 경우는 사실 부인이 남편한테 배신당하고 무력하다고 느낄 때 아이를 내세워 부부갈등의 문제를 풀고자 할 때 자주 사용된다. 특히 이 문제는 아버지가 경제적으로 무능력해서 양육권도 없을 경우 이혼한 부인이 이를 빙자해 자식을 만나게 해 줄 수 없다고 할 때 더 심각하게 불거진다. 이 경우 서로의 잘잘못을 가리거나 부부싸움을 하는 중 아이로 하여금 자기편을 들도록 실랑이를 하는 상황이 발생할 수 있다.

이렇게 아이를 화두로 삼아 부부갈등을 극대화시키는 상황이야말로 아이에게 아주 나쁜 영향을 준다. 이런 행동은 결국 부모 양쪽을 다 사랑하고, 신뢰하며, 부모가 싸우는 것을 바라지 않는 아이에게 지속적인 심리적 갈등을 초래한다. 부부갈등에 상습적으로 아이를 끼우는 행동은 또한 아이에게 이 갈등에 자신도 책임이 있다는 자책감마저 들게 한다. 그러나 아이가 할 수 있는 일은 아무것도 없다. 결국 아이는 자신이 무력하고, 어느 편을 들어야 할지 모르는 혼란감과 이에 따른 실망감으로 자기비하에 빠진다.

지속적으로 부부갈등을 일으키는 부부에게 하고 싶은 조언은 가족 생활을 하는 동안만큼은 서로간의 '절제'가 필요하다는 것이다. 부부간의 문제와 부모로서의 문제는 두 개의 개별적인 문제다. 부부간의 문제는 잠시 접어두고 엄마와 아빠로서 아이에게 사랑과 관심을 주도록 최선을 다하라.

아이를 난처한 상황으로 몰아넣지 마라

　부부싸움이 심화될 때 아이가 부모 사이에 끼어서 중재자 역할을 하는 경우를 흔히 볼 수 있다. 몇몇 연구자들은 이러한 아이의 행동은 자신에게서 일어나는 감정을 통제하기 위한 한 방편이라고 말한다. 부모가 싸우는 것을 보고 겁을 먹은 아이들이 자신도 무언가 해야 한다고 생각해서 중재자 역할을 하는 것이다. 그러나 사실 아이에게 있어서 부부갈등을 해결한다는 것은 바위에 계란 치는 일과 같으며 또 다른 문제를 낳을 수 있다. 만약 아이가 부부싸움에 중재자 역할을 하려고 하면 부부간의 갈등이 심화되었다는 것을 암시하는 경고문으로 받아들여라. 그렇다면 아이를 위해서 갈등을 완화해야 한다. 또 아이에게 부모가 해결해야 할 문제가 있다는 것을 인식시켜 주어야 한다. 어느 정도 나이가 든 아이라면 상황에 대해 자세하게 설명해 줄 수도 있지만 엄마와 아빠의 갈등이 아이의 문제가 아님을 강조한다.

　엄마와 아빠가 싸우는 모습이 아이에게는 불편할 수 있어도 때로는 문제를 해결하는 데 의견 충돌이 생길 수도 있으며, 지금 그걸 해결하기 위해 노력하는 중이라고 일러 준다. 아이가 부부갈등에 끼어드는 일을 막기 위한 한 방편으로 부부간의 갈등을 아이의 눈에 띄지 않게 하는 방법을 생각할 수 있다. 그러나 그리 권장할 만한 방법은 아니다. 아무 말도 없이 기분 나쁜 표정으로 일관하는 당신의 모습을 아이는 어떻게 생각할까?

언제쯤 갈등이 해결될지 아이에게 분명히 말해 주라

아이는 부모가 다툰다는 일에 신경 쓰는 것만큼이나 언제 엄마 아빠가 싸움을 끝낼지에 대해서도 촉각을 곤두세운다. 마크 커밍스 교수는 부부싸움을 보는 어린아이들이 종종 공격적인 성향과 불편한 심기를 나타낸다고 말한다. 반면 부모가 서로 화해하는 모습을 보는 아이들은 긍정적인 반응을 나타낸다. 그러나 부부가 진정으로 해결점을 찾기는커녕 아이 앞에서 엉뚱한 주제로 말을 돌린다든가 한쪽이 일방적으로 복종하는 태도를 보일 때 아이의 반응은 긍정적이지 못했다. 부부간에 침묵으로만 일관하거나 대놓고 싸우는 모습을 본 아이들의 경우는 가장 부정적인 성향을 보였다.

커밍스 교수는 해결점을 찾아갈 때 보이는 부모의 감정 상태가 아이에게 큰 영향을 끼친다고 말한다. 어린아이라도 어른이 화를 풀지 않은 채로 무성의하게 사과 하거나 형식적으로만 타협을 하는 것 정도는 파악할 수 있다. 그러므로 부모는 아이에게 엄마 아빠는 화해했고, 문제를 해결했다는 모습을 분명히 보여주어야 한다.

아이들에게 정서적인 보금자리를 알아두라

부부간의 갈등이 심화돼 더 이상 돌이킬 수 없는 상황이 되면 어느 정도 성장한 아이들은—특히 십대에 접어든 청소년들—잠시 집을 떠나 다른 곳에 머무는 것도 좋은 방법이다. 친척집에 맡기거나 믿을 만한 친구에게 부탁하는 것도 나쁘지 않다. 이때 그 가정은 가급적 화목해야 한다. 자신의 가정과 비교해 우울해질 수도 있지만, 화목하지 못한 가정을 또 보는 것은 더 우울하게 만들 수 있기 때문이다. 자기 가족을 떠나는 것이 스트레스를 주기도 하지만 다른 사람들과 긍정적인 생활을 보낼 수 있는 기회도 제공한다. 물론 이 방법이 모든 아이들에게 통하는 것은 아니다. 낯선 환경에서 어쩔 줄 모르고 극도로 예민해지는 아이들도 있다.

이를 예방하는 한 가지 방법은 아이가 몰두할 수 있는 특별한 취미나 특기에 몰두하게 하는 것이다. 집을 떠나서도 그 취미에 집중하면 스트레스를 어느 정도 풀 수 있고 가족의 복잡한 문제를 잠시 잊을 수 있다. 학교를 다니는 아이라면 공부에 집중하도록 지도하면 된다.

사실 가정불화가 생겼을 때 집 밖의 어느 곳에 정서적인 보금자리를 가진다는 것은 힘든 일이다. 그렇다고 해서 아이들에게 피난처가 필요 없다고 생각해서는 안 된다. 잠깐 집을 떠나 생활하는 것도 세상을 헤쳐 나가는 데 큰 힘이 될 수 있음을 주시시켜 주변 아이는 선선히 받아들일 것이다.

06

아버지, 그 특별한 이름

> 아버지는 이제 더 이상 가정의 작은 한 부분에 불과한
> 이름이 되어서는 안 된다.
> 가정의 한 구석이 아닌 중심으로 나와서,
> 자녀와 함께하는 존재여야 한다

세 남자가 하루 일과를 마치고 집으로 향한다. 셋 모두 30대 후반이며 여덟 살 난 아들과 열 살 난 딸이 있다. 세 남자는 석간신문을 옆구리에 끼고 각자 자신의 집에 도착해 대문을 연다. 그러자 그 순간 완전히 다른 상황이 연출된다.

첫 번째 남자는 어두운 아파트로 들어간다. 전화응답기에 담긴 메시지를 돌리자, 언제나 듣는 전 부인의 탁한 음성이 오늘은 딸 생일이라고 알려준다.

"알고 있었다고." 그는 중얼거리며 딸에게 장거리 전화를 건다. 전처가 아닌 딸이 전화를 받자 그는 안도의 한숨을 내쉰다.

"생일 축하한다. 애야!"

"아빠 안녕?"

딸은 조용하게 대답한다. 잠시 어색한 침묵을 뒤로 하고 그는 묻는다.

"그래, 아빠가 보낸 선물은 받았니?"

"네, 고마워요."

"맘에 들던? 가게에서는 젤 인기 있는 거라고 했는데."

"응, 예뻐요. 근데…"

"근데?"

"있잖아, 전 이제 바비 인형 가지고 안 놀아요."

"… 그래? 알았다. 그래도 잘 가지고 놀아. 아빠가 성탄절에 더 근사한 거 선물해 줄게. 알겠지?"

"네."

"학교는 잘 다니니?"

"네."

"동생은 잘 있고?"

"잘 있어요."

대화가 흐를수록 아빠는 심문자가 되고 딸은 마지못해 대답하는 입회인에 불과하다. 성탄절에 만나 재미있게 놀자는 말을 남긴 채 남자는 전화를 끊고, 공허감에 잠긴다.

두 번째 남자 역시 문을 연다. 집안은 불이 환하게 켜져 있고 저녁식사 냄새가 가득하다. 남자는 '이태리 음식이군'이라고 추측하며 활기차게 외친다.

"애들아, 아빠 왔다!"

그리고는 신문지를 돌돌 말아 비디오게임에 빠져 있는 아들의 엉덩이를 찰싹 때려준다. 옷을 갈아입은 뒤 부엌으로 들어가 부인과 함께 저녁상을 차린다. 아이들이 식탁에 앉자 그는 묻는다.

"오늘 학교에서 재미있었니?"

아이들은 힘차게 대답한다.

"네. 아주 좋았어요."

"뭘 배웠는데?"

딸은 우물쭈물하며 말한다.

"별로 말할 거 없는데."

아들은 장난스러운 표정을 지으며 자랑스럽게 대답한다.

"구구단 배웠어요."

"그래? (고개를 돌려 아내에게 묻는다) 은행에서 집 융자 건으로 전화 안 왔어?"

아들이 끼어든다.

"아빠, 제가 4단 외워 볼까요?"

"그래, 나중에. 아빠 지금 엄마와 이야기하고 있잖니."

아이는 입을 다물고 부모가 재정 문제에 대해 토론을 마치기를 기다린다. 이윽고 부모가 대화를 마치자 그는 빠르게 묻는다.

"아빠, 이제 4단 외울까요?"

"입에 든 밥은 다 씹고 말해야지."

아빠는 건성으로 훈계를 한다. 아이는 빵을 삼키고 우유를 한 컵 마신 후 구구단을 외운다.

"사일은 사, 사이는 팔, 사삼 십이…"

아이가 사칠 이십팔까지 외웠을 때 아빠는 "아주 잘했어"라고 끝맺는다. 아이는 약간 서운하면서도 자랑스러운 얼굴로 묻는다.

"아빠, 나 5단도 외울 수 있는데. 외워볼까?"

"나중에 듣자꾸나. 자, 이제는 누나하고 게임하고 놀거라. 엄마와 아빠는 할 이야기가 있단다."

세 번째 남자는 두 번째 남자가 식탁에 앉는 것까지 똑같다. 다만 그 이후의 대화가 다를 뿐이다.

"오늘 학교에서 어땠니?"

"별일 없었어요."

남자는 아들에게 묻는다.

"오늘 체육 시간에 야구했니?"

"응."

"피터가 괜히 툴툴거리지는 않던?"

"아니. 오늘은 잘했어. 두 번째 투수였는데 괜찮았어요."

"타석에서는?"

"장난 아니었지. 스트라이크를 두 번이나 당했는 걸요."

"저런 아깝네. 연습 좀더 해야 되겠다."

이제 고개를 돌려 딸에게 묻는다.

"메리, 넌 오늘 하루 어떻게 보냈니?"

"응?"

딸은 약간 놀라서 되묻는다.

"오늘 하루 잘 보냈어?"

딸은 우울하게 대답한다.

"그냥 그랬어."

"브라운 선생님이 네 중창에 대해 뭐라 하시던?"

"중창 못했어. 캐시가 아파서 결석했거든."

"어이구, 저런! 또 천식이래?"

"그런 것 같아."

"그거 안됐구나. 그래도 연습할 시간이 더 생긴 거잖니."

"하지만 점점 더 하기 싫어지는 걸."

"하긴. 같은 곡을 반복해서 하는 것은 지겹지. 나 같아도 그럴 거야."

그리고 아빠는 딸의 불평을 들으면서 격려한다.

아버지는 모두 다르지만 영향력은 막강하다

이 예시를 통해 아버지들이 자녀를 대하는 방식이 천차만별로 다르다는 것을 알 수 있다. 마지막 예시의 아버지는 아이들의 일상생활이 어떤지 항상 관심을 두고 지켜본다. 친구의 이름도 알고, 아이들의 일상과 어떤 일을 힘들어하는지 안다. 그의 이러한 관심이 아이들의 정서에 좋은 영향을 주고 가르침을 줄 수 있다. 반면 두 번째 아버지의 태도는 나쁘지는 않지만 아이에게 진정으로 관심이 없고, 자기 일에만 급급하다. 아이가 아빠의 관심을 유도하려고 애를 써도 냉담할 뿐이다. 첫 번째 남자는 서로에게 불행한 상황이라 할 수 있다. 그는 딸에 대해 아는 게 없어 형식적인 대화만 하기에 급급하다.

심리학자들은 자식을 키우는 데 아버지의 활동이 아이에게 아주 큰 영향을 미친다고 말한다. 수많은 연구 결과가 아이의 활동에 적극적으로 개입하고 참여하는 아버지들_{특히 자녀에게 정서적으로 안정을 주는 아버지들}이 아이의 행복에 많은 기여를 한다고 증명한 바 있다. 아버지들은 아이들의 교우관계나 학교생활 면에서 어머니들과는 또 다른 방법으로 아이들에게 영향을 준다. 몇몇 연구에서는 아버지 없이 자란 남자아이들이 공격적인 성향을 가지고 있다고 밝혔다.

결국 이로 인해 아이들은 교우관계와 학업, 장래문제를 다루는 데에도 필요한 감정의 절제와 표현에 서투를 수밖에 없다. 좋은 아버지가 존재한다는 것에 대한 과학적인 연구 결과는 없지만 좋은 아버지는 자녀의 학업과 인성, 성취도에 많은 영향을 미친다. 좋은 아빠를 둔 딸의 경우 그렇지 않은 아이들에 비해 남자에게 성적으로 덜 공격적인 성향을 보이고 성인이 되었을 때 남자들과의 생활에서 더 긍정적인 성향을 보인다.

또 아버지가 자녀에게 주는 영향은 지속적으로 유지된다. 1950년에 시작된 장기 연구조사에 따르면 다섯 살 된 자녀에게 지속적으로 관심을 두는 아버지를 둔 아이들은 그렇지 않은 아이들보다 더 정이 많고 온화한 사람으로 자랐다. 이들 자녀들이 41세가 되었을 때, 어렸을 때부터 아버지에게 많은 관심과 사랑을 받았던 실험 대상자들은 사회생활에도 더 나은 적응력을 보였다. 더불어 행복한 결혼생활을 유지하고 있었고 자녀와의 관계, 가족 외의 사람들과도 긍정적으로 어울리는 삶을 살고 있었다.

아이들에게는 아버지가 절대적으로 필요하다. 그러나 모든 아버지가 다 이에 해당하는 것은 아니다. 자녀에게 정서적으로 열려 있고 공감해 주는 아버지, 아이가 힘들 때 잘 다독여 주는 아버지라야 한다. 그래야만 아이가 바르게 성장할 수 있다. 폭력적이고, 매사 화만 내며 아이에게 상처를 입히고, 정서적으로 냉담한 아버지들은 아이에게 악영향을 준다.

과도기를 맞은 아버지의 역할

진정으로 자녀양육에 힘쓰는 아버지의 특징은 어떠한지 알기 위해서는 가족사의 변천 과정을 되돌아볼 필요가 있다. 과거 많은 가족들을 살펴보면, 자식을 돌보는 아버지로서의 역할은 거의 없었다고 해도 무방하다. 높은 이혼율과 미혼모들의 출산율을 고려했을 때 오늘날의 수많은 아이들은 아버지 없이 살고 있다 해도 과언이 아니다. 많은 아이들이 아버지를 "한때 있었지만 현재는 다른 곳에 가서 없고" 그렇지 않으면 "양육비를 지불해야 할 의무가 있지만 그것마저도 하지 않는 사람"이라고 생각한다.

이런 아버지의 역할은 역사를 거슬러 올라가 산업혁명이 시작된 후 아버지가 가족을 떠나 일터로 나온 것에서부터 기인한다. 그리고 1960년대의 경제적인 영향과 페미니즘의 열풍으로 가부장적인 가족제도가 무너지면서 심화되었다. 1960년대만 해도 6살 이하의 아이를 둔 기혼 여성 중 불과 19%가 직업을 갖고 있었다. 그러나 1990년대에는 그 수치가 59%까지 올라갔다. 오늘날은 부부 중 한쪽이 버는 수입으로는 생계를 유지할 수 없다는 여론이 들끓는다. 1960년에는 미국 가정의 42%가 남자가 버는 수입으로 가정을 꾸려나갔었다. 1988년에 이 비율은 15%로 낮아졌다.

《미국에서의 부성애 Fatherhood in America》를 쓴 역사학자 로버트 그리스월드 Robert E. Griswold 는 이렇게 말한다. "단적으로 말해서 여성들이 직업을 갖고자 하는 이유는 기존의 가부장적인 의식을 타파하고 남녀평등의 타협관계를 가지기 위함이다." 오래 전부터 전해져 내려오던 결혼생활의 관례도 큰 타격을 입었다. 1960-1987년 사이에 이혼율은 두 배나 증가했다. 오늘날에는 결혼한 커플의 절반 이상이 이혼을 하는 추세다. 미시간 대학에서 주도한 연구에 따르면 초혼 부부 67%가 이혼한다고 밝혔다. 홀로 애를 키우는 엄마들이 점점 늘고, 결국 미국 전체 인구의 3분의 1에 해당하는 아이들은 아버지 없이 성장한다. 나아가 결혼생활이 없는 오늘날의 아버지들은 아이와 함께하는 시간을 자연스레 포기한다. 부부가 함께 살지 않는 이상은, 아버지가 정서적으로나 경제적으로 자녀에게 해 줄 수 있는 역할이 아무것도 없다.

역설적이게도 이런 가부장적인 역할에서 벗어남으로써 남자들은 새로운 형태로 아이들에게 다가설 수 있는 기회를 가질 수 있었다. 어떤 사람들은 이로 인해 자식과 더 나은 관계를 누린다. 조사에 따르면, 어떤 아버지들은 특히 맞벌이 가정의 경우 옛날의 아버지들에 비해 자녀 양육에 더 많은 관심을 기울인다. 오늘날의 아버지들은 옛날 아버지들에 비해 더 적극적으로 출산 뒷바라지에 힘을 쓰고, 아이와 더 많은 시간을 보내기 위해 직장 업무를 줄이고 심지어 출산휴가까지 받는다.

이런 현상은 다행스러운 것이지만 아쉽게도 몇몇 아버지들에게 한정된다. 대부분의 직장에서는 아버지가 자녀의 양육에 일조할 수 있는 시스템을 갖추지 못하고 있다. 최근 조사에 따르면 중소기업과 대기업에서 출산휴가 제도가 있는 곳은 18%에 불과했다. 그리고 전체의 1%만이 유급휴가를 받을 수 있었다. 어떤 사람들은 이혼당한 남편들이 법적으로 공정한 대우를 받을 수 있기 전까지는 아버지 없이 크는 아이들의 숫자가 계속 증가할 수밖에 없다고 비판한다. 사실 이혼부부의 90% 정도는 어머니에게 양육권이 넘어가는 형편이다.

그리고 마지막으로—어쩌면 가장 중요한 요인이다—아버지들이 적극적으로 자녀 양육에 관심을 기울이지 않는 것이 가장 큰 문제다. 조사에 따르면, 맞벌이부부의 경우 어머니에 비해 아버지가 자식에게 관심을 가지는 것은 3분의 1도 채 안 되며, 전체 시간의 10분의 1에 불과하다. 또한 그 관심마저 단순한 '애보기' 수준에 불과할 뿐이라고 한다. 즉 아내가 맡긴 일만 하고 스스로 능동적으로 아이를 돌보지는 않는다는 뜻이다.

결국 많은 남자들이 자식에게 무관심하다. 유명 영화감독 우디 알렌과 그의 전 부인 미아 페로의 양육권 다툼을 보면 아버지의 무관심이 어느 정도인지 알 수 있다. 알렌이 자식에게 얼마나 관심을 기울였는가를 파악하기 위해 판사는 알렌에게 아이들 친구의 이름과 상담 의사의 이름을 말해보라고 했다. 하지만 알렌은 제대로 대답할 수 없었다. 앞선 두 아버지처럼 알렌 또한 아이들과 동떨어진 삶을 살고 있었던 것이다. 이런 아버지들은 가정생활에는 전혀 관심이 없이 이방인의 삶을 살고 있다.

아버지만 할 수 있는 일이 있다

자녀들에게서 멀리 떨어져 있거나, 아예 없거나, 직장 일에만 전념하는 아버지들로 인해 아이들이 상실한 것은 무엇일까? 아동발달 분야의 연구에 따르면 항상 옆에 엄마가 있다 해도 아버지의 부재로 상실된 것을 다 채워주지 못한다. 대부분의 아버지는 어머니와는 다른 방법으로 아이에게 세상을 보는 다른 각도와 사회관계를 가르친다.

아버지의 영향은 아이가 아주 어릴 때부터 시작된다. 한 실험을 예로 들면, 아버지와 많은 접촉을 가진 5개월 된 남자아이들이 다른 사람들에게도 거부감을 덜 느낀다는 조사 결과가 나왔다. 이 아이들은 아버지와 접촉이 없는 아이에 비해 타인에게도 호기심을 보이며 친근하게 다가간다는 것이다. 다른 실험에서는 아빠와 같이한 시간이 많은 두살짜리가 낯선 사람과 함께 있어도 덜 운다는 결과를 밝혔다.

또 아버지들은 놀이를 통해 아이들에게 기여한다. 단순히 아버지들이 아이들과 함께 노는 시간을 많이 갖는 것뿐 아니라, 엄마가 같이 놀아주는 것에 비해 더 재미있게 아이와 놀아준다. 마이클 요면Michael Yogman의 연구에 따르면, 갓 태어난 아이를 가진 부부들의 경우 아버지들은 말을 가급적 아끼는 반면에 신체적인 접촉을 더 많이 가진다. 아버지들은 아기의 호기심을 자극하기 위해 경쾌한 소리를 내거나 탁탁거리는 신호음을 쓰는 경향이 있다. 그들이 하는 놀이는 아기에게 작은 관심만 요구되는 활동부터 굉장히 흥분시키는 활동까지 마치 감정의 롤러코스터를 타는 것과 같다. 이러한 접촉은 아이들로 하여금 육체적인 에너지를 많이 소비하는 놀이—예컨대 기어 올라가기, 뛰기, 간지럼 피우기—에 치중하게 한다.

엄마들이 주로 유효성이 증명된 '까꿍 놀이'나 손뼉치기, 책 읽기, 블록놀이, 퍼즐게임 같은 놀이를 하는 반면 아버지들은 종종 특별하고 신기한 게임으로 아이들을 유도한다. 많은 심리학자들은 아버지들이 하는 '말타기 놀이'와 같은 시끄럽고 육체적 에너지가 많이 소비되는 놀이가 아이에게 정서적으로 큰 도움이 된다고 말한다. 아버지가 무시무시한 곰 흉내를 내는 것, 깔깔거리고 웃는 아이를 쫓아다니는 것, 아이를 거꾸로 물구나무서기를 시켜서 안고 돌아다니는 비행기놀이 등은 아이에게 활동적이고 긍정적인 감정을 만들어 준다. 그리고 아버지가 게임을 중단할 때 "자, 오늘은 여기까지 하자" 아이들은 어떻게 한창 신났던 상태에서 평상심으로 돌아가는지 배운다.

아버지의 말은 아이에게 많은 영향을 끼친다. 비판과 수치심을 주는 말, 강압적인 말들은 아이에게 부정적이고 반항적인 사고를 심어준다. 반면 감정을 일깨워주고 칭찬하는 말은 아이의 인성뿐 아니라 학업에도 큰 도움이 된다. 교우관계나 학업 성적에서 최고점을 보인 아이들의 아버지는 늘 자녀와 허심탄회하게 이야기를 나누었다. 이들은 자녀의 부정적 정서를 비난하지 않고 공감하며, 필요한 지침을 주면서 아이가 부정적 감정을 다루도록 하는 감정코치들이었다.

감정코치 아빠들은 아이가 잘할 때마다 칭찬하고, 되도록이면 아이가 필요한 부분에서만 지도를 한다. 그들은 아이가 잘할 때마다 그때그때 칭찬함으로써 아이가 자신감을 가지도록 유도한다. 그들의 격려는 곧 아이에게 더 많이 나아가고 더 배울 수 있는 디딤돌이 된다. 반대로 학업 성적과 사교적인 면에서 좋지 않은 성적을 보이는 아이들은 그들의 아버지가 차갑고 가부장적이며, 욕을 일삼고 참견을 많이 하는 경우였다. 그들은 아이가 잘못하면 창피를 주고 비웃고 화를 낸다. 이러한 환경에서 자란 아이들은 친구들에게 공격적인 성향을 보이고 음주와 흡연, 절도, 폭력 문제를 일으킨다.

정서적으로 아이와 함께하라

자녀와 친밀한 관계를 가지는 것은 아버지에게도 예외는 아니다. 심리학자 로날드 르번트Ronald Levant는 《남성의 재발견Masculinity Reconstructed》에서 오늘날의 아버지들 중 대다수가 기존의 아버지 역할을 수행하는 것에 의구심을 갖고 있다고 말한다.

베이비붐 시대의 아버지들이 했던 방식은 오늘날 더 이상 통하지 않는다. 직장에서 일만 하고, 집에서는 거의 보기 힘들며, 칭찬보다는 꾸중을 더 많이 하고, 화내는 일 외의 다른 감정들을 보기 힘든 아버지는 더 이상 통하지 않는다. 대신 아버지도 부모로서 자녀의 말에 귀를 기울이고 자녀의 생활에 관심을 기울인다. 단, 그들의 아버지들이 그러한 것에 대해 아무런 가르침도 주지 않았던 탓에 자상한 아버지로서의 방법에 서투른 것이 문제다.

옛날 아버지들의 역할은 주로 전쟁에서의 무시, 식량을 조달하는 사냥꾼이었고 외부의 위험에서 가정을 지키는 것이었다. 그러나 세월이 흐르면서 그러한 아버지의 역할은 직장에 나가 돈을 벌어오는 경제적 조달자의 역할로 바뀌었다. 힘든 일과 자기희생으로 돈을 벌어 가정을 유지하고 자녀의 대학 등록금을 마련하는 것이었다. 그 시절의 아버지는 양육에 그다지 신경 쓰지 않았지만 오늘날의 아버지 역할은 그때와는 또 다르다. 아이가 불량배가 된다거나 약물 중독에 빠지지 않도록 이끌고 고민하는 아버지가 된 것이다. 사회학의 관점에서 보자면 아버지의 심리 상태가 기존의 가부장적인 관습에 의존하고 있다면 이런 환경으로부터 아이를 구해낼 수 있는 보호막이 될 수 없다. 오늘날 아이들의 안전은 아버지가 진심으로 아이를 대하고 보호할 수 있는지에 달려 있다 해도 과언이 아니다. 아버지가 자녀를 위해 육체적으로 뿐만 아니라 정서적으로도 아이와 함께할 수 있느냐에 따라 향방이 달라진다는 뜻이다.

아버지들은 아이의 감정을 주의 깊게 읽고 논리적으로 대처할 수 있는 능력이 있다. 이는 르번트가 아버지들이 자녀와 화목한 관계를 유지하기 위해 여러 가지 대화 방법을 실행하는 '아버지 프로젝트'에서도 그 진가가 발휘된 바 있다. 이 프로젝트를 통해 두 달에 걸쳐 자녀의 말을 주의 깊게 듣는 훈련과 아이에게 온화하게 대처하는 법을 배운 아버지들은 자녀와 대화할 때 많은 향상을 보였고 아이의 감정 표현을 더 잘 수용했다.

대부분의 아버지들이 직장과 사업에 얽매여 있는 현실을 감안할 때 아이에게 많은 시간을 할애하기는 어렵다. 그러나 아무리 작은 시간이라도 쪼개서 아이들과 함께 하는 시간을 만들어야 한다. 자녀가 성장하면서 아버지와 함께하는 시간은 점점 줄어들게 마련이므로 성장기에 함께 있는 시간을 갖지 못하면 아이와 좋은 관계를 유지하기는 사실상 불가능하다.

딸 모리아를 위해 내가 어떻게 시간을 할애했는지 소개하겠다. 딸애가 서너 살 무렵에 아이를 어린이집에 데려다주는 것은 나의 일이었고, 그로 인해 나의 아침 시간은 언제나 전쟁 상황이었다. 그 때문에 나는 아이에게 정서적으로 제대로 신경 쓰지 못했다. 결국 나는 학교 수업을 10시 이후로 늦췄고 이 같은 스케줄 변경으로 아이에게 관심을 기울일 수 있었다. 아이와 어린이집에 가는 도중 나뭇가지에서 거미를 발견하면 차에서 내려 거미와 거미줄을 관찰하고, 아름다운 꽃이 눈에 띄면 함께 그 꽃에 대해 대화를 나누었다.

물론 나는 대학 교수이기에 이런 일이 가능하지만 일반 회사에 다니는 아버지나 사업을 하는 아버지들이 이런 시간을 내기란 쉽지 않다. 그러나 저녁에 집에 돌아와 사소한 주제—예컨대 아이의 운동화, 아이가 그린 그림, 새로 사귄 친구 등등—일망정 아이와 대화를 나누고 아이의 일상에 관심을 기울일 수는 있다. 이런 관심이야말로 아버지와 아이의 관계를 돈독하게 맺을 수 있는 징검다리다. 이를 위해 아버지들이 어떻게 자녀와 화목하게 지낼 수 있는지 그 방법을 설명하겠다.

아내가 임신한 순간부터 양육에 적극적으로 참여하라

연구에 따르면 부인이 임신한 순간부터 남편이 양육 문제에 적극적으로 참여하는지의 여부에 따라 부부관계와 자녀와의 관계에 엄청난 차이를 준다. 출산 준비부터 적극적으로 임한 남편은 부인이 무사히 출산을 할 수 있도록 많은 신경을 기울일 것이 분명하다. 이런 그의 행동은 아이에게도 긍정적인 영향을 미칠 것이다. 한 조사에 따르면 남편이 임신 기간에 아내에게 많은 신경을 기울이면 아내의 출산 고통이 덜하고, 약에 대한 의존도도 낮은 것으로 밝혀졌다. 아이를 보살피는 시간도 더 많은 것으로 나타났다.

아기 때부터 직접 기저귀를 갈고, 목욕시키고, 재우는 등 아이보기를 한 아버지들이 아이가 커서도 더 많은 관심을 기울인다. 이런 일들은 아이와 아버지 사이에 일대일로 대면할 수 있는 기회를 조성함으로써 둘 사이의 관계를 돈독히 만들어주는 계기가 된다. 이런 점에 비추어 볼 때, 아이와 지속적으로 화목한 관계를 원하는 아버지라면 아내가 임신한 순간부터 관심과 애정을 기울여야 한다. 특히 첫아기의 아버지라면 아이를 키우는 과정에서 많은 시행착오가 있을 수 있으므로 더 깊은 관심과 애정으로 출산과 자녀양육에 임해야 한다.

엄마처럼 모유 수유를 할 수는 없다고 해도 아버지들이 아이를 양육할 수 있는 방법은 많다. 아기에게 젖병을 물린다거나 분유를 먹일 수 있고, 아기를 목욕시키거나 기저귀를 갈아주고, 안고 달랠 수 있다. 물론 그렇다고 해도 엄마의 역할과 아빠의 역할은 엄연히 다르다는 사실을 항상 인식해야 한다. 이 모든 일은 아버지들이 적극적으로 자신의 시간을 할애해야 가능하다. 그러므로 아버지는 최선을 다해 자기 시간을 희생할 준비가 되어 있어야 한다.

이와 동시에 엄마 또한 양육 과정에 함께 임함으로써 아버지로서 무엇을 하고 하지 말아야 할지에 대해서도 조언할 수 있다. 아기를 키울 때 엄마가 아빠에게 대하는 태도가 육아에 어떤 영향을 미치는가를 연구한 심리학자들의 조사에 따르면, 아빠의 양육 방식에 엄마가 불만을 보이거나 엄마로서의 역할만이 전부라고 여기는 경우 아빠의 참여도는 현격히 낮아진다.

그러나 최근에는 많은 여성들이 엄마 못지않게 아빠의 참여도 필요하다고 생각하고 있으며, 어떻게 하면 남편도 능동적으로 양육에 참여할 수 있을지를 강구한다. 해답은 간단하다. 아빠들이 그만의 방식으로 아이를 돌볼 수 있게 하는 것이다. 필요하다면 조언을 주되 아빠만의 방식에 간섭을 하거나 불만을 표하지 말라는 것이다. 만약 아이 양육 방식에 부부의 의견이 다르면 역할 분담을 하는 것이 좋다. 한 사람이 우유 먹이는 일을 담당한다면, 다른 한 사람은 목욕을 전담하는 것이다.

아이가 자라면서 무엇을 바라는지 그때그때 반응하라

처음 태어난 뒤 몇 달뿐만 아니라 아이가 자랄 때도 아빠의 존재는 필수다. 그러므로 아버지들이 직장 스케줄과 집에서의 생활시간을 적절히 조율하는 것이 필요하지만 그 문제는 쉽지 않다. 하지만 아버지들이 아이 양육에 지속적인 노력을 기울이지 않으면 아버지의 역할에서 멀어짐은 물론 아버지로서의 존재 가치가 희미해진다. 결국 아이와 아버지가 같이 대화할 수 있는 공통 주제가 없어진다.

수년간 많은 사람들이 아이 양육에 대해 "엄마들이 어떻게 대처해야 할지"에만 주력했다. 사실 이 문제는 많은 엄마들이 직장생활을 하면서 '단순히 아이들과 보내는 시간'과 '아이가 제대로 성장할 수 있도록 엄마로서 해야 하는 일'은 차원이 전혀 다른 문제라는 점에서 검토되었다. 엄마가 '얼마나 많은 시간동안 아이와 같이 있느냐'가 중요한 것이 아니라 엄마가 '얼마나 많이 아이에게 관심을 기울이느냐'가 더 중요하다. 이 사실은 아버지들에게도 마찬가지로 적용된다. 아버지가 아무리 많은 시간 집에 있어도 아이에게 무관심하고 일에만 몰두한다면 아무 도움이 되지 못한다.

로버트 블랜차드Robert Blanchard가 3학년 아들을 가진 아버지들을 대상으로 조사한 것에서도 이런 사실은 증명되었다. 아이에게 완전히 무관심한 부류와, 지속적인 관심을 보이는 아버지들, 집에는 있지만 아이에게 신경 쓰지 않는 세 가지 부류로 나누어 조사한 결과에서 아버지의 역할은 매우 중요한 것으로 밝혀졌다. 아이들의 학업성취도를 확인한 결과, 무관심한 아버지를 둔 아이들의 성적이 제일 좋지 못했고, 아버지가 지속적으로 자녀에게 관심을 둔 아이들의 성적이 제일 좋았다. 아버지가 집에는 있지만 아이에게 별다른 관심을 두지 않는 경우는 그 중간을 차지했다.

사실 어느 정도까지 아버지가 자식에게 힘을 기울여야 하는가에 대해서는 단정 지어 말하기 힘들지만 아버지와 함께하는 긍정적인 시간이 많을수록 좋은 영향을 미친다. 아이의 삶에 아버지가 같이 할 수 있는 가장 좋은 방법은 '함께하는 일'이다. 아이가 아직 아기일 때는 매일같이 우유를 먹이고, 목욕을 시키는 것이며, 성장한 뒤에는 함께 놀기, 공부 도와주기, 집안 청소하기 등등이 있다.

많은 남자들에게 육아에 적극적으로 참여하게 하기 위해서는 목표의식을 심어주는 것이다. 많은 남자들은 직장 일을 할 때도 사명감을 가지고 그 일을 완수하는 데 주력한다. 즉 목적 없이 단순노동에 불과한 일이나 아무런 이유 없이 사람을 대하는 데는 소극적인 태도를 보인다. 그렇기 때문에 자녀 양육에 목적의식을 부여하지 않으면 대부분의 남자들은 적지 않은 시간과 노력을 투자해야 하는 것에 힘들어 한다. 이로 인해 생각했던 것보다 쉽게 아이에게 짜증을 내고, 아이에게 관심을 기울이지 않는 상황이 생길 수도 있다.

성공하는 아버지로 가는 길은 단순히 아이와 함께하는 것으로 이루어지지 않는다. 장장 20년 가까운 세월동안 아이의 성장을 책임져야 하는 일이다. 이를 적극적으로 수행할 수 있느냐를 묻는 것이다. 그러므로 아이들이 한 살씩 나이를 먹어갈 때마다 그에 맞춰 아이에게 지속적인 관심을 가져야 한다. 아버지의 임무는 짧은 몇 년 동안 끝나는 것이 아니라 먼 미래를 바라보고 지금 씨앗을 뿌려야 한다는 것을 잊어서는 안 된다.

직장 일과 가정 일을 균형 있게 유지하라

많은 남자들에게 있어서 자녀들과 함께할 시간을 확보하는 일은 곧 직장 일을 소홀히 할 수도 있음을 시사한다. 누구라도 직업과 육아의 균형을 맞추기는 쉽지 않다. 자기희생과 직장 일에 최선을 다하는 것이 곧 가정을 꾸리는 데 필수 요건임은 분명한 사실이다. 하지만 현대 사회에서 많은 남자들이—특히 직장 일을 1순위에 두는 사람들—자신의 일 때문에 가족과의 관계가 소원해질지도 모른다는 두려움을 느끼고 있다.

현대사회가 직면하고 있는 이 위기를 극복하려면 가족관계에 개선의 여지를 두어야 한다. 지난 수년간, 직장 여성들은 자녀 양육을 위해 시간할당제, 기본적인 혜택이 보장되는 임시직, 직장 내 탁아소, 출산 휴가의 연장 등을 부르짖어 왔다. 이러한 요구와 노력이 결국 남자들에게도 자녀 양육의 중요성을 부각시키는 데 영향을 주었다. 영국에서는 시간할당제의 도입이 맞벌이 생활을 하는 아버지들에게 많은 도움을 준 것으로 밝혀졌다.

지금까지도 남자들은 직업과 가족 사이에서 많이 힘들어하고 있다. 가정 일에 적극적으로 참여하는 아버지들이 회사에 열심인 아버지에 비해 수입이 적은 것은 사실이다. 가족과의 해외여행을 취소하고 여름 내내 일만 하는 남자는 승진도 하고 월급도 인상된다. 그러나 아이의 캠프 활동에 참여하는 회사원은 특별 보너스도 받지 못하고 승진도 하기 힘들다. 반면 적게 일하고 적게 버는 가정에 충실한 남자들은 직업에 대한 스트레스가 상대적으로 적다. 회사에서 계속적으로 스트레스를 받을 경우 그는 집에서도 스트레스의 상태다. 그들은 아이들과 함께할 여유가 없으며 자칫 아이들에게 화를 내기 쉽다.

직업과 가정의 균형을 맞추는 것은 사실 명확한 해결책이 없다. 그러나 아주 방법이 없는 것은 아니다. 가장 중요한 것은 직장과 가정을 완전하게 분리하는 것이다. 직장의 일을 집에까지 가져와서는 안 되며 마찬가지로 집안일을 직장까지 끌고 가서도 안 된다. 둘째는 회사에서는 당신이 명령을 받는 사람이지만 집안에서는 그렇지 않다는 사실을 기억하라는 것이다. 당신의 말 한마디가 최고의 명령이 될 수 있는 상황에서 가족에게 불편함을 주어서는 안 된다. 셋째는 아이에게 아빠는 직장 일로 힘들 수 있으며 그로 인해 아이에게 더 깊은 관심을 쏟지 못한다는 것을 알려주는 일이다. 당신이 스트레스로 얼굴을 찌푸릴 경우 아이는 어리둥절해한다. 이때 아이 때문에 그런 것이 아니라 직장 일 때문이라고 분명하게 알려주어야 한다.

현재 상황에 연연하지 말고 자녀를 대하라

부부의 상황이 언제나 행복하고 좋은 것만은 아니다. 별거 중일 때도 있고 이혼한 상태일 수도 있다. 부부가 결별한 상태에서 아이에게 좋은 모습을 보이기는 쉽지 않지만 만약 부모가 아이에게 최선을 다한다면 좋은 영향을 줄 수 있다. 이혼했거나 홀로 아이를 키워야 하는 아버지의 경우 경제적 여유, 정신적 공허감, 재혼, 양육비 문제, 친엄마와의 갈등 등으로 아이에게 애정을 쏟기가 어려울 수 있다. 그래서 시간이 지날수록 이혼한 아버지와 자녀와의 관계는 과거의 친밀도와 상관없이 점점 줄어든다.

그렇다면 어떻게 해야 이혼한 아버지들이 아이와 떨어져 있어도—

또는 아이를 홀로 키울 때—좋은 관계를 유지할 수 있을까? 그에 대한 한 가지 방법은 아이 엄마와 공조를 유지하는 것이다. 가장 중요한 것은 아이를 방패로 삼아 부부가 서로 싸우는 일이 없어야 한다. 제대로 자녀를 양육하려면 이혼한 부부일지라도 어느 정도 서로간의 화해와 협력이 있어야 한다.

아버지라면 아이의 양육비를 책임지고 이에 대해 가타부타하지 말아야 한다. 조사에 따르면 아이의 양육비를 책임지는 아버지일수록 아이와 정기적인 만남을 자주 가진다고 밝혔다. 반대로 양육비 문제를 일으키는 아버지들은 그 반대의 면모를 보인다. 양육비를 제대로 줄 수 없다는 죄책감으로 아버지는 아이와 만나는 것을 꺼려하고 결국 아이에 대해 아무것도 알 수 없게 되어버린다.

이혼해서 자녀와 멀리 떨어져 있는 아버지에게 할 수 있는 가장 최상의 조언은, 아이가 새로운 환경에 적응할 때까지 인내심을 갖고 기다리라는 것이다. 사실 아이에게는 부모가 이혼한 첫 1-2년이 고비다. 남편이 전 부인에게 느끼는 고통과 화는 아이에게 나쁜 영향을 준다. 특히 환경 적응에 어려움을 겪는 어린아이들은 이에 부담을 느끼고 아버지를 만나지 않으려 할 수도 있다.

그러므로 아버지는 어느 곳에 있어도 아이를 기억하고 있음을 분명히 인식시키고 아이를 위해 최선을 다하고 있다는 사실을 알려주어야 한다. 또 부모의 별거나 이혼이 결코 아이 때문이 아니라는 사실을 분명히 가르쳐주어야 한다. 나아가 이혼이나 별거를 부끄럽게 생각할 필요는 없으며 이를 아이에게 당당히 밝혀 새로운 삶의 방법을 모색해야 한다는 것도 인식시켜야 한다. 거짓으로 아이에게 상처를 주지 않으려는 행동은 훗날 더 큰 상처를 입힐 수 있다는 사실을 잊어서는 안 된다.

07

자녀의 성장에 따른 감정코치법

> 자녀가 성장하면서 겪는 수많은 변화 속에서
> 부모가 항상 유념해야 할 한 가지가 있다.
> 아이는 언제나 부모의 사랑과 관심의 대상이
> 되고 싶어 한다는 사실이다

이제 막 부모가 된 이들의 이런 한탄을 들어본 일이 있는가?

"애 태어나고 나니 젖 먹이랴, 잠재우랴, 울면 달래랴 … 삶이 완전 전쟁이야, 전쟁!"

아이를 키우는 일이 지속적으로 많은 노력을 요구한다는 것은 두말할 여지가 없다. 아이가 자랄수록 부모는 아이가 원하는 일과 좋아하는 일을 할 수 있도록 여건을 마련하고, 나쁜 일을 하지 못하도록 막아야 한다. 아이가 성장하면서 겪는 많은 변화 속에서 부모가 마음속에 항상 유념해야 할 한 가지 조항이 있다. 아이는 부모에게서 사랑과 관심의 대상으로 각인되고 싶어 한다는 사실이다. 이를 구체적으로 설명하기 위해 이 장에서는 아이의 성장 단계를 다섯 가지로 분류했다. 요람기, 유아기, 아동 초기, 아동 중기 그리고 사춘기다. 이 다섯 단계를 상세히 다루면서 각 단계마다 아이들이 성장하면서 겪는 변화를 집중 조명하고 그 단계별로 부모들이 대처할 수 있는 방법을 조언했다.

1. 요람기

태어난 지 3개월 전후

아기와 부모의 관계가 정확히 어느 시기에 형성된다고 단언할 수는 없다. 일부 학자는 아기가 엄마 뱃속에 있을 때부터 엄마와 관계를 맺는다고 주장한다. 어떤 사람들은 아기가 태어난 뒤 부모와의 접촉을 통해 유대관계를 형성한다고 말한다. 또 다른 이들은 부모가 잠도 못 자고 힘겹게 아기를 돌보던 그 어느 날, 아기가 부모를 향해 방긋 미소 짓는 그 특별한 순간이 바로 아기가 부모와의 유대를 시작하는 기점이라고 말한다.

그러나 뭐니뭐니 해도 아기를 키우는 재미는 아기가 생후 3개월을 지나 엄마 아빠의 얼굴을 분간할 때부터라는 것에 대부분의 부모들은 동의할 것이다. 발달심리학자들은 이 시기에 아기가 '식별할 수 있는 능력'을 갖는 것을 부모를 느끼고 알아보는 순간이라고 말한다. 아무것도 모르는 3개월 된 아기는 부모가 자신에게 보여주는 것을 토대로 부모의 감정을 읽고 자신의 마음을 표현한다. 이는 곧 부모가 아이에게 보이는 적극적인 반응과 관심이 아이가 아주 어릴 적부터 감지할 수 있는 감정코치의 한 형태라고 할 수 있다.

대부분의 부모는 아이를 정면으로 바라보면서 '비언어적인 의사'를 통해 아이와 표현을 주고받는다. 엄마가 눈꼬리를 치켜뜨면 아이도 엄마를 따라한다. 아이가 혀를 내밀면 엄마도 아이를 따라한다. 한쪽이 어르는 소리를 대면 다른 쪽은 비슷한 톤이나 리듬을 사용해서 이를 따라한다. 부모가 아이의 목소리를 특유의 방법으로 따라 하면 아이 역시 부모의 말을 모방한다. 이런 모방을 주고받는 대화는 부모가 '아이에게 관심을 가지고 있음'을 보여주는 동시에 '아이의 감정에 맞춰 부모가 응하고 있다'는 것을 보여준다는 점에서 아주 중요하다. 이는 아이에게 있어서 다른 사람이 아이를 이해하고 있다는 첫 번째 경험과도 같다. 즉, 정서적 교류의 시작인 것이다.

3개월 된 아이와 엄마를 상대로 실험한 연구에서는 정서적인 상호교류를 할 때 아이의 지식 습득과 언어 능력을 측정했다. '가면 놀이 The Still Face Game'이라 불리는 실험에서 에드워드 트로니크 Edward Tronick는 엄마들에게 평소 때 아이에게 반응하는 것과는 다르게 무표정으로 일관하라고 지시했다. 엄마의 무표정한 모습을 바라보면서도 아이들은 다양한 표정을 지으면서 엄마의 관심을 끌려 했다. 이때 연구자들은 아이들이 제풀에 지쳐 포기할 때까지 최소 네 가지 이상의 표정을 짓는다는 사실을 알아냈다. 또 부모의 우울증이 3개월 된 아기에게 주는 영향을 알기 위해 트로니크는 엄마들에게 우울한 표정을 지으라고 요구했다. 그 실험을 통해 단지 엄마가 우울한 표정을 짓는 것만으로도 아이에게 엄청난 영향을 준다는 것을 밝혀냈다.

또 이 실험을 통해 아기들이 부모와의 관계에서 수동적이지 않다는 가설을 강력하게 뒷받침할 수 있었다. 수동적인 것과는 반대로 아이들은 능동적으로 이 관계에 참여하는 모습을 보였다. 아이들은 활동적이면서도 정서적으로 가깝게 부모와 함께 있기를 바란 것이다.

부모가 계속 무관심하거나 부정적으로만 반응하면 아이는 어떻게 될까? 우울증에 걸린 엄마와 그 아이의 상관관계에 대해 연구한 티파니 필드Tiffany Field는 이에 대해 몇 가지 우려되는 답을 제시했다. 우울한 엄마와 같이 있는 아이들은 엄마의 슬픔을 직감적으로 알아차렸다. 이런 아이들은 힘이 없고, 잘 놀지 못하고, 쉽게 화를 내고 짜증을 냈다. 엄마의 우울증이 1년 이상 지속되자 아이의 성장발달이 지연되기 시작했다.

3-6개월은 매우 중요한 시기로, 엄마의 우울증이 아이의 신경조직 발달에 가장 많은 영향을 준다. 필드 박사와 연구원들이 3개월 된 아이들을 두 그룹으로 나눠 한쪽은 우울증에 시달리는 엄마와 다른 한쪽은 그렇지 않은 엄마 확인한 결과 많은 차이점을 볼 수 있었다. 동시에 6개월 된 아이들을 상대로 조사했을 때, 우울증에 시달리는 엄마의 아이가 그렇지 않은 엄마의 아이에 비해 신경발달과 감정 표현이 현저하게 낮다는 사실을 확인했다.

엄마가 우울증 환자인 경우 그로 인해 아이들에게 좋지 않은 영향을 미친다는 실험 결과가 비극적인 소리로 들릴 수도 있겠지만 아주 희망이 없는 것은 아니다. 필드의 연구에 따르면 우울증 환자일지라도 지속적으로 아이의 보육원 교사와 정상적인 아빠와 함께 개선적인 방향으로 자신을 이끌어 나가면 아기가 긍정적으로 성장할 수 있다. 마찬가지로 아이 역시 부모의 감정 표현을 배우면서 정서 발달에 영향을 미치는 긍정적 요인을 학습한다. 또한 부모와의 사회적·정서적 교류를 통해 신체적인 흥분을 조절할 수 있는 능력을 배운다. 많은 발달심리학자들은 아기들은 다른 이들과의 활발한 접촉을 통해 감정 표현과 신체 조절 능력을 배운다고 강조한다.

부모들이 알아야 할 또 하나는 아기와 부모 사이의 '의사소통의 불충분'이다. 이는 흔히 볼 수 있는 일이다. 몇몇 연구자들은 아기가 보내는 의사 표시의 70% 정도를 부모들이 제대로 이해하지 못한다고 밝혔다. 그렇다고 걱정할 필요는 없다. 생후 초기는 부모나 아이 모두 시행착오를 겪는 시기인 것이다. 부모가 아이에게 지속적으로 관심을 갖는 이상, 아이와의 정서적 상호 교류는 점점 더 좋아질 것이고 그와 동시에 아이의 행동을 잘못 이해하는 일들은 줄어들게 된다.

감정코치 부모들에게 강조하고 싶은 말은, 아이의 그때그때의 기분을 파악하고 그에 맞춰 아이를 잘 대해 주라는 것이다. 아이가 노는 것에 흥미를 잃었다면 편안히 쉬거나 잘 수 있도록 환경을 조성해 주어야 한다. 만약 아이가 가족 모임에서 이 사람 저 사람에게 안기는 것을 불편해한다면 잠시 조용한 방으로 데려가서 마음을 가라앉히게 해야 한다.

연구에 따르면 아이의 감정 변화에 민첩하게 대처하는 부모들이—아이가 시끄러운 곳보다는 조용한 곳에 있기를 원할 경우 주위를 조용하게 만드는—아이의 정서발달에 더 많은 기여를 한다. 이러한 감정코치 스타일은 아이가 자신의 감정을 조절하는 데 큰 역할을 한다. 아이가 평온을 되찾을 수 있도록 달래는 부모들은 아이를 달래줌과 더불어 아이에게 가장 중요한 것을 가르칠 수 있다. 첫째로는, 아이가 자신의 부정적인 반응이 외부에 영향을 준다는 것을 감지한다는 것이다. 둘째로는 격화된 감정 상태 이후에 평온한 마음 상태를 맛볼 수 있음을 알게 된다는 점이다.

나는 부모에게 아이가 스스로 감지하고 감정 표현을 할 수 있는 놀이를 많이 만들어 함께 시도하기를 권장한다. 아이가 하는 행동을 그대로 모방해서 같이 놀아주는 것도 매우 좋은 방법이다. 아이가 혀를 내밀거나 기침을 하면 부모도 그대로 따라하는 것이다. 아이는 다시 자신의 행동을 반복할 것이고 그러다 보면 부모와 자연스레 어울려 놀 수 있는 하나의 게임이 만들어진다. 반복적으로 단순한 문장이나 온화한 말과 행동을 하는 것도 좋은 방법이다. 이러한 반응놀이는 부모에게 즐거움을 주면서 동시에 아이의 행동을 발달시킨다. 가장 중요한 사실은 서로 간의 사랑이 싹튼다는 것을 아이에게 가르칠 수 있다는 것이다.

6-8개월 사이

이 시기는 아이가 주변의 물체와 환경, 사람들을 통해서 자기표현을 무궁무진하게 할 수 있는 시기다. 동시에 자신을 둘러싸고 있는 환경 속에서 즐거움과 공포, 심리적인 욕구불만과 같은 감정을 표현하는 새로운 방식을 발견하는 시기다. 이렇게 폭발적으로 늘어난 자각의 세계는 감정코치를 위한 새로운 장을 열어준다. 6개월 된 아기에게서 대체적으로 볼 수 있는 발달 과정 중 하나는 처음에는 무관심하게 한번 보고 지나쳤던 사물과 사람을 관심 있게 지켜보기 시작한다는 것이다. 이전 단계에서 아이는 물체 아니면 사람을 보는 식으로 따로따로 분리해서 보았지만, 이 시기에는 장난감을 바라보고 흥미를 느껴 부모에게 그것을 요구한다. 이 단순한 일을 기점으로 아이는 또 다른 놀이와 감정의 교류를 할 수 있는 새로운 기회를 접한다. 나아가 사물에 대한 생각을 표현한다.

이러한 정서발달을 촉진시키는 방법은 아이와 함께 즐겁게 노는 것이며 아이의 반응에 그때그때 긍정적으로 동조하는 것이다. 이러한 동조는 유대감을 돈독히 할 뿐만 아니라 아이가 더 풍부한 감정 표현을 할 수 있도록 해준다.

8개월 전후에 아기들은 기어다니는 법을 터득하면서 그와 동시에 주변 환경에 익숙해진다. 또한 다양한 사람들을 접하면서 낯선 환경에 대한 두려움과 기존에 접했던 것과는 다른 세상을 느낀다. 이는 '타인에 대한 낯가림 stranger anxiety' 이라는 용어로 표현된다. 식료품점에서 아기에게 웃어주는 점원에게 아기가 같이 웃어주지 않고 얼굴을 돌려 엄마 품에 안기는 모습을 우리는 자주 목격한다. 이는 아기가 타인에 대한 낯을 가리는 행동이다. 마찬가지로 이 시기의 아이는 정서적 상호작용에 직접적인 영향을 주는 부모의 말을 알아듣는다. 비록 아이 자신이 말하기까지는 수개월이 걸릴 수 있지만 "저기 있는 흰 곰돌이 인형 가지고 올래?" 정도의 말은 충분히 알아듣는다. 이러한 아이의 모든 성장발달은 심리학자들이 말하는 '사회적 참조'로 압축된다.

이 시기의 아기들은 특정 물체나 사건에 눈을 돌리면서 부모가 동참하기를 바라는 경향이 있다. 예를 들어, 처음 보는 개에게 다가가려고 할 때 아기는 엄마의 "가면 안 돼!"라는 고함소리를 듣는다. 이때 아이는 엄마의 말투와 외치는 소리, 그리고 표정으로 위험이 다가올지도 모른다는 것을 감지한다. 소리 나는 로봇 장난감을 향해 가다가 뒤를 돌아보고 엄마가 미소 짓는 것을 발견하면 그 즉시 아기는 로봇이 가지고 놀기 안전한 장난감이라는 것을 안다. 결과적으로 부모는 아이의 정서에, 특히 아이의 '안전'에 가이드 역할을 한다. 이에 힘입어 아이는 확인이 필요할 때마다 부모에게 도움을 요청한다.

아이가 부모를 통해 사회적인 기준을 체득할 때, 아이와 부모 모두 정서적으로 밀접한 유대관계를 가지며 아이는 이 관계에서 안정감을 느낀다. 생후 초기에 부모를 모방하면서 놀았던 기억을 더듬어 아이는 부모의 감정이 어떠한지 읽는 데 익숙해진다. 아이는 부모의 표정과 몸짓, 목소리에 실리는 톤으로 부모의 감정을 읽는다.

이 시기에 아이와의 유대를 돈독히 하려면 아이의 감정을 항상 살펴보아야 한다. 가장 좋은 방법은 아이의 감정을 부모가 말로 표현하는 것이다. 이것은 초기 감정코치에서 가장 중요하게 다루어지는 부분이다. 표정과 더불어 아이에게 "오늘 기분이 즐겁니?" "얼굴을 찡그리고 있네, 우울한 일이 있니?", "많이 피곤한가 보구나. 엄마 무릎에 누워서 잘래?"라고 말하는 것이다. 만약 당신의 예측이 맞는다면 아이는 당신이 하자는 대로 따라한다. 예측이 틀렸다 해도 아이는 부모가 자기에게 관심을 기울이고 있다는 사실에 안심한다. 아이는 항상 부모의 감정 상태를 살핀다는 사실 또한 명심해야 한다. 이 시기의 아이들이 낯가림을 하는 것은 흔한 일이므로 아이와의 유대관계를 통해 이를 극복할 수 있도록 도와주는 것이 부모의 역할이다.

9개월-1년 사이

이 시기는 아이가 다른 사람들의 생각과 감정을 함께 나눌 수 있다는 사실을 인지하기 시작하는 때다. 예를 들어 아이가 망가진 장난감을 아빠에게 보여주었을 때, 아빠는 "저런, 망가져 버렸네. 너도 슬프지?"라고 말한다. 아이가 9개월 정도가 되면 타인이 자기 마음을 안다고 생각하는 것이다.

그 전까지만 해도 부모는 아이의 목소리, 얼굴 표정, 몸짓 등을 통해 아이의 감정 상태를 안다. 아이는 그때까지만 해도 자신과 부모가 같은 생각과 감정을 가지고 있다고는 생각하지 않는다. 그러나 이 시기에는 부모와의 교감이 가능하다는 것을 체득한다. 이 새로운 발견은 감정코치에 있어서 아주 중요한 부분이다. 감정 소통이 양방향으로 진행될 수 있기 때문이다.

동시에 아이는 주변의 사물과 사람들이 일정시간 동안 영속성을 지닌다는 사실을 깨닫는다. 책상 밑에 굴러 떨어진 공이 더 이상 그 자리에 있지 않다고 해서 공 자체가 없어진 것은 아니라는 사실을 안다. 이는 엄마가 잠시 방을 비운 상태에서 그 순간만 엄마를 볼 수 없을 뿐이지 엄마는 항상 내 곁에 있다고 인식하는 것과 마찬가지다.

주변에 사물과 사람이 항상 존재하고 있다는 사실을 인지하는 것은 아이의 인격 형성에 중요한 요소가 된다. 특정 인물에 대해—특히 부모에 대해—친밀감을 느끼고 자신의 감정을 그 사람이 받아들인다는 사실에 안심한다. 그러기에 아이는 외출하는 아빠의 옷자락을 잡고 나가지 말라고 조르는 것이다. 아빠가 자신도 모르는 사이에 바깥으로 나간 것을 알게 되면 아이는 아빠의 부재감에 화를 낼 수 있다. 또 아이는 시간적 개념이 없기 때문에 언제 아빠가 돌아올지 가늠하지 못한다.

영아의 '애착'을 연구하는 심리학자들이 실험실에서 두 살 된 영아들을 상대로, 낯선 어른과 함께 있는 동안 부모가 실험실을 떠날 때, 그리고 몇 분 후 부모가 다시 들어와 만날 때 아이의 반응을 살펴보았다. 그 실험에서 부모와 정서적 애착 관계를 가지고 있는 아이들은 부모가 잠시 바깥에 나갔다가 돌아왔을 때 처음엔 약간의 정서적 불편함을 보였으나 곧 익숙해지면서 부모에게 안겼다.

그러나 부모와 정서적으로 친숙치 않은 아이들은 부모를 맞이할 때 두 가지 다른 반응을 보였다. 첫째는 부모를 본척만척하는 반응이었다. 이들은 부모가 안아주려고 해도 밀어냈다. 둘째는 부모가 오자마자 찰싹 안겨서 계속 징징거리는 반응이었다. 아이들은 정서적으로 불안정할 때 부모와 떨어지지 않으려는 성향을 보인다.

그러므로 아이들이 부모와 떨어지는 것에 대해 예민하게 반응하는 경우 엄마와 아빠가 곧 돌아올 것임을 분명히 각인시켜 줘야 한다. 한 살 먹은 아이가 말을 제대로 할 수 있는 단계는 아니지만 부모가 하는 말은 알아듣는다. 아이는 부모의 감정 상태를 즉각적으로 알아차릴 수 있기 때문에 만약 부모가 아이와 떨어지는 것에 불안감을 보이면 아이 또한 두려움을 느낀다. 부모가 아이를 다른 사람에게 맡기고 외출을 할 때는 나쁜 일이 생기지 않을 것이라는 확신을 심어주어야 한다.

항상 아이가 부모에게 보호를 받고 정서적으로 안정되게끔 아이에게 생각이나 감정을 표현하라. 이런 일은 가급적 아이와 같이 놀고 대화함으로써 이루어질 수 있다. 이를 위해서 아이와 함께 할 수 있는 다채로운 게임을 만들어 재밌게 노는 것도 좋다. 내가 딸 모리아를 위해 만든 게임으로 '손가락 얼굴놀이' 가 있다. 매일 밤 나는 펜을 들고 손가락 하나하나에 서로 다른 표정의 얼굴을 그린다. 엄지손가락에는 화난 표정을, 검지에는 슬픈 표정, 가운데 손가락은 무서워하는 얼굴, 약지에는 놀란 표정, 새끼손가락에는 행복한 얼굴을 그린다. 우리는 이 '손가락 사람들' 을 통해 하루를 어떻게 보냈는지를 얘기한다.

엄지손가락이 "오늘 하루는 별로였어. 너무 화가 나서 뭔가를 발로 걷어찼으면 좋겠어"라고 하면 검지손가락은 "나는 너무 슬퍼서 울고 싶어"라고 응수한다. 그리고 나서 그들은 모리아에게 고개를 돌려 "네 하루는 어땠니?"라고 묻는다. 그러면 딸애는 한참 생각한 끝에 오늘 하루의 기분을 보여주는 손가락을 집는다. 이렇게 되면 아이의 감정에 대해 이야기할 수 있는 기회를 갖게 되고 우리는 그 날 아이가 겪었던 일에 대해 이야기를 나눈다.

2. 유아기 : 2-4살

　유아기는 아이가 혼자서 어느 정도 자율적인 활동을 하기 시작한다는 점에서 아주 활동적인 시기다. 그러나 아이가 부모의 말을 듣지 않기 시작한다는 점에서 통제하기 아주 어려운 시기이기도 하다. 이 시기의 아이는 점점 자기주장을 강하게 하며 처음으로 부모의 말을 듣지 않으려 한다. 아이가 여러 가지 단어를 습득함과 동시에 부모에게 "내 거야!" "내가 할래!" "싫어" 등의 소리를 하는 시기인 것이다. 이 시기에 부모가 실천하는 감정코칭은 아이가 힘든 일을 겪거나 화가 날 때 어떻게 감정 통제를 할 수 있는지를 가르쳐 줄 수 있는 중요한 지침서가 될 수 있다.

　성장 과정에서 부모는 최대한 아이의 관점에서 아이에게 다가온 고난과 힘든 일을 면밀하게 살펴야 한다. 이 시기의 아이들은 혼자서 일어설 수 있느냐 없느냐에 초점이 맞춰지기 때문에 아이가 단지 어리다는 이유만으로 무조건 안 된다는 생각은 버려야 한다.

　엄마가 귓병이 있는 두 살짜리 아이에게 물약을 먹일 때 겪은 에피소드가 있다. 엄마는 아이가 어리기 때문에 혼자서 약을 먹을 수 없을 것이라고 생각해서 아이의 목 주변에 수건을 두르고 아이를 안은 다음 약을 먹이기 위해 숟가락에 약을 따랐다. 그렇지만 아이는 발버둥을 치며 먹지 않으려 했다. 엄마가 숟가락을 주며 "너 혼자 먹을래?"라고 묻자 아이는 숟가락을 받아 혼자 약을 삼켰다. 아이가 원했던 것은 '스스로' 약을 먹는 것이었다.

이 시기는 아이와 함께하면서 아이가 조금씩 일을 해결할 수 있는 상황을 만들어가는 것이 중요하다. 단순히 "바깥 날씨가 추우니까 코트를 입자꾸나"라고 말하기보다는 "오늘 뭘 입을까? 코트를 입을까, 스웨터를 입을까?"라고 물으면서 아이에게 선택권을 주는 것이 좋다. 동시에 아이가 선택권을 주장할 수 있는 범위를 적절히 조율해서 아이와 엄마 둘 다 만족할 수 있는 상황을 만든다.

이 시기의 아이들은 또래 친구들에게도 관심을 갖는다. 실제로 아주 어릴 때부터 아이들은 자신과 같은 나이 또래의 아이들을 바라보며 공통점과 차이점을 읽어낸다. 심리학자 바우어 T. G. R. Bower의 연구에 따르면, 남자아이들은 자기 또래의 남자아이가 주인공으로 나오는 영화에 관심을 두고 여자아이들은 여자아이에 더 관심을 둔다. 초년기의 아이들이 또래에게 지대한 관심을 보이긴 하지만 같이 어울려 놀 수 있을 정도의 사회성까지 발달된 건 아니다.

더더구나 아이로서의 '독점욕'을 감안할 때 다른 아이들과 함께 노는 일에 어려움이 생길 수 있다. 말하자면 다음과 같은 현상이다.

1) "내 것은 내 것"이라는 개념.

2) "남의 것이지만 내가 가지고 싶으면 내 것"이라는 개념.

3) "내가 갖고 싶다고 하면 그건 누가 뭐래도 내 것"이라는 개념.

이러한 아이의 독점욕은 성격이 나빠서가 아니다. 단순히 아이가 자신을 하나의 독립적인 개체로 인식하기 시작하면서 생기는 현상에 불과하다. 이 시기의 아이들은 자신만 생각할 뿐이며 다른 사람들을 배려해야 한다는 생각은 하지 못한다.

그러므로 초년기의 아이들이 장난감을 가지고 다툴 때 효과적인 교육을 할 수 있다. 먼저 아이의 상황을 이해한다고 말한다. "다른 아이가 인형을 가져가 버려서 화났구나"라거나 "그 공을 가질 수 없어서 짜증났구나"라고 말하면 된다. 그 다음에는 장난감을 공유하는 것, 장난감을 가지고 노는 순서와 화를 푸는 것 등에 대해 이야기한다. "조금 있으면 네가 가지고 놀 차례야"라든지 "찰리와 사이좋게 가지고 놀아라"라는 식으로 말하는 것이다. 만약 이 장난감 다툼이 몸싸움으로까지 번지려 할 경우에는 '폭력은 절대 금물'이라는 사실을 분명하게 인식시켜야 한다.

아이가 잠깐이라도 다른 아이와 장난감을 사이좋게 나눠가지고 놀면 그 행위에 대해 칭찬과 격려를 아끼지 말아야 한다. 이런 일이 일어나는 건 아주 드물기 때문이다. 이 시기에는 각자 자기 장난감을 가지고 혼자서의 놀이에 열중하는 일이 더 흔하다.

아이의 자아의식이 발달하는 것을 감안할 때 아이의 발달에 도움이 될 수 있는 또 하나의 놀이는 다른 사람이 하는 것을 그대로 따라하도록 하는 것이다. 아이는 서너 살이 되면 가족이 하는 행동을 보고 그대로 따라하기 시작한다. 아이는 다른 사람이 취했던 행동이나 그 당시의 정황을 기억했다가 후에 그 상황을 그대로 재현한다. 사실 두 살배기 아이가 요리하는 법을 흉내 낸다거나, 면도하는 걸 따라한다든지, 마루를 닦고 전화 받는 놀이를 하는 것을 바라보는 것처럼 신나는 일도 없다. 더불어 곰인형에게 잘 자라고 뽀뽀를 해 준다거나 인형이 큰 잘못을 저지른 것처럼 야단치는 모습에서 아이의 눈에 부모의 행동이 어떻게 비쳐지는지 알 수 있다.

3. 아동기 초기: 5-8세

아이가 5살에 접어들 무렵에는 바깥에 나와 새로운 친구들을 사귀고 다양한 환경을 접하고 여러 가지를 배우는 일들로 집 밖에서 보내는 시간이 많아진다. 그리고 이러한 경험으로 인해 새로운 국면을 맞이한다. 학교는 재미있는 곳이지만 선생님은 자신이 항상 다른 급우들과 함께 얌전히 앉아 있기를 원함과 동시에 주어진 문제에 대해 생각하도록 한다는 것이다. 이 시기에는 친구들과 어울려 지내는 법과 동시에 그 친구들이 어떤 때는 자신을 화나게 하고 상처를 입힐 수도 있다는 것을 알게 된다. 이와 더불어 아이는 화재, 전쟁, 폭력, 죽음, 상실 등에 대한 공포도 습득함과 동시에 이러한 상황에서 자신을 지킬 수 있는 방법도 배운다.

부정적이고 나쁜 상황을 극복하는 방법을 배우는 것은 아이가 이 시기에 배워야 할 가장 중요한 사항이다. 자기감정을 적절히 통제할 수 있는 능력을 습득하기 때문이다. 그래서 나는 아이들이 적절하지 못한 행동은 스스로 규제할 줄 알고, 자신의 일에 집중할 수 있는 정신력과 여러 가지 일을 처리할 수 있는 능력을 배워야 한다고 주장한다.

친구들과의 관계를 통해 감정 통제를 배우는 것만큼 더 좋은 방법은 없다. 친구와의 생활을 통해 아이는 자신의 입장을 정확히 밝힐 줄 알고, 필요한 정보를 같이 습득한다. 동시에 모르는 일은 묻거나 재확인할 수 있다. 아이들은 친구들과 함께 지내면서 대화하고 놀고 감정을 공유하고 나누어가질 줄도 알게 된다.

친구관계가 아이의 정서발달에 많은 영향을 주기 때문에 부모는 되도록 아이가 다양한 사람들과 접촉할 수 있는 기회를 만들어주어야 한다. 아주 어린아이도 다른 아이들에게 깊은 친밀감을 가지고 접근할 수 있다는 사실을 기억하라.

이 시기의 아이들은 한 사람과의 지속적인 만남을 통해 노는 것을 좋아한다. 그 이유는 5-8세 사이의 아이들은 보통 한 사람 이상의 관계에서 어떻게 대처해야 할지 혼란스러워 하는 경향이 있기 때문이다. 세 아이가 놀고 있을 때 한 아이가 다른 두 아이에게 왕따를 당하는 경우를 보았을 것이다. 그렇다고 그 아이들이 의도적으로 다른 아이를 따돌리는 것은 아니다. 단지 두 사람이 같이 하고 있는 놀이를 계속 진행하기 위해 한 사람을 쉽게 참여시키지 못하는 것뿐이다. 뒤늦게 놀이에 참여한 아이를 충분히 납득시킬 만큼 그 아이들은 아직 언어 표현이 서툴다. 예컨대, "빌리야 미안해. 이 놀이는 특성상 두 명 이상이 참가하기 힘들어. 그러니 우리 입장을 이해해 주겠니?"라고 말할 수는 없다. 그래서 아이들은 대놓고 그 아이의 참여를 거절하거나, "빌리, 저리 가. 너랑 안 놀아"라고 상처 주는 말을 한다. 부모에게도 똑같이 말할 수 있다. "아빠랑 안 놀아! 아빠 싫어! 엄마만 좋아!"라고 말하는 것이다. 여기서 아이가 말하고자 하는 것은 엄마와 함께하는 이 순간만큼은 방해받고 싶지 않다는 뜻이다.

부모는 따돌림을 당하고 있는 아이에게 관심을 기울여야 한다. 아이가 슬프거나 화가 났는지 먼저 파악하고 이에 맞춰 대처하는 것이 필요하다. 두 명의 아이에게 함께 놀도록 권유하고 그것이 어려우면 혼자 놀 수 있는 놀이를 권한다.

같이 어울려 지내는 법을 체득함과 동시에 친구와의 우정은 아이들에게 '더불어 재미있게 놀 수 있는 창작 과정'을 모색하는 기회를 제공한다. 꼬마 아이들은 같이 어울려 지내면서 일상생활의 무료함에서 벗어날 수 있는 그 나름의 놀이를 생각해내고 즐긴다. 이런 놀이를 통해 아이들은 스스로의 규칙을 만들고 어울림의 정신을 배운다. 로리 크래머 Laurie Kramer는 '상상놀이'는 동생이 태어났을 때 가질 수 있는 질투심을 극복할 수 있는 가장 좋은 방법이라고 강조한다. 친구와 함께 새로 태어난 아기를 사이에 두고 소꿉장난을 하면서 질투심을 보살핌으로 고쳐먹는 것이다.

나는 다른 실험에서 아이들의 놀이 활동을 지켜보면서 아이들이 상상놀이를 통해 우리가 생각할 수 없는 일들을 스스로 체득한다는 사실을 발견했다. 한 엄마는 어린 여자아이가 친구와 소꿉놀이를 하면서 "우리는 엄마처럼 낮잠을 자지 않을 거야. 우리는 할 일이 아주 많으니까"라고 말하는 것을 들었다. 엄마는 자신이 낮잠을 자는 것을 아이가 좋아하지 않는 것을 알고 그 이후로 낮잠을 자지 않았다.

이렇게 상상놀이는 어린아이의 생각과 아이가 우려하는 바를 반영하고, 부모는 감정코치를 통해 아이들에게 효과적으로 접근할 수 있는 방법을 터득한다. 아이는 인형놀이나 다른 장난감을 가지고 놀면서 흔히 겪는 일, 가지고 있는 소망, 힘든 점 등을 자연스럽게 드러낸다. 그러므로 부모는 아이의 놀이를 지켜보면서 아이의 감정에 한발 더 가까이 접근하고 아이가 원하는 것이 무엇인지를 확인할 수 있는 기회를 갖게 된다. 다음 대화를 통해 아이가 게임을 하면서 어떤 감정을 가지고 있는지 살펴보자.

아이 : 이 아기곰은 부모한테 버려져서 고아가 되었어.
아빠 : 엄마곰하고 아빠곰이 어디 간 거야?
아이 : 응. 멀리 갔어.
아빠 : 엄마 아빠가 다시 온대?
아이 : 응, 다시 안 올 거야.
아빠 : 왜 아기곰만 놔두고 가 버렸을까?

아이 : 아기곰이 나쁜 짓을 했어.

아빠 : 뭘 했는데?

아이 : 엄마곰한테 막 화냈어.

아빠 : 그랬구나. 그렇지만 엄마곰은 곧 돌아올 거야. 아기곰을 사랑하니까.

아이 : 정말? 아, 그렇구나. 엄마곰이 왔을까?

아빠 : (엄마곰을 집어들고 엄마 목소리를 흉내 낸다) 슈퍼에 갔다 왔단다, 아가야.

아이 : 엄마, 안녕?

아빠 : 엄마를 기다렸지? 엄마도 네가 보고 싶었단다.

아이 : 응, 나도.

부모는 소꿉놀이를 하면서 실생활에서도 아이의 감정을 이끌어 줄 수 있다. 아이의 꿈은 대부분 원대하고 실현 불가능한 것이 많다. 예를 들어 아이가 의자를 들면서 "나는 슈퍼맨이 될 거야"라고 말하면 부모는 그것은 불가능하다고 말하기보다는 그 이유에 대해 묻는 것이 좋다. 물론 아이의 대답은 통상적일 것이다. "나쁜 사람을 물리친다"든지 "좋은 사람을 구한다"든지. 이때 부모는 그 마음을 칭찬하면서 "우리 아이가 의자를 번쩍 드는 것을 보니까 곧 슈퍼맨이 되겠구나. 오우! 슈퍼맨 만나서 반가워요. 이제 하늘로 날아오를 건가요?"라고 응원해 주는 것이 좋다.

아이는 이렇게 놀면서 현실 속에서 느끼는 일들을 자연스레 끄집어 낼 수 있다. 아이가 바비인형을 가지고 놀거나 파워레인저 놀이를 할 때 불쑥 "오늘은 애를 보기 힘들 거 같아요"라거나 "내가 언제쯤 죽을까?"라는 말을 꺼내도 깜짝 놀라서 아이를 나무라지는 말라. 아이는 이런 말을 자연스럽게 배우면서 자신의 말에 부모가 동참하기를 바란다. 이럴 때는 먼저 그 놀이에 동참한 뒤 부정적인 말에 대해서 함께 이야기를 나누는 것이 좋다.

이 시기에 아이들이 겪는 감정은 표현할 수 없을 정도로 무궁무진하다. 대략 요약하면 다음과 같다.

무력함에 대한 두려움

나는 다섯 살 먹은 아이가 "이 세상에 있는 모든 것이 널 죽일 수 있어"라고 말하는 것을 들은 적이 있다. 그 아이는 다른 아이들과 '도둑, 나쁜 사람들과 유령'에 대해서 이야기하던 중이었다. 그리고 그 아이들이 그중에서도 가장 두려워했던 것은 '상어'였다. 아이들은 이 무서운 것들을 어떻게 퇴치할까 골몰했다. 그러던 중 그 아이들은 자신들이 아기였을 때 '전혀 무섭지 않은 것 예컨대 어둠, 바람소리, 고양이'에 얼마나 어리석은 두려움을 느꼈는지에 대하여 대화를 나누었다.

이 아이들의 대화를 통해 나는 부모가 정말 세상에서 무서운 일들을 다 차단시킨다고 해도 아이들 스스로 두려움을 만들어 낸다는 것을 알았다. 그 두려움에 대한 공포는 아이들이 자신에 대한 무력감이나 그로 인해 상처를 받을 때 생긴다는 사실도 깨달았다. 하지만 아이들은 유령이 가지는 무시무시한 힘에 도망가거나 겁을 먹는 동시에 그 유령을 처치해 공포감을 극복하는 자기 자신의 모습도 그린다. 그렇게 아이들은 유령에 대한 무서움을 극복하는 것이다.

감정코치 부모라면 아이들이 이러한 공포감을 극복할 수 있도록 용기를 북돋워 줘야 한다. 초년기 아기 때와 마찬가지로 이 시기의 아이들 또한 무엇을 입을지, 무엇을 먹을지, 무엇을 하고 놀지에 대한 선택권을 스스로 가질 수 있다.

다른 방법으로는 아이가 할 수 있는 범위 내에서 아이에게 자율권을 주는 것이다. 자율권은 아이의 능력을 확대시키고 결국 아이가 세상을 자신만의 시각으로 바라보게 해 자신 앞에 나타나는 두려움을 스스로 처리할 수 있도록 해준다.

버림받는 것에 대한 두려움

이 시기의 아이들이 아빠가 죽고 못된 새엄마에게 홀로 남겨진 '백설공주'나 고아로 자라서 거지가 되어 도둑질까지 하는 '올리버 트위스트' 같은 이야기에 커다란 관심을 가지는 것은 너무도 당연하다. 이 이야기들은 대부분의 아이들에게 무시무시한 분위기와 함께 자기 자신도 홀로 남겨질지 모른다는 공포감마저 선사한다.

이와 같은 두려움은 아이들에게 너무나 사실처럼 느껴지기 때문에 설령 농담으로라도 아이를 놀래키거나 협박 투의 말로 이런 얘기를 하는 것은 금물이다. 부모는 언제나 함께할 것이고 아이가 힘들고 지칠 때 보살펴준다는 것을 인식시켜야 한다.

어둠에 대한 두려움

아이들이 생각하는 어둠은 아이가 모르는 무시무시한 일들과 유령이 함께하는 신비로운 공간이다. 어느 정도의 나이가 되면 어둠이 그렇게 무섭지 않다는 것을 깨닫지만 이 나이의 아이들은 어두운 곳을 무서워하고 밝은 곳에서 부모와 있는 것에 안도감을 느낀다. 그렇기 때문에 일부러 아이를 어두운 곳에 놔두고 어둠에 익숙해지도록 하는 일은 피해야 한다.

아들을 겁쟁이로 만들지 않기 위해 불 켜달라고 우는 아이의 말을 무시하고 아들을 어둠 속에 혼자 있게 한 아버지가 있었다. 그러나 오히려 아들은 어둠을 더 무서워할 뿐이었다. 그러므로 아이들에게 어둠에 대한 공포감을 심어주지 말고 어둠 속에서도 생활할 수 있다는 것을 보여주어야 한다.

악몽에 대한 두려움

무서운 꿈 또한 대부분의 아이들에게 공포심의 대상이다. 만약 아이가 무서운 꿈을 꾼 후 우는 소리가 들리면 아이를 안아 달래면서 무슨 꿈을 꿨는지 물어보고, 그 꿈이 현실이 아님을 상기시킨다. 아이가 진정될 때까지 달래주고, 엄마 아빠가 옆에서 안전하게 지켜주고 있다는 사실을 알려 준다. 아니면 아이가 다시 편안히 꿈나라로 갈 수 있도록 책을 읽어주는 것도 좋다.

부부싸움에 대한 두려움

부부갈등은 아이로 하여금 엄마 아빠가 헤어질지도 모른다는 생각을 조성한다는 차원에서 무서움을 유발한다. 아이들이 점점 커가면서 부부싸움의 원인을 파악할 수 있을 정도가 되면 정말로 엄마 아빠가 별거하거나 이혼할지도 모른다는 생각에 겁을 먹을 수 있다. 또한 아이들은 부부싸움의 원인이 자신에게 있다고 생각하고 자책감에 빠지기도 한다. 따라서 엄마와 아빠 사이의 갈등을 아이의 눈에 띄지 않도록 조심해야 한다. 5장 참조. 아이가 당신과 배우자와의 갈등을 보게 되었다면, 아이 앞에서 그 갈등을 해결하는 모습을 보여줌으로써 아이를 안정시키는 것이 좋다.

죽음에 대한 두려움

죽음에 대한 질문을 받으면 아이의 말이라고 그냥 흘려 넘겨서는 안 된다. 차근차근하게 설명한 뒤 아이가 걱정하지 않도록 안심시켜야 한다. 만약 아이가 친한 친구나 친척 또는 기르던 애완동물의 죽음을 접하면 슬픔을 같이 나누고 위로해 준다.

슬픔이나 죽음에 대한 공포는 그냥 지나치거나 강제로 억압한다고 해서 그 감정이 완전히 사라지는 것이 아니다. 죽음에 대한 설명을 피한다면 아이가 정말로 알아야 할 지식을 가르쳐주지 못하는 것이다. 어떤 일로 아이가 무서움을 느끼든 간에 공포감은 성장 과정에서 나타나는 가장 자연스런 현상이다. 그러므로 아이가 자신의 무서움을 드러내는 데 부끄러워할 필요가 없으며, 때로는 세상이 항상 안전하지만은 않다는 사실도 인지할 수 있어야 한다. 이를 적절히 가르쳐준다면, 아이는 스스로의 감정을 조율할 수 있게 된다.

아이의 공포심을 줄여주기 위해서 아이의 마음속에 있는 공포심을 스스로 표현할 수 있게 하고, 아이를 다독여 줌으로써 아이가 이를 극복할 수 있는 방안들을 모색하는 것이 필요하다. 현실에서 일어나는 화재, 낯선 사람의 접근, 질병에 관한 것도 아이에게 솔직하게 이야기함으로써 아이가 이에 대해 대비하도록 가르쳐 준다. 만약 아이가 화재에 대한 공포를 가지고 있다면, 이렇게 아이를 달랠 수 있다.

"우리 집에 불이 난다는 걸 생각만 해도 끔찍하구나. 그러니 무언가 타고 있으면 바로 엄마 아빠에게 알려주고 집 밖으로 피하거라."

동시에 아이가 무서워하는 것이 직접적인 것이 아닌 간접적인 요인이 될 수도 있다. 아이가 고아원에 대해 묻는 것은 아동보호법에 갑자기 관심이 생겨서가 아니다. 부모가 자신을 고아원에 두고 멀리 떠나지 않을까 하는 두려움에서다. 그러므로 이런 간접적인 질문, 특히 아이가 홀로 버려지는 일이나 죽음에 관해서 질문을 할 때는 아이의 말에 귀를 기울이고 다독여야 한다.

4. 아동기 중기 : 9-13세

이 시기의 아이들은 더 넓은 대인관계와 함께 사회에서 받는 영향을 경험하기 시작한다. 급우들 중 누구와 더 친하고 누구와는 사귀고 싶지 않은지에 대해서도 가리기 시작한다. 이성적인 판단이 감성보다 앞서게 됨으로써 아이들의 인지력이 발달하는 시기이기도 하다.

교우 관계의 영향을 인식하는 시기이므로 아이들을 다른 사람들 앞에서 면박주지 말아야 한다. 이 시기의 아이들은 유행하는 옷 스타일이라든가 가방 모양, 많이 하는 활동 등에 민감하다. 또 친구들에게 자칫 놀림감이 될 일은 피하려고 한다. 아이가 친구들 사이에서 지도자 입장이 되기를 원하고 질질 끌려 다니기를 원치 않는 부모라면 아이의 입장에서 배려하는 것이 좋다.

이 시기는 아이가 사회관계를 습득해 나가는 때다. 결국 이때의 배움이 인생 전반에 걸쳐 큰 영향을 미친다. 초등학교 시기의 아이들은 친구들의 놀림이나 창피에 극도로 민감할 수 있다. 게다가 친구에게 창피를 주는 말은 많은 의미를 내포한다. 예컨대 여자아이들은 남자아이들을 놀리고, 남자아이들은 여자아이를 놀리는 일은 남녀 사이의 성별 대립으로 이어질 수도 있다.

이 상황을 계속 겪다보면, 아이들은 창피에 대처하는 최상의 해결책이 무관심하게 있는 것이라는 사실을 체득한다. 같이 맞서 싸우거나, 울거나, 고자질하거나, 화를 내면 결국 자신을 놀리는 사람을 더 의기

양양하게 만든다는 것을 깨닫는다. 남이 그러거나 말거나 무시하는 것이 곧 놀림감이 되지 않는 길이다. 이런 경험을 통해 아이들은 소위 말하는 '감정절제술'로 교우관계를 만들어나간다. 대부분의 아이들은 이러한 경험과 지혜를 금방 체득한다.

동시에 이 시기의 아이들은 가능한 한 감정 표현을 자제하며 이성에 입각해서 판단하려 애쓴다. 열 살 정도 되면, 많은 아이들이 매사를 논리적으로 판단할 수 있는 능력을 갖춘다. 또 잘 짜여진 컴퓨터 프로그램처럼 행동한다. 아홉 살 난 아이에게 "마루에 떨어진 양말 좀 주울래?"라고 말하면 아이는 양말을 주웠다가 다시 떨어뜨린다. 그러면서 이렇게 말한다. "주우라고만 했지, 어디에 놓으라고는 말 안 했잖아요."

어른들이 던지는 넉살좋은 농담이나 비웃음도 흑백 논리적 사고에 젖어 있는 이 시기의 아이들에게 진지하게 다가온다. 세상에는 어두운 면도 존재함을 알고, 또 한편으로는 연예 잡지의 표지처럼 통속하다는 걸 깨닫는다. 그리하여 어른들이 위선자처럼 보이며, 어른들의 떠드는 말과 비웃음, 허풍이 가장 '모방하고 싶은 말'이 되는 것이다.

또래 집단과 어울리는 생활에서 이중성을 보이는 아이러니도 발생한다. 아이는 개개인의 표현의 자유를 인정해야 한다고 말하면서도 자기 자신은 보수적인 옷 스타일만 추구한다. 애완동물을 학대하는 모습에 분노하면서도 방과 후의 농구경기에서 친구 한 명을 따돌린다. 그렇다면 이런 일관성 없는 태도에 부모는 어떻게 처신해야 할까? 이에 대한 나의 조언은 일단 아이의 판단에 맡길 수밖에 없다는 것이다. 교우

관계에 대한 아이 특유의 가치관은 아이가 건강하게 성장하는 데 필요한 하나의 과정이다. 결국 친구들과의 관계에서 흑백논리에 입각한 사고방식보다는 관용으로 모두를 대할 수 있는 기준과 가치관을 향해 나아가는 단계이기 때문이다.

만약 당신의 자녀가 다른 친구에게 공정하게 대하지 않는다고 생각되면, 아이에게 허심탄회하게 부모가 생각하는 바를 얘기하라. 이를 기회로 아이에게 친절과 공정심에 대한 부모로서의 생각을 말하는 것도 좋다. 하지만 그 일이 객관적으로 보았을 때 너무 심하다는 느낌이 들지 않으면, 아이에게 상처를 입히는 말이나 경계하는 말은 하지 않는 것이 좋다. 배타심이나 교우관계에서 느끼는 경쟁심은 이 시기의 아이들에게 아주 정상적인 반응이기 때문이다.

만약 당신의 아이가 친구들로부터 따돌림을 받는 것이 불만이라면 감정코치 기술을 이용해 아이의 슬픔과 분노를 달래주라. 그리고 해결책을 같이 궁리하라. 어떻게 친구를 사귀고 교우관계를 지속적으로 유지할 수 있을지 함께 구체적으로 의논하라. 아이가 친구들과 어울리고 싶어서 또래 집단에서 유행하는 옷을 입기를 바라고, 그 아이들이 하는 행동을 모방하는 것에 너무 부정적으로 생각할 필요는 없다.

아이가 어른들의 행동을 비웃거나 비판적인 경향을 보이면 먼저 부모의 행동을 돌아보아야 한다. 어른들이 보이는 뻔뻔함, 냉소적인 태도, 모순되는 행동, 저급한 말은 모두 아이에게 옮겨진다. 물론 이런 행동이 완전하게 없을 수는 없지만 가급적 자제하도록 노력해야 한다. 또 아이가 밖에서 그런 행동을 배워오면 진지한 대화를 통해 그런 행동을 없애야 한다.

5. 사춘기

사춘기는 아이들이 자아정체성에 대해 끊임없이 묻고 나아가는 시기다. '내가 누구인가? 무엇이 되고 싶은가? 내가 무엇을 해야 하는가?' 라는 질문들을 통해 아이들은 고민하고 충돌한다. 그러므로 아이가 문제를 일으키거나 자신만의 세계에 갇혀 있다고 해서 크게 걱정할 필요는 없다. 이 시기에는 가족 문제보다도 친구와의 문제를 더 중요하게 생각한다. 교우관계를 통해 아이는 항상 함께했던 가정에서 벗어나 사회 속에서의 자기성찰을 추구한다. 그러나 교우관계에 중심을 둔다고 해도 결국 그 근본적인 이유는 나 자신의 근본적인 성찰에 있다.

사춘기는 모든 것이 순탄치 않은 시기다. 성장발달에 따른 호르몬의 변화가 아이의 심리를 항상 불안정하게 만든다. 뜻하지 않은 사회적 환경이 이 시기의 아이들에게 상처를 주고 동시에 폭력 또는 무분별한 성행위로 이끌 수도 있다. 그러나 자아정체성을 찾아가는 여정 자체는 아이들에게 아주 정상적인 현상이며 성장발달의 한 요인이다.

이 여정에서 십대들이 맞닥뜨리는 주요 요인은 이성과 감성이 함께 존재하는 회색지대라 할 수 있다. 초등학교 시기가 이성으로 똘똘 뭉친 시기라면, 청소년기는 이성과 감성이 서로 충돌하는 심리적 내부 갈등의 시기다. 십대는 특히 성문제나 자신의 정체성 문제에 대한 고민을 많이 한다. 항상 화만 내는 아버지가 불만인 남자아이가 어느 날 아버지와 똑같은 행동을 하는 자신의 모습을 보고 기겁하는 것이다. 그 순간, 십대들은 세상이 항상 흑백 논리에 의거할 수 없음을 깨닫는다. 그 가운데 회색지대가 공존함을 알게 되고, 더불어서 자신에게도 그런 회색지대가 있음을 감지한다.

사춘기를 겪는 일도 어렵지만 사춘기 아이의 부모 역할을 하는 것도 힘들다. 이때 겪는 혼란은 본인 스스로 극복해야 할 사안이기 때문이다. 카운슬러 마이클 리에라 Michael Riera 는 다음과 같이 말한다.

사춘기 시기가 오기 전까지 부모는 아이의 '매니저' 역할을 해왔다. 학교와 병원을 시간 맞춰 데려가고 과외활동을 계획하며, 숙제를 도와주고 검사하는 일 등으로 말이다. 아이의 학교생활에 지대한 관심을 두고, 항상 아이에게 정신적 지주가 된다. 그러나 사춘기로 접어들면 이 관계는 더 이상 유지되지 않는다. 어느 순간, 매니저 역할에서 탈락되는 자신을 발견한다. 그러므로 이 시기가 오면 아이를 대하는 새로운 방법을 모색해야 한다.

그렇다면 부모로서 어떻게 조언자의 역할을 충실히 해나갈 수 있을까? 어떻게 감정코치를 해야 아이가 스스로 자기 일을 찾아서 하고, 책임감 있는 성인이 되도록 지도할 수 있을까?

부모에게서 독립하고자 하는 사춘기의 아이를 받아들여라

부모는 아이도 사생활이 필요하다는 것을 인정해야 한다. 아이가 친구와 나누는 대화를 엿듣는다든지, 일기장을 몰래 읽는다든지, 필요 이상 다그치는 질문은 곧 아이가 부모를 신뢰할 수 없다는 인식만 줄 뿐이다. 결국 이로 인해 부모와의 관계는 점점 멀어진다. 아이는 부모를 자신의 지지자로 보기는커녕 오히려 힘들 때 자신을 몰아세우는 적으로 여긴다.

아이의 사생활을 존중함과 동시에 이 시기의 아이들은 항상 심리적으로 불안정한 상태라는 것도 기억하라. 시인이자 사진작가인 고든 파크스Gordon Parks는 자신의 사춘기를 이렇게 회고한다. "고통받고 있었기에 난 항상 불행했다."

그러므로 아이에게 "뭐가 그리 불만이냐?"라고 힐난하는 질문 대신 아이가 사적인 공간을 가질 수 있도록 해 주라. 십대는 종종 슬플 수도, 분노하거나 무기력함을 느낄 수 있고 이런 아이들에게 힐난의 말은 아이가 그런 감정을 가지는 것조차 안 된다는 부모의 강요만을 고집하는 소리로만 들릴 뿐이다.

아이의 인격을 존중하라

입장을 바꿔 이렇게 생각해 보자. 만약 대부분의 부모들이 함부로 자신의 사춘기 자식들을 대하듯 자신의 친구가 나를 대한다면 어떤 심정이 들까? 계속 지적당하고, 못하는 부분을 다그치고, 아이가 싫어하는 부분에 대해 계속 놀려댄다면? 만약 내 친구가 나에게 이래라 저래라 간섭을 한다면 그 기분이 어떨까? 그 친구는 내 인격을 손톱만큼도 존중해 주지 않는다고 생각할 것이 뻔하다. 결국 그 친구와의 거리가 멀어지면서 얼굴을 마주하는 일을 꺼릴 것이 분명하다.

그렇다고 부모에게 아이를 친구처럼 대하라는 뜻은 아니다. 다만 사춘기의 아이들도 성인만큼 인격 존중을 받을 권리가 있다고 생각해 줘야 한다. 아이에게 부모로서 느끼는 점을 말하는 것은 좋지만 부모의 독선과 편견은 배제해야 한다. 사춘기 아이들이 아니더라도 설교를 좋아할 사람은 아무도 없다.

아이의 행동에 문제가 있다고 판단해서 아이와 갈등에 부딪쳤다고 해도 직접적으로 상처를 주는 말게으르다, 탐욕스럽다, 매사에 불평불만으로 가득 찼다, 이기적이다 등 등을 써서는 안 된다. 특정 행동을 지적해서 아이의 행동이 왜 나쁜지 일깨워주라. 예를 들어 친구와 다퉈서는 안 된다든지, 옷을 지저분하게 입지 말라든지, 어른에게 공손하게 인사하라든지 등등. 또한 이러한 말은 아이에게 직접 이야기해야 한다. 다른 사람을 통하거나 빙빙 돌려서 하는 방법은 좋지 않다.

아이의 감정코치로서 아이 스스로 내리는 결정을 존중하라

"한 아이를 제대로 키우기 위해서는 사회 구성원 전체의 노력이 필요하다"라는 말이 있다. 사춘기의 아이를 다루는 데 이보다 좋은 명언은 없다. 아이의 친한 친구들이나 아이가 많이 접하는 사람들과도 친분을 유지하는 일은 중요하다.

또 아이에게 자율권을 줌으로써 아이 스스로 어떤 결정을 내리도록 하라. 사춘기 자녀에게 부모가 할 수 있는 역할을 찾는 것처럼 어려운 일도 없다. 아이에게 자율권을 준다는 것은 곧 아이가 맡은 일에 책임을 다하도록 지도하는 것이다. 동시에 자신이 하는 일에 최종 결정을 할 수 있다는 것도 시사한다. 이 시기에는 "네 스스로 결정하라"라는 말을 사용하는 것이 좋다.

아이의 자율권을 인정한다는 말은 아이가 잘못된 결정을 내릴 수도 있는 위험 요소도 동반한다는 사실을 잊어서는 안 된다. 하지만 아이들에게 실패는 성공의 어머니와도 같다. 특히 아이의 주변에 항상 진심으로 생각하고 돌봐주는 사람들이 있다면 실패는 얼마든지 받아들일 수 있는 일이다.

한 연구에 따르면, 감정코칭을 실천하는 부모를 둔 아이들이 그렇지 않은 부모를 둔 아이들보다 성공의 길로 쉽게 들어선다는 사실이 밝혀졌다. 그 이유는 부모와의 관계를 통해 이 아이들이 더 포괄적인 이해력을 보임과 동시에 자신의 감정을 적절히 통제하고 표현할 수 있는 능력을 지녔기 때문이다. 스스로 문제 해결을 터득해 나가면서 다른 친구들과도 함께하며 공동체 사회를 이끌어 나가는 데 많은 힘을 기울인다. 결국 이로 인해 이 아이들은 학업 면에서도, 교우관계에서도 월등히 좋은 방향으로 나아간다. 그러므로 나는 부모로서 항상 자녀의 일에 귀를 기울여달라고 이 자리를 빌려 강조한다.

아이가 정서적으로 겪는 일들을 포용력 있게 받아들여라. 문제가 생겼을 때, 아이의 고민을 미리 판단하지 말고 진지하게 들어주라. 항상 아이의 입장에서 문제를 해결해 주는 부모가 되라. 지금까지 강조한 사항들은 어찌 보면 단순한 일 같지만, 결국 이 모든 것을 실천함으로써 부모와 자녀 사이의 정서적인 유대가 평생 지속될 수 있는 기반을 만들어준다.

08

21세기 리더와 감정코치

다음 8-9장은 가트맨 박사의 제자 남은영 박사가 연구한
'한국형 감정코치법'을 저술했음을 밝힌다

> 우리 자녀를 감성지수가 높고 창의적이며
> 성숙한 21세기형 리더로 키우려면
> 어떻게 해야 할까?

"미운 놈 떡 하나 더 주고, 이쁜 놈 매 한 대 더 때린다"는 우리 속담이 있다. 자녀가 사랑스러울수록 칭찬보다는 엄한 훈육이 필요하다는 뜻이다. 물론 아이가 치명적인 잘못을 하면 엄격한 꾸중도 필요하다. 하지만 그렇게만 해서는 자녀를 21세기 정보화 시대를 살아갈 세계인으로 키울 수 없다. 그렇다면 우리 자녀를 감성지수가 높고 창의적이며 성숙한 21세기형 리더로 키우기 위해서는 어떻게 해야 할까? 한국인을 대상으로 했던 필자의 연구를 바탕으로 하여, 감정코치와 관련된 구체적인 부모자녀의 상호관계 양식을 〈MBC 스페셜〉에서도 소개된 '젠가 학습게임'을 통해 알아보자.

젠가 학습 게임

젠가 게임의 목적은 아이가 긴장 상황을 잘 극복하고 게임에서 성공하게 하려는 부모의 반응을 살피는 것이다. 6cm정도의 작은 나무 블록을 3개씩 나란히 놓고, 그 위로 엇갈려 쌓아 올려 탑을 만든다. 블록들을 다 이용하면 18층이 되고 이때부터 게임이 시작된다. 탑을 쓰러뜨리지 않고 쌓여 있는 블록을 하나씩 빼내어 가능한 더 높이 쌓아 올리는 것이다. 탑이 쓰러지면 게임은 실패다. 실험 효과를 극대화시키기 위해 아이만 블록을 쌓을 수 있게 했다. 또 아이가 스트레스를 받는 상황에서 부모님들이 어떻게 감정코치를 하는지 보기 위해 아이에게 한 손만 쓰게 하고 시간 제약이라는 요소도 덧붙였다. 즉 15분 안에 27층까지 쓰러뜨리지 않고 쌓아야 하며, 성공하면 선물을 준다고 미리 말해 동기 부여를 한 것이다.

우리 연구팀은 실험 전에 미리 부모에게 게임의 규칙과 요령 등을 가르쳐주고 연습을 시켰다. 부모가 게임 요령을 알아야 아이에게 가르쳐줄 수 있기 때문이다. 이 게임은 철저히 아이 혼자서만 해야 하므로, 부모님은 단지 조언만 해 주고 블록이나 아이 손은 만지지 말라고 요청했다. 게임 시작 전에 부모가 아이에게 규칙과 요령을 말해 주고 15분간의 학습 상호작용을 비디오에 담아 모든 참여 가족의 상호작용들을 컴퓨터를 이용, 초 단위로 분석했다. 과연 결과는 어떻게 나왔을까?

여러분도 자녀와 젠가 학습게임을 해 보길 권한다. 젠가 게임을 통해 자신과 배우자의 언어적·행동적 특성들을 주의 깊게 관찰해 보라. 나는 자녀에게 어떤 식으로 말하고 있는지, 배우자는 자녀에게 어떤 식으로 대응하는지, 아이를 도와주면서 부부가 경쟁하지는 않는지, 부부의 양육방식에는 어떤 공통점과 차이점이 있는지, 자녀의 감정 변화에 민감하게 반응하는지, 나는 목적 지향형인지 관계지향형인지.

부모의 행동 특성

긍정적 특성

참여형 : 아이의 행동을 유심히 관찰하며 아이가 도움을 필요로 할 때 그때 그때 반응하는 모든 행동을 말한다. 아이가 하는 말이나 행동에 동의의 표시로 고개를 끄덕이는 행동부터, 아이가 블록을 성공적으로 빼내었을 때 같이 기뻐하며 지르는 환호까지 아이의 행동에 대한 부모의 관심 어린 반응이다. 특히 아이에게 하는 모든 칭찬이 이에 속한다.

예)　아이 : 어느 걸 빼야 하지? 너무 어려워.
　　　부모 : (고개 끄덕이며) 그러게, 정말 어렵구나.
　　　아이: 몇 층이나 더 쌓아야 해요?
　　　부모 : 5층 더.

아이: (마지막 블록을 올려놓고) 야호, 해냈다!

부모: 이야!! 정말 잘했구나!

지시형 : 아이에게 행동 방향을 알려주고, 게임에 성공할 수 있도록 방향성을 제시하거나 요령을 가르쳐주는 모든 말이나 행동을 포함한다. 특히 긍정적인 지시형에서는 부정적 명령이 제외된다. 이는 아래 부정적 지시형을 참조하라.

예) 자, 잘 들어봐. 이제 엄마랑 같이 젠가 게임을 하는 거야.

이번엔 저쪽에 있는 블록을 움직여 봐.

반대편을 한 번 살펴보지 그러니?

이 블록이 잘 빠질 것 같구나.

코치형 : 아이 스스로 문제를 해결하게끔 유도하는 질문을 던져 다음 행동을 유발하는 부모의 반응. 지시형보다 한 발 더 나아가는 깊은 사고를 요구하는 말을 포함한다.

예) 이런, 좀 위태해 보이는구나. 어떤 블록을 움직여야 균형을 유지할까?

지금 그 블록을 빼내면 탑이 어떻게 될까?

부정적 특성

비참여형 : 아이의 행동이나 질문, 게임의 진행사항에 관심을 보이

지 않고 한 눈을 팔거나 딴생각을 하는 행동 특성들.

예) 멍하니 딴 곳을 응시함.
　　눈은 아이를 향해 있지만 머릿속으로는 딴 생각을 하고 있음.
　　제3자와 얘기하거나 아이 질문에 대답하지 않음.

부정적 지시형: 아이의 행동을 제약하는 부정적 명령어를 사용하는 경우. 부정적 감정과 같이 표현될 때가 많다.

예) 안돼! 그 블록은 움직이지 마!
　　(격양된 어조로)잠깐, 기다려. 그 쪽은 너무 위험하다고 했잖아!
　　탁자를 움직이면 어떡하니? 탑이 흔들리잖아!

강압형 : 부모가 게임의 주도권을 가지고 아이에게 행동을 강요하는 경우. 부모가 원하는 블록을 움직이기 위해 아이의 팔을 끌어당기거나, 블록에 손을 댈 수 없다는 규칙을 무시하고 직접 블록을 움직이는 경우.

예) (아이의 손을 끌어당기며)자, 이 블록이 좋겠다. (아이의 손을 잡고 같이 블록을 움직인다)
　　(아이의 손을 탁 치며) 엄마 말을 들어야지!

표현된 언어, 목소리 톤, 얼굴 표정, 제스처 등으로 부모의 감정 특성도 알 수 있다. 비디오로 녹화했다면 좀 더 쉽게 자신과 아이의 감정 특성을 살펴볼 수 있다.

부모의 감정 특성

긍정적 특성

긍정형 : 웃으면서 하는 애정 어린 칭찬이나 아이 행동에 대한 부모의 열정적 반응 등을 포함, 아이의 긍정적 감정과 행동을 부추기기 위해 표현하는 감정들이다.

예) 정말 잘하네, 우리 딸(등을 두드리며)!
    어려운 블록이었는데, 잘도 찾았어.
    이대로 가면 30층도 문제없겠네!
    이야, 해냈어! (엄지손가락을 보이며)최고다, 최고!
    아빠보다 훨씬 잘하는구나.

유머형 : 아이가 실수해도 자책감을 느끼지 않고 놀이를 즐길 수 있도록 재미있는 농담을 던지는 것이 이에 포함된다. 그러나 부모의 농담에 아이가 긍정적인 반응을 보이지 않는다면 유머가 아닌 조롱이 되어 부정적 정서표현에 해당되니 유의해야 한다.

예) (탑이 쓰러질 때) 아이고, 63빌딩 넘어가네~와르르 꽝!(부모와 아이가 함께 웃음)

부정적 특성

부정형 : 아이의 행동이나 게임진행 과정에 분노, 실망, 비난 등으로 반응하는 경우. 아이에게 짜증내며 말하거나, 대놓고 아이 행동을 비난하는 것을 포함한다.

예) 좀 잘 찾아봐. 아까처럼 무턱대고 빼다가 쓰러뜨리지 말고!
지금 뭐하는 거야? 그렇게 하면 되겠니?
너 그렇게 하면 또 쓰러뜨린다!
왜 이렇게 위험하게 만드니? 너무 위태위태해서 못 보겠네, 쯧쯧.
똑바로 쌓아야지! 똑바로!

경멸형 : 비난보다 더 심한 부정적인 발언. 아이의 성격적 특질과 인격을 무시하는 직접적, 공격적인 말들이 이에 포함된다.

예) 이 바보야. 네 동생이 해도 이보다 낫겠다!
넌 애가 왜 이리 굼뜨니? 시간이 벌써 다 가버렸잖아!
다른 블록을 건드리면 어떡해! 원, 누굴 닮아 이리도 둔한 건지….

긴장형 : 아이의 게임 성공에만 집착한 부모가 긴장해서 보이는 말과 행동. 긴장을 표현하거나 초조한 말투 등이 포함된다.

예) (탑이 흔들릴 때) 어머 어머 어떡해!
　　(탑이 쓰러질 때) 꺄악!
　　아아, 엄마 너무 불안하구나.
　　어휴 내가 너무 떨려서 숨을 못쉬겠네….
　　(손을 비비며) 진짜 땀나네!

그럼 게임을 하는 동안 아이가 보이는 감정 특성은 무엇일까?

아이의 감정 특성

긍정형 : 게임을 즐기는 표현, 자기 성공에 대한 자부심, 부모의 지도에 대한 감사의 표현 등이 있다.

예) 엄마, 나 해냈어!
　　이 게임 너무 재밌다!
　　와, 아주 쉽게 뺄 수 있네. 아빠, 가르쳐줘서 고마워요!

부정형 : 게임이 잘 풀리지 않을 때 부모에게 화를 내거나 짜증을 부리거나 말대꾸하는 등 부정적 감정을 표현하는 것, 또한 부모가 주는 지침을 거부하고 받아들이지 않는 행위를 말한다.

예) 부모: (블럭을 가리킨다)
　　아이: 상관하지 마! 내가 할 거야!

부모: 이걸 한번 빼 보자.
아이: 싫어! 건드리지 마!

부모: 이거, 이거.
아이: 쉿, 조용! 아무 말도 하지 마요.

슬픔형/투정형 : 울거나 울음 섞인 말투로 부모에게 반응하는 것.

예) 아이: (탑이 쓰러지자) 나 이제 이거 안 해! 으앙!(울음을 터뜨린다)

긴장형 : 실패를 두려워해서 보이는 긴장성 행동과 말. 한숨을 쉬거나 손을 모으고 비벼대거나 입술을 깨무는 행동 등으로 부모에게 자신의 불안을 표현하는 것을 말한다.

예) 어휴~ 간신히 빼냈다.
　　만지지 마, 만지지 마. 악, 쓰러지면 안 돼!
　　이햐, 진짜 떨린다.

이상 여러 유형의 행동과 감정 특성 중에서 어떤 특성들이 감정코치를 많이 하는 부모의 유형일까?

09
한국형 감정코치와
젠가 학습 게임

> 자녀가 공부도 잘하고 정서적으로도
> 안정하여 행복할 수 있는 길은
> 감정코치를 통한 부모와의
> 친밀한 관계 형성에 있다

시애틀에 있는 백인 가정과 한인 교포들을 대상으로 한 본인의 연구에 의하면, 젠가 학습게임에서 감정코치를 잘하는 부모는 자녀에게 직접 지시하기보다는 참여적인 행동을 보였다. 특히 이들은 게임시간 동안 많은 긍정적인 감정 교류를 통해 아이의 긴장을 풀어주고 격려했다. 아이가 게임에 성공했든 실패했든 상관없이 감정을 읽어주고 공감했다. 그렇다면 이들의 자녀는 게임 중 어떤 감정 특성을 많이 보였을까? 당연히 긍정적인 감정을 더 많이 표현했다.

부모와 자녀 관계는 양방향적이다. 어느 한 쪽에서 시작하든, 긍정적 방향이면 상대편도 그 신호를 받아 긍정적인 신호를 다시 흘려보내게 된다. 그러면 계속 긍정적 순환을 이루고 관계 방향이 설정된다. 자녀가 어릴수록 힘의 원천은 부모 쪽에 있기 때문에, 부모가 어떤 신호를 먼저 보내느냐에 따라 관계의 방향성이 결정된다.

젠가 학습 게임에서도 마찬가지다. 자녀가 이 상황을 즐길 수 있도록 부모가 격려하고 칭찬하면, 아이도 이 게임을 어려운 실험이나 과제가 아닌 즐거운 놀이로 받아들인다. 그러면 게임하다가 긴장될 때도 부모와 긍정적인 상호작용을 많이 함으로써 그 상황을 해결할 수 있다.

감정코치는 아이가 부정적인 감정을 보일 때 그 진가를 발휘한다. 시험 때문에 스트레스를 받아 짜증이 나도, 평소 긍정적인 부모의 신호에 익숙한 아이들은 부모가 자기 말을 잘 들어주는 것만으로도 마음이 풀리고 나름의 해결 방안도 쉽게 찾아낼 수 있다.

특히 입시 위주의 성적 지상주의가 강조되는 한국에서, 아이들이 공부도 잘하고 정서적으로도 안정되며 행복할 수 있는 길은 바로 감정코치를 통한 부모와의 친밀한 관계 형성이다. 어린 시절부터 감정코치로 자신의 부정적 감정을 조절하는 법을 알게 되고 자기 감정을 어떤 상황에서든 용납해 주는 부모를 통해 자아 존중감과 안정된 정서를 갖게 되는 것이다. 자기 감정을 제대로 이해해야 타인을 이해하고 공감할 수 있다. 이것이야말로 21세기형 세계화 시대의 리더가 갖춰야 할 덕목이며, 우리 한국 사람들의 잠재력을 무한대로 끌어올릴 수 있는 비법이다.

감정코치의 중요성을 설명하기 위해, 필자의 연구에 참여했던 가정들을 소개하겠다.

지훈이 집 이야기

지훈이는 매우 영리해 보이는 아이였다. 부모님이 젠가 게임의 간단한 규칙을 알려주자마자 지훈이는 바로 게임에 뛰어들어 신나게 블록들을 옮기기 시작했다. 하지만 전형적인 9살 개구쟁이답게 눈에 보이는 대로 마구 블록을 옮기려 하자 바로 아빠의 제지가 이어진다.

"지훈아, 아빠가 보기에는 네가 너무 위험하게 게임을 하는 것 같구나." "그 블록을 움직이면 탑이 쓰러질 것 같은데."

두어 차례에 걸친 아빠의 훈수에 참다못한 지훈이가 한마디 한다. "아빠, 쉬잇! 내가 알아서 해요" 이 말에 아빠는 언짢은 표정으로 물러나 앉는다. 하지만 탑이 더 위태위태해지자 다시 참견이 시작된다. "지훈아, 아빠 생각에는…" "아빠 쉿! 나 지금 되게 위험해졌잖아요!" 평소에도 자주 지시하는 아빠의 태도가 못마땅한 듯, 지훈이는 바로 아빠의 말을 잘라버린다. 이번에도 아빠는 언짢은 표정으로 물러나 앉는다.

아빠의 지시를 더 받기 싫다는 표시로, 지훈이는 엄마를 향해 자신이 매우 긴장하고 있음을 표현한다. 엄마가 공감어린 눈빛을 보내자 지훈이는 힘이 나서 다른 블록을 옮기다 그만 탑을 쓰러뜨리고 만다. 실망한 표정이 얼굴에 역력하다. 이때 소파 뒤로 물러앉은 아빠가 한마디 던진다. "넌 너무 게임을 제멋대로 하잖아. 아빠가 하면 더 잘하겠다." 지시를 거부한 대가로 아빠는 혹독하게 비난하고 지훈이는 억울한 표정으로 고개를 숙인다.

이 15분의 게임 상황을 일상생활로 넓혀 가정하면 이렇다. 지훈이 아빠는 평소에 아들이 모든 일에 실수하지 않고 잘하길 바라는 마음으로 많은 지시와 통제를 하는 듯하다. 그러나 독립적이고 영리한 지훈이는 이런 아빠가 못마땅해서 자주 반항하거나 말대꾸를 하기도 한다. 아빠는 지훈이의 이런 행동이 자신의 권위에 도전한다고 생각해 화도 내고 야단도 치지만, 그럴 때마다 지훈이는 순종하기는커녕 더 반항한다. 어릴 때는 안 그러던 녀석이 클수록 더 말을 듣지 않자 아빠는 매우 당황스럽지만, 더 자라기 전에 버릇을 고치고자 예전보다 더 많이 야단치고 화를 낸다.

요즘 지훈이와 아빠는 서로 감정이 많이 나빠져 있기 때문에 엄마를 통하지 않고는 대화도 어렵다. 아빠는 옛날 아버지 헛기침에도 벌떡 일어나 자세를 고쳐 앉던 자신을 생각하며 요즘 애들의 버릇없음을 한탄한다. 과연 지훈이는 버릇없는 아이일까?

나영이 집 이야기

착하고 예쁘게 생긴 9살 나영이는 게임 시작 전부터 매우 긴장한 표정이었다. 게임이 시작되자 매우 조심스럽게 블록 하나하나를 두들겨 본다. 보다 못한 아빠가 "빨리 해. 시간이 없잖아. 나영아, 이 블록을 움직여 봐. 이쪽, 이쪽!" 하며 재촉한다. 나영이는 아빠의 지시에 따라 열심히 이쪽저쪽 블록을 움직여 보고 탑을 쌓기 시작한다. 하지만 아빠의 지시가 다 맞지는 않아서 나영이도 한 마디 한다. "안 돼, 아빠. 이건 안 움직여요." 그러자 아빠는 더 적극적으로 지시한다. "나영아, 그럼 이걸 빼 봐. 아니, 아니, 그거, 그래. 그리고 다음에는 저걸 빼고." 오히려 아빠가 더 긴장해서 행동 하나하나를 지시한다. 그 덕에 게임 속도는 빨라지고, 이제는 쉽게 빠지는 블록이 없는 듯하다. 긴장한 나영이가 한 블록을 빼내려고 손으로 밀자 아빠가 참견한다. "지금 그걸 빼려는 거니?" 약간 다그치는 아빠의 말투에 나영이는 지레 포기하고 만다. "알았어요. 안 움직일 게요." 나영이는 자기 선택을 포기하고 계속 아빠의 지시에 계속 따른다.

나영이는 매우 예민하고 감정이 풍부하다. 부모의 인정을 받고 싶고 부모의 기대에 잘 부응하려는 아이다. 풍부한 감정을 자유롭게 표현하고 싶지만, 혹시 부모님이 받아주지 않을까 걱정해서 항상 속으로 삭이고 만다. 하지만 부모님은 항상 말 잘 듣고 알아서 하는 나영이가 자랑스러울 뿐, 아이 속마음은 잘 모른다. 그래서 얼마 전부터 나영이가 괜히 짜증을 부리고 동생에게 심술을 부리는 것이 매우 이상하다고 생각한다. 말수도 부쩍 없어진 것 같아서 좀 걱정되지만, 여자아이라서 그런가보다 하고 대수롭게 생각하지 않는다. 이대로 가면 나영이는 어떤 정서적인 문제에 직면할까?

순종적인 나영이는 자기 생각이나 감정을 쉽게 표현하지 못한다. 항상 부모님의 지시가 익숙했기 때문에 자신이 원하는 것이 무엇이고 어떤 선택을 해야 하는지 고민할 필요가 없었다. 늘 부모님 말씀을 잘 따르기만 하면 결과가 좋았기 때문이다. 하지만 성장할수록 스스로 선택하고 결단해야 하는 많은 상황에 처하게 되는데, 이럴 때마다 나영이는 혼란을 겪는다. 자기 생각을 말하고 싶어도 상대가 받아들이지 않을까 걱정부터 하게 된다. 점점 자신감이 사라지고 위축되는 것이다.

이런 나영이를 위해 부모님들은 지시나 통제보다는 칭찬과 격려를 해야 하고, 특히 나영이의 감정과 생각을 존중해야 한다. 사소한 것도 공감해 주고 들어주며 아이 스스로 해결책을 찾도록 도와주어야 한다.

반면 지훈이처럼 독립적인 아이들은 부모의 통제나 간섭을 매우 싫어한다. 혼자서도 잘할 수 있는데 부모가 간섭하는 것은 자신을 무시해서라고 생각한다. 그래서 혼자서도 잘할 수 있는 자신을 증명하기 위해 부모가 통제하려 하면 할수록 거부하게 된다. 이럴 때 부모가 아이의 이런 태도를 버릇없다고 생각해서 무조건 순종하라고 강압적으로 굴면 아이와의 관계는 깨져 버린다. 관계가 깨지면 아이는 더는 부모 말에 귀 기울이지 않게 되고 깨진 관계를 회복하기는 더욱 어려워진다.

지훈이 같은 아이는 자녀 스스로 잘할 수 있게 관심을 가지고 옆에서 지켜봐 주는 것이 최고의 훈육이다. 부모는 참여형 행동 특성을 자녀에게 많이 보여주고, 지시하는 말은 가급적 삼가는 것이 좋다. 지시적인 말은 바로 행동을 바꿀 수 있기 때문에 즉각 효과가 있는 듯 보이지만 일회성으로 그칠 뿐이다. 자녀의 행동을 본질적으로 바꾸려면 부모와의 친밀한 관계를 통한 서로간의 이해와 믿음이 필수다.

지훈이와 나영이의 행동 특성은 정반대처럼 보이지만 두 아이가 부모와 건강한 관계를 회복하고 정서적으로 행복할 수 있는 해결책은 바로 감정코치에 있다. 아이의 감정을 이해하고 공감하며 들어줄 때, 아이는 부모를 다시 신뢰하게 되고 더욱 친밀하고 인격적인 관계로 나아가게 된다. 그 친밀함 속에서 지훈이의 자기 주장은 더 이상 불순종이 아니라 건강한 자기표현이며, 나영이도 수용적이며 공감어린 부모의 이해를 통해 더욱 자신감 있는 아이가 될 수 있다.

일상생활에서 어린 자녀들을 대할 때, 부모는 아이에게 무엇을 가르쳐야 한다는 목표지향적 사고를 갖기 쉽다. 물론 아이 연령별로 배우고 익혀야 할 습관과 지식이 많지만, 관계는 목표지향적일 때 형성되지 않고 관계하는 상호작용 그 자체를 즐길 때 만들어진다.

따라서 부모들에게 아이들과 적어도 15분 이상 자주 놀아주기를 권한다. 아이가 입학 전이라면 거의 매일, 초등학생일 경우에는 일주일에 두 번 이상 아이와 함께 아무 제약 없이 자유롭게 노는 것이다. 목표지향적인 부모는 자유놀이가 익숙지 않아, 자녀와 같이 놀다보면 자기 의도대로 아이를 이끌고 나가기 쉽다. 먼저 놀이를 통해 아이에게 뭔가를 가르쳐야 된다는 강박관념을 버려라. 놀이는 말 그대로 놀이다. 부모는 친구로서 아이가 자신을 맘껏 표현할 수 있게 도와주면 된다. 그러면 아이들은 그걸 통해 건강한 성인으로 성장하는 데 필요한 모든 창의력과 지식, 사회적 기술들을 배울 수 있다.

나는 사람 안에 무한한 잠재력이 있다고 본다. 그렇기 때문에 21세기 정보화 지식 시대에는 사람이 자산이고, 얼마나 효과적으로 사람들과 네트워킹하느냐에 인생의 성패가 달려 있다. 인간관계에서 가장 필요한 것은 무엇일까? 바로 상대의 필요를 아는 능력, 상대를 마음을 이해하는 능력이다. 이것은 정서적으로 안정되지 않으면 힘든 일이다. 자신을 살피기에도 급급한 사람이 어떻게 상대의 필요를 볼 수 있고 상대의 마음을 이해할 수 있겠는가?

우리 한국 사람들은 오랜 세월 감정을 누르고 사는 데 너무 익숙해 왔다. 감정 표현을 미성숙 정도로 치부하는 분위기도 한몫했다고 본다. 그렇게 감정을 억누르면 무의식 깊은 곳에서부터 차곡차곡 쌓여 수위가 차면 폭발하는 것이다. 누르고 쌓아두고 폭발하는 악순환을 언제까지 계속해야 할까? 이런 감정의 휴화산을 품고 살면 대인관계는커녕 나 자신조차 자유로울 수 없다. 중요한 순간에 내 감정이 이렇게 불안하다면 어떻게 잠재력을 최고로 발휘할 수 있겠는가?

그 해결책이 바로 감정코치 안에 있다. 그러나 감정코치는 하루아침에 해낼 수 있는 마술이 아니다. 지속적인 상호작용을 통해 각 개인마다 독특하고 소중한 관계를 만들어 나가는 것이다. 감정코치의 원리는 부모자녀관계뿐 아니라 부부관계에서도 매우 중요하다. 감정코치의 기본 원리를 이해하고 꾸준히 실천하여 가족 안에 막혔던 관계를 회복시키고 완성시키기를 바란다. 그렇다면 당신의 자녀는 정서지능이 높은, 성숙한 21세기형 리더로 성장할 것이다.

내 아이를 위한 사랑의 기술

제1판 1쇄 발행 | 2007년 4월 15일
제1판 60쇄 발행 | 2024년 7월 17일

지은이 | 존 가트맨 · 남은영
펴낸이 | 김수언
펴낸곳 | 한국경제신문 한경BP

주소 | 서울특별시 중구 청파로 463
기획출판팀 | 02-3604-590, 584
영업마케팅팀 | 02-3604-595, 562 FAX | 02-3604-599
H | http://bp.hankyung.com   E | bp@hankyung.com
F | www.facebook.com/hankyungbp
등록 | 제 2-315(1967. 5. 15)

ISBN 978-89-475-2595-2 03180

책값은 뒤표지에 있습니다.
잘못 만들어진 책은 구입처에서 바꿔드립니다.